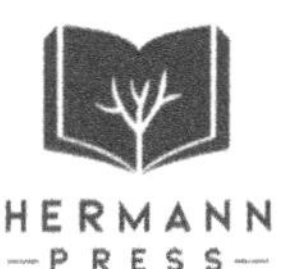

HERMANN
—PRESS—

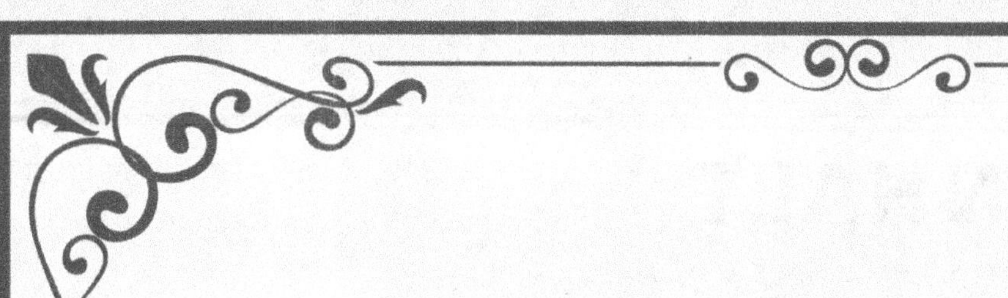


# KLAVIER NOTENLESEN ÜBUNGEN

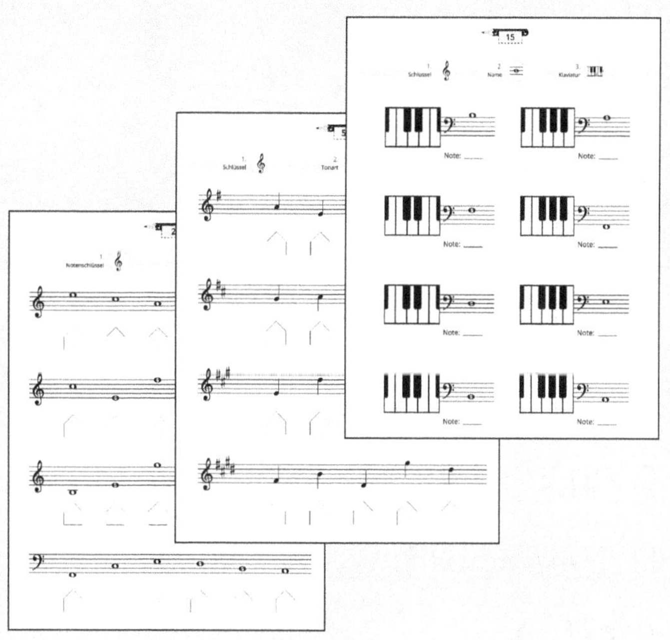

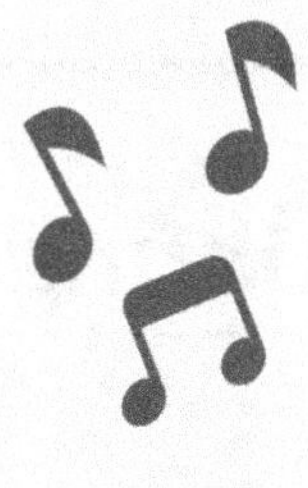

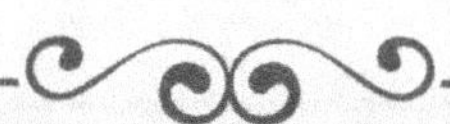

# INHALT

## Kapitel 3: Vorzeichen Übungen



## Kapitel 4: Tonart Übungen



## Schlüssel zu Übungen

# Ihr kostenloses Geschenk

Willkommen auf Ihrer spannenden Reise in die Welt der Musik!

Um Ihr Lernerlebnis zu bereichern und Ihnen wertvolle Hilfe-
stellungen zu bieten, freue ich mich sehr, Ihnen einen exklusiven
Bonus präsentieren zu dürfen, den Sie über den untenstehenden
**QR-Code** erhalten.

Dieser spezielle Bonus umfasst 5 Seiten mit hilfreichen Tabellen,
Diagrammen und Spickzetteln, die speziell dazu entwickelt wurden,
die Übungen in jedem Kapitel dieses Buches zu ergänzen und zu
vereinfachen.

Jeder Spickzettel wurde sorgfältig als praktische Schnellübersicht
gestaltet, ideal, um Ihnen den Lernfortschritt zu erleichtern.

Diese Seiten fassen die wichtigsten Konzepte zusammen und
sind besonders nützlich, um sie griffbereit zu halten oder für eine
bequeme Nutzung während des Übens auszudrucken.

Zusätzlich zu den Spickzetteln finden Sie auch leeres Notenpapier, perfekt, um die eigenen musikalischen Notizen und Ideen
aufzuschreiben oder Ihre neu erworbenen Fähigkeiten zu üben.

Jedes Kapitel dieses Buches bietet praktische Anleitungen,
denen Sie einfach folgen können. Diese zusätzlichen Ressourcen
wurden speziell entwickelt, um Ihr Verständnis zu vertiefen und
sicherzustellen, dass Sie das Beste aus Ihren Lernphasen
herausholen.

Scannen Sie einfach den **QR-Code**, um auf diese sorgfältig zusammengestellten Vorlagen zuzugreifen und sie herunterzuladen.

Mit diesem Bonus möchte ich meine aufrichtige Dankbarkeit für Ihr Engagement, Ihr Interesse und Ihre Begeisterung am Lernen ausdrücken.

Ich hoffe sehr, dass Sie diese Materialien dazu inspirieren, Ihre musikalischen Ziele sicher und mit Freude zu verwirklichen.

Halten Sie die Spickzettel griffbereit, drucken Sie Ihr Notenpapier aus und lassen Sie Ihrer Kreativität freien Lauf!

# Über dieses Buch

Mit dem Wissen Noten zu lesen eröffnet sich eine wundervolle Welt voller Stücke von Komponisten.

Das Ziel ist es, Ihnen den Einstieg in das Notenlesen zu erleichtern und eine gute Basis zu schaffen mit der Sie sicher in Ihren Noten sind. Nach nur zwei Seiten können Sie die Übungen in Kapitel 2 bereits alle lösen.

Und die weitere Musiktheorie dient Ihnen als Lernhilfe für die Übungen in den nächsten Kapiteln.

In diesem Buch werden Ihnen die Grundlagen des Notenlesens auf eine klare und verständliche Weise nähergebracht. Auf insgsamt 76 Übungsblättern lernen Sie Noten zu lesen, sich im großen Notensystem zu bewegen und Vorzeichen sowie Tonarten zu erkennen und verstehen .

# Entwicklung der Musiknotation

Die Musiknotation reicht in seinem Ursprung weit bis ins antike Griechenland zurück. Doch erst im Mittelalter, mit der Verbreitung von Schrift in Klöstern und Bildungseinrichtungen  nahm die Notation seine Gestalt an.

Guido von Arezzo revolutionierte im 11. Jahrhundert die Musiknotation mit dem Linien- sytem, das Tonhöhen genauer festlegte. Später wurden Rhythmuszeichen hinzugefügt und im Barock (ca.1750), wurde es üblich Musik für Orchseter und Ensembles in Partituren zu notieren, wobei die moderne Notenschrift entstand, die bis heute verwendet wird.

Nun bestand die Möglichkeit für Künstler und Musiker ihre Musik festzuhalten und über Raum und Zeit hinweg zu kommunizieren. So konnten Stücke von Komponisten wie Bach, Mozart, und Beethoven an andere Musiker weitergegeben werden.

Ohne Notation wären viele Meisterwerke der Musikgeschichte verloren gegangen. Darüber hinaus eröffnete die Fähigkeit, Musik zu lesen, neue Wege für die Analyse und Interpretation musikalischer Strukturen und Formen.

Heute sind geschriebene Noten ein zentrales Element der Musikausbildung und werden nicht nur in der klassischen Musik, sondern auch in der populären Musik und im Jazz verwendet, um Arrangements und Kompositionen zu komponieren und festzuhalten.

# Kapitel 1

## Grundlagen

Schlüssel & Notensystem

Vorzeichen & Tonhöhe

Tonarten Moll & Dur

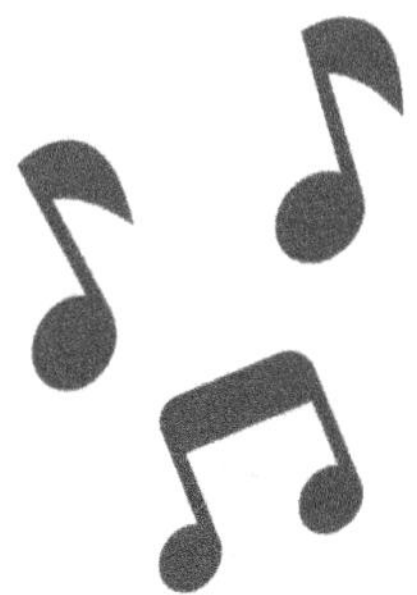

# Notensystem

Das Notensystem besteht aus fünf horizontalen, parallelen Linien. Die meisten Noten der Musik werden auf eine dieser Linien oder in den Zwischenraum zwischen den Linien gesetzt. Zusätzliche Hilfslinien können hinzugefügt werden, um eine Note darzustellen, die zu hoch oder zu tief für das Notensystem ist.

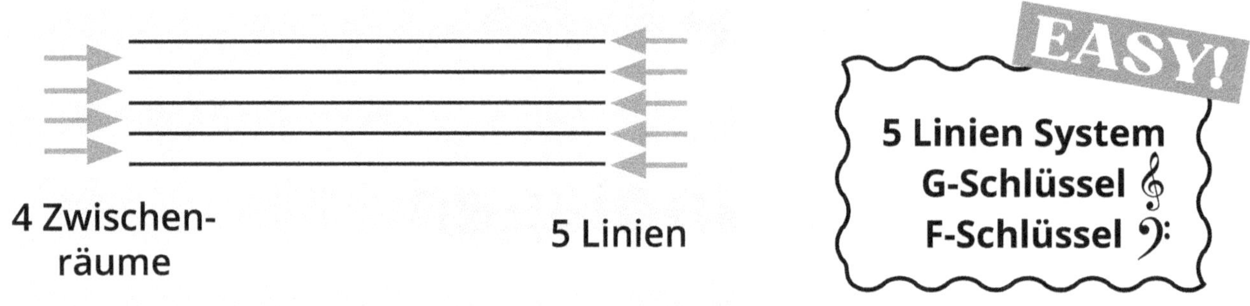


# Notenschlüssel

Das erste Symbol, das am Anfang jedes Notensystems erscheint, ist ein Notenschlüssel. Es ist sehr wichtig, weil es angibt, welche Note (C, D, E, F, G, A und H) auf welcher Linie oder in welchem Zwischenraum liegt.

### Der Violinschlüssel

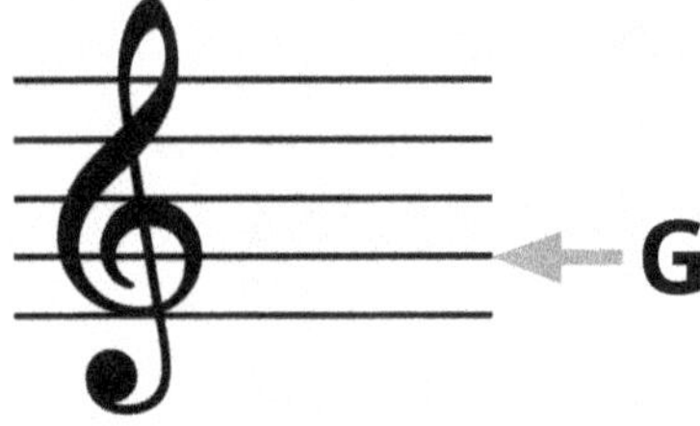


Zum Beispiel zeigt ein Violinschlüssel an, dass die zweite Linie von unten (die Linie, um die sich das Symbol kringelt) ein "**G**" ist. Auf jedem Notensystem sind die Noten immer so angeordnet, dass der nächste Buchstabe immer auf der nächsthöheren Linie oder im nächsthöheren Zwischenraum steht. Auf den Buchstaben G folgt immer ein weiteres A.

### Der Bassschlüssel

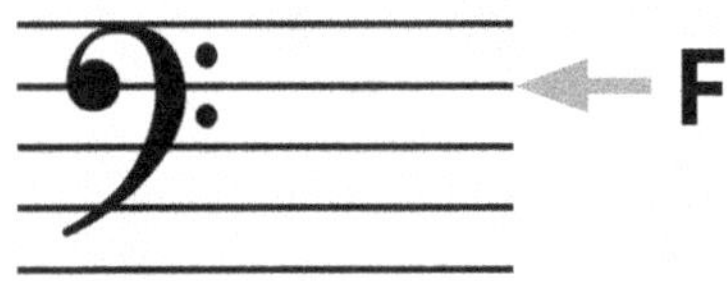


Ein Bassschlüssel zeigt an, dass die zweite Linie von oben (die von den Punkten des Symbols eingerahmt wird) ein "**F**" ist. Die Noten sind weiterhin in aufsteigender Reihenfolge angeordnet, befinden sich jedoch an anderen Stellen als im Violinschlüssel.

# Großes Notensystem

Eine vollständige Klaviatur hat 88-Tasten und beginnt mit der Note 'A' und endet mit der Note 'C'. Die Buchstaben werden mit jeder weiteren Oktave nummeriert und das erste A ist demnach A1 und wiederholt sich in jeder Oktave bis zu A8. Ebenso verhält es sich mit allen C Noten. Das erste ist C1 und das letzte C8. Das eingestrichene C wird im englischen auch Middle C genannt (Mittel C) da es auf der Klaviatur am nächsten zur Mitte zu finden ist.

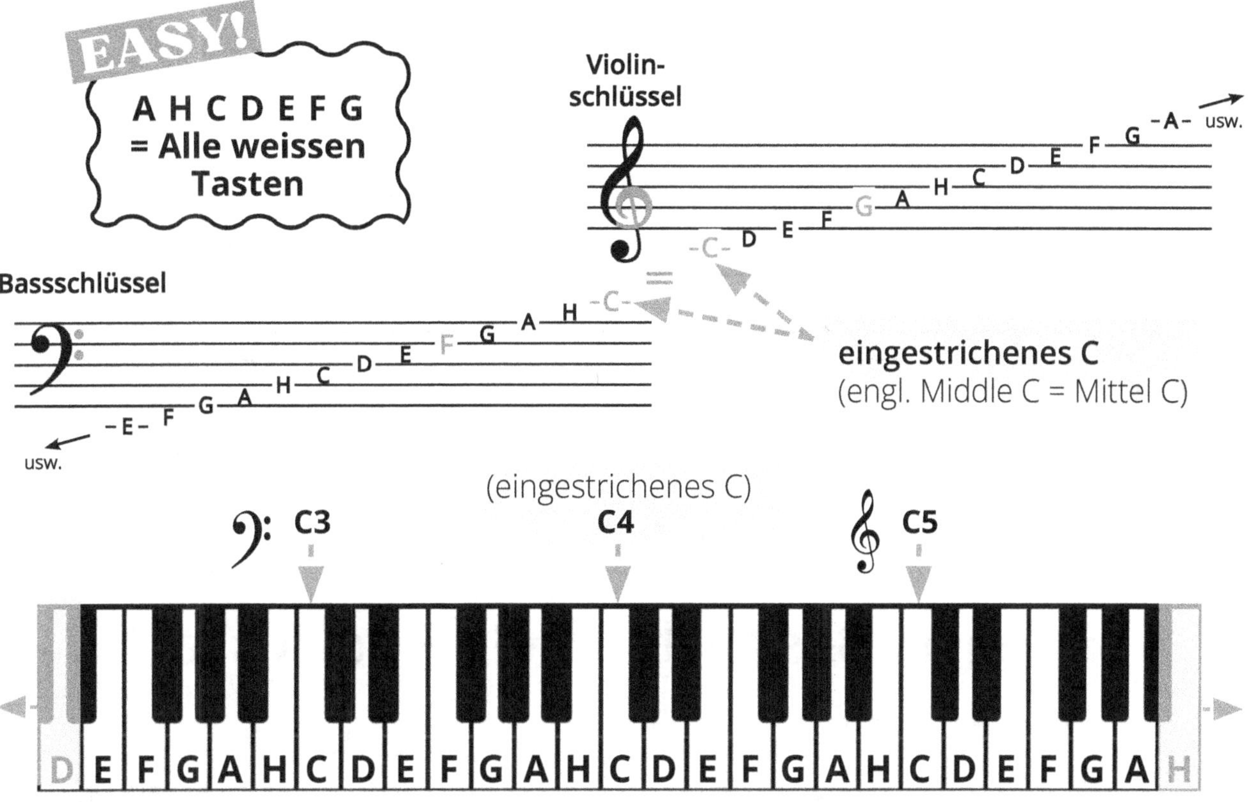


Die Abbildung veranschaulicht beide Notenschlüssel auf der Klaviatur, wobei das eingestrichene C sich über dem Bassschlüssel und unterhalb des Violinschlüssels befindet. Gemeinsam decken diese zwei Notensysteme den Großteil von Noten und Tönen der meisten Instrumente ab.

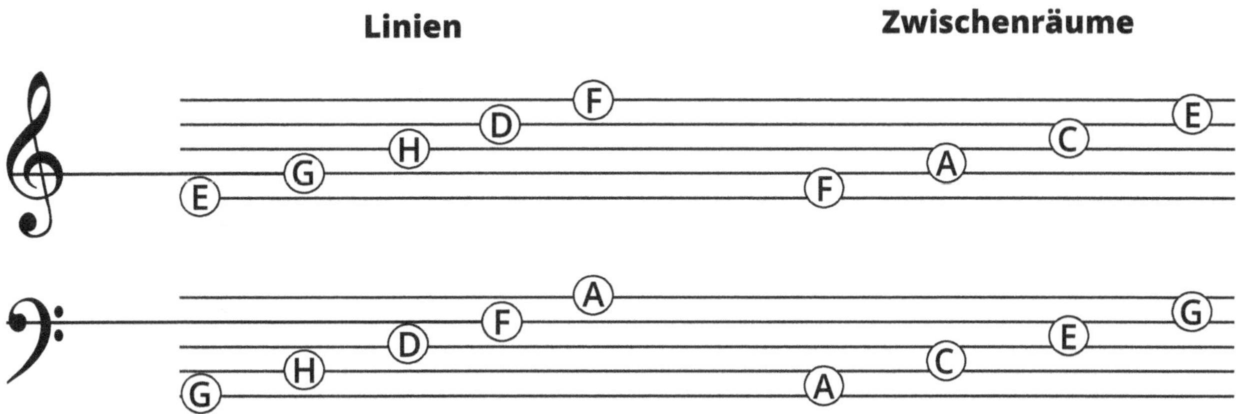

# Noten im Violin-Schlüssel ( G-Schlüssel )

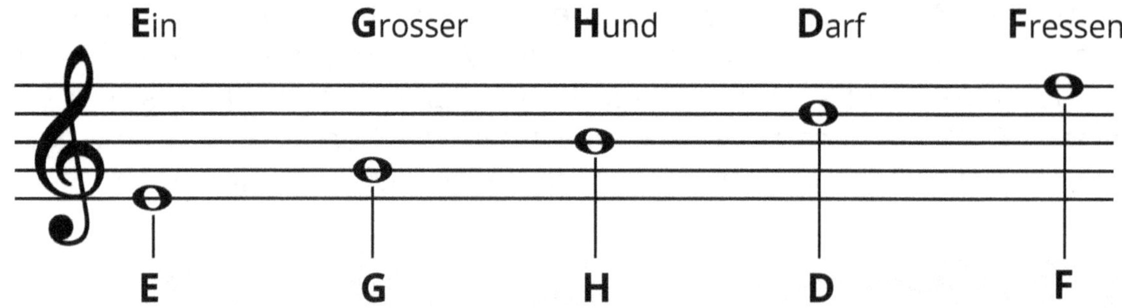


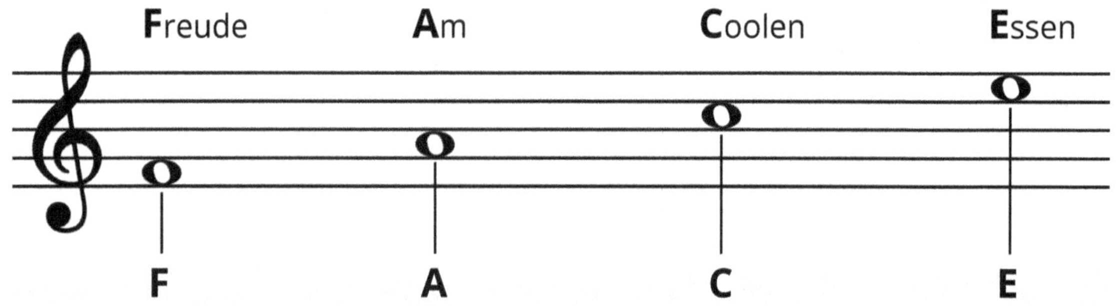


# Noten im Bass-Schlüssel ( F-Schlüssel )

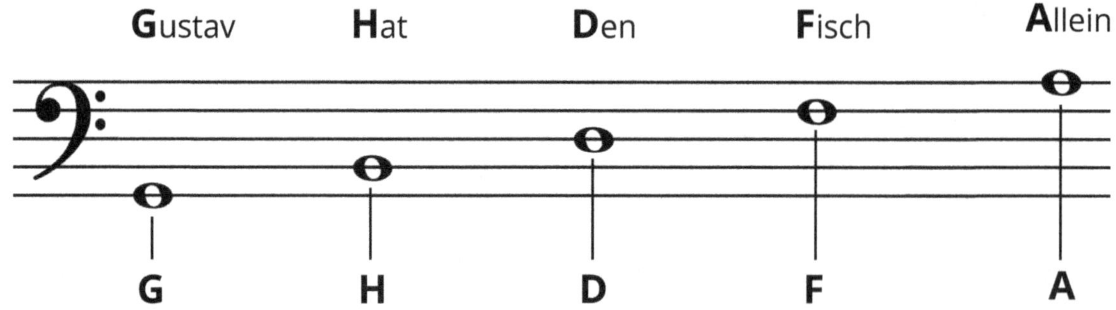


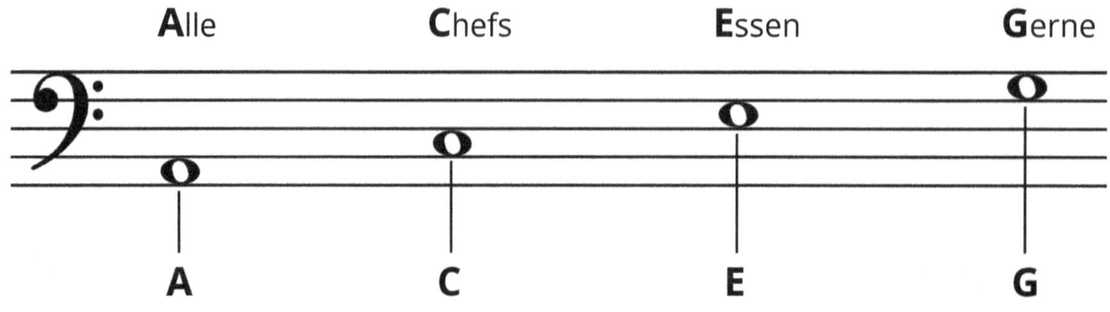

Die natürlichen Noten entsprechen allen weißen Tasten auf der Klaviatur.

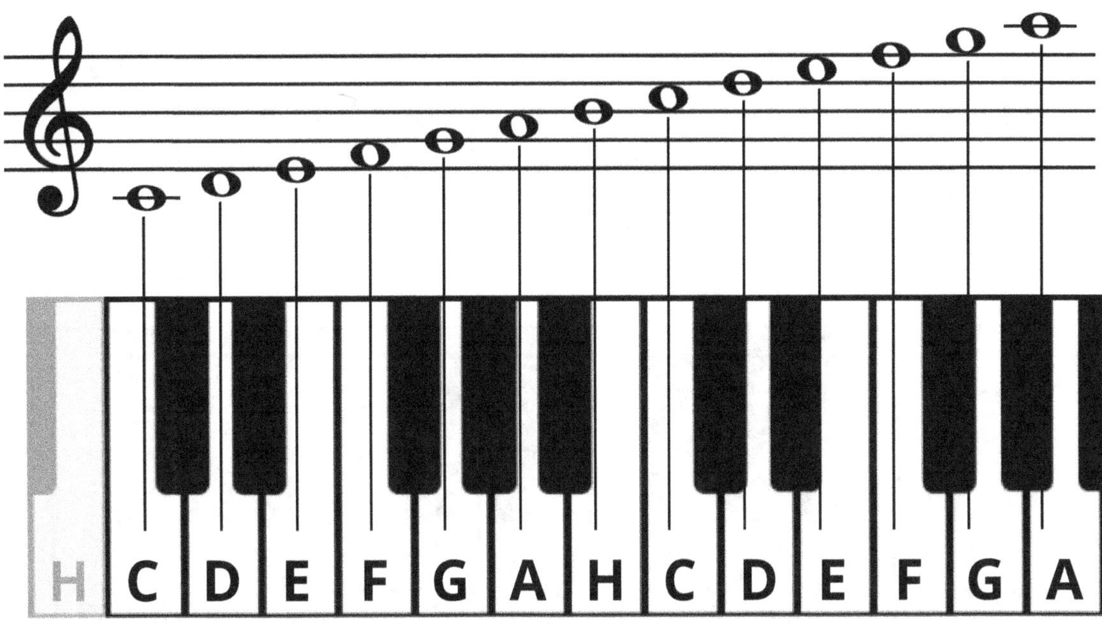


## Notensystem & Klaviatur

Das Übungsbeispiel zeigt wie die Übungsaufgaben auf dem Notensystem und der Klaviertastatur zu vervollständigen sind:

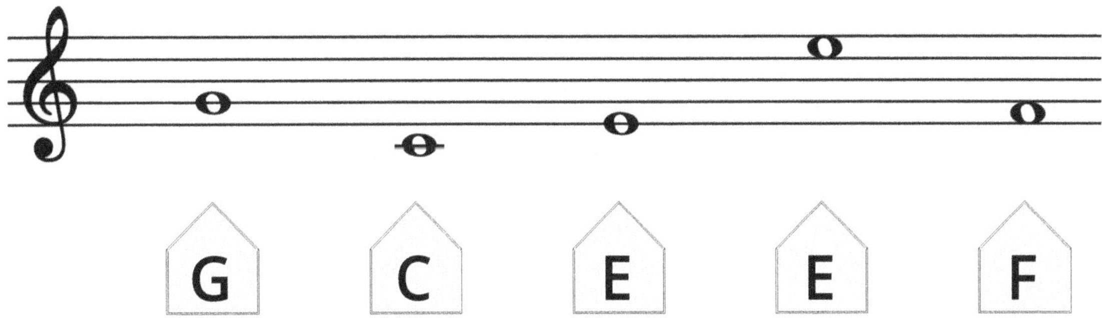


1. **Schlüssel:** Violinschlüssel ist gegeben   2. **Noten einzeichnen:** Note C und E

3. **Klaviatur:** Einzeichnen der Note auf der Tastatur

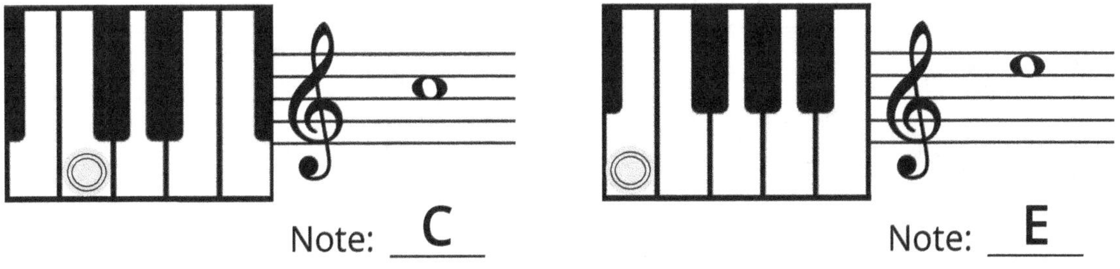

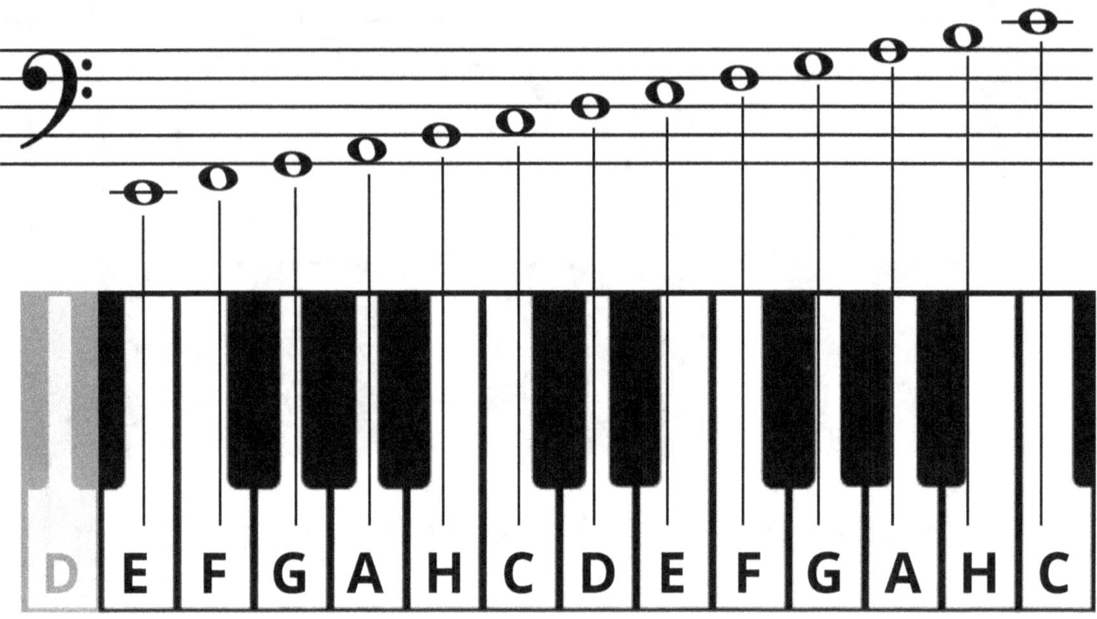


# Notensystem & Klaviatur

Das Übungsbeispiel zeigt wie die Übungsaufgaben auf dem Notensystem und der Klaviertastatur zu vervollständigen sind:

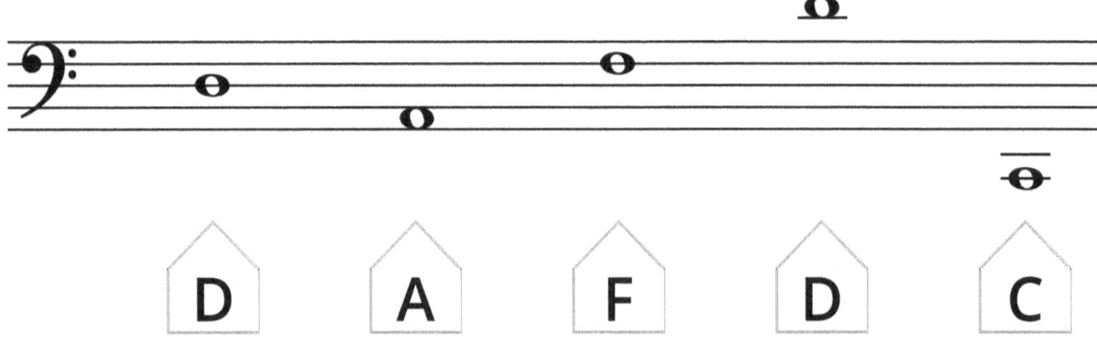


1. **Schlüssel:** Bassschlüssel ist gegeben     2. **Noten einzeichnen:** Note D und A

3. **Klaviatur:** Einzeichnen der Note auf der Tastatur

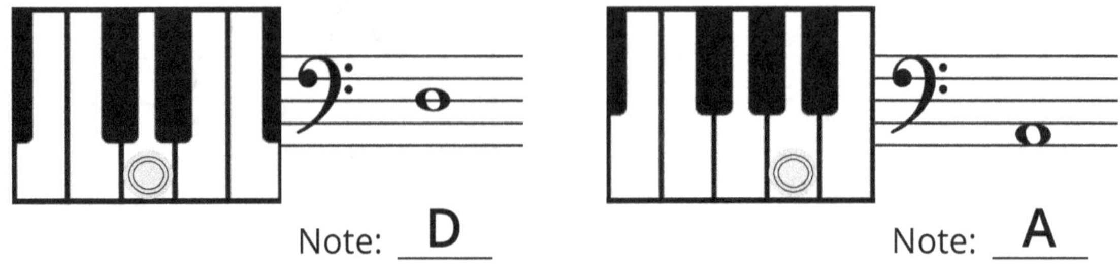

# Tonhöhe

Die Tonhöhe einer Note beschreibt, wie hoch oder tief sie klingt. Musiker geben den verschiedenen Tonhöhen einfach unterschiedliche Buchstabenbezeichnungen: **C, D, E, F, G, A und H**.

Diese sieben Buchstaben benennen alle natürlichen Töne (auf einer Klaviatur sind das alle weißen Tasten) innerhalb einer Oktave.

Eine Oktave ist der Abstand zwischen zwei Noten mit dem selben Namen. Wenn man zum achten natürlichen Ton gelangt, beginnt man die nächste Oktave mit einem weiteren C.

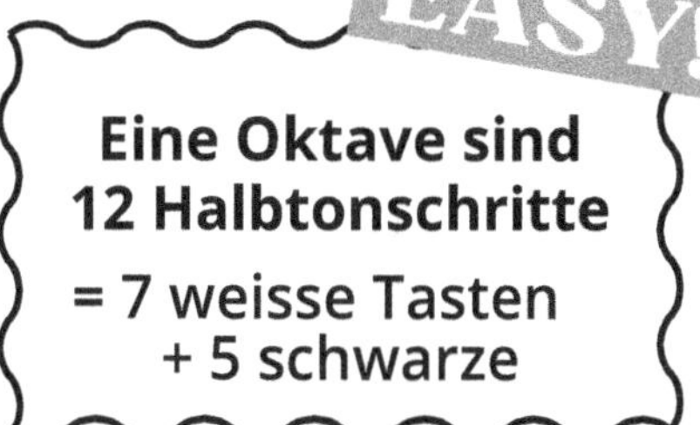


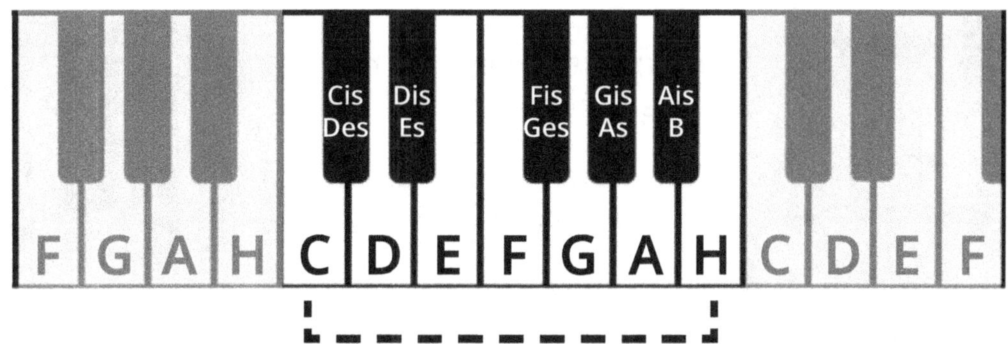


Diese 7 Buchstaben bezeichnen die natürlichen Noten (alle weissen Tasten) innerhalb einer Oktave. Das nächste 'C' (Note 8) beginnt die nächste Oktave (von latein octo = acht).

Zum Beispiel is von C nach C eine Oktave, von F → F, oder von G → G, usw.

**Man gelangt mit 12 Halbtonschritten von einer Note zur nächsten Oktave.**

**Wie benennt man die anderen fünf Töne (auf einem Klavier, die schwarzen Tasten)?**

Hierfür betrachten wir eine Oktave, welche aus sieben weißen und fünf schwarzen Tasten besteht.

Die sieben weißen Tasten heißen:
**C, D, E, F, G, A und H**

Die fünf schwarzen Tasten je nach musikalischem Zusammenhang:

**Cis, Dis, Fis, Gis, und Ais**
(Erhöhung der Stammtöne) **oder**

**Des, Es, Ges, As und B**
(Erniedrigung der Stammtöne).

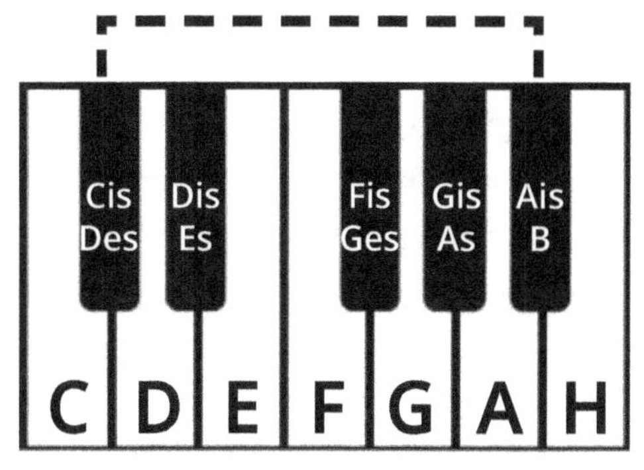

# Vorzeichen

In der Musiknotation gibt es drei wichtige Vorzeichen: das „b"-Symbol (♭), das Kreuz (♯) und das Auflösungszeichen (♮). Diese Symbole ändern die Tonhöhe einer Note und sind entscheidend, um die schwarzen Tasten auf der Klaviertastatur zu beschreiben.

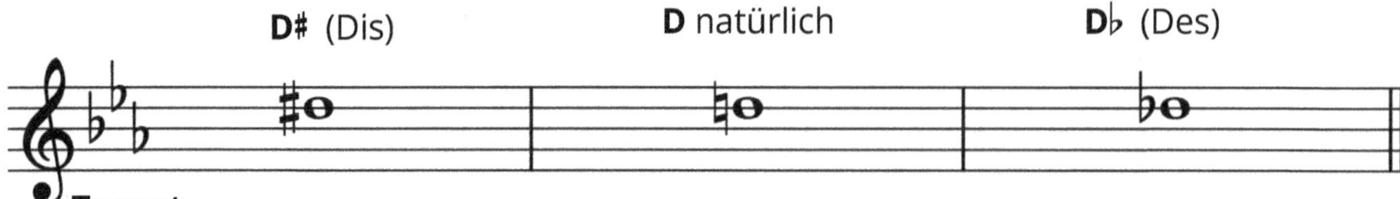


**Tonart**
Drei b's (Es -Dur)

Kreuze, B's, und Auflösungszeichen können entweder in der Tonart geschrieben werden, oder vor den einzelnen Noten welche sie ändern sollen.

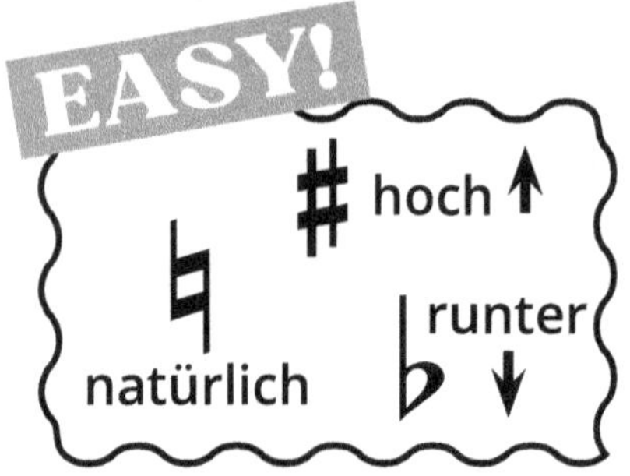


**In unserem Beispiel mit der Note D auf dem Notenstab:**

Das Kreuz erhöht um einen Halbton nach oben zu Dis.

Das Auflösungzeichen bringt dieses zurück auf D natürlich.

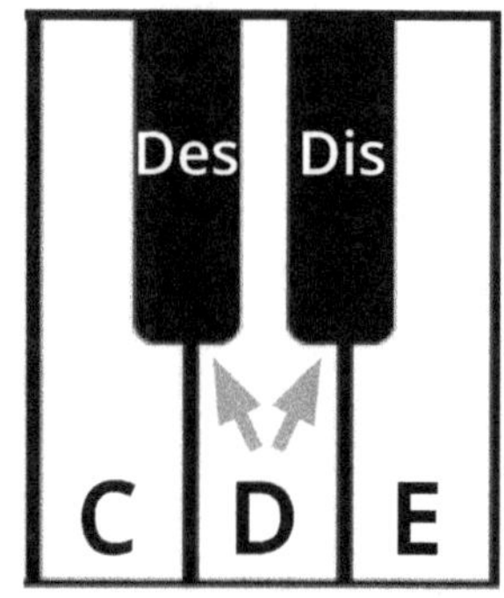


Das "b" senkt um einen Halbtonschritt, somit wird D zu Des.

**Im Beispiel mit der Note C gibt es eine weisse Taste 'Ces':**

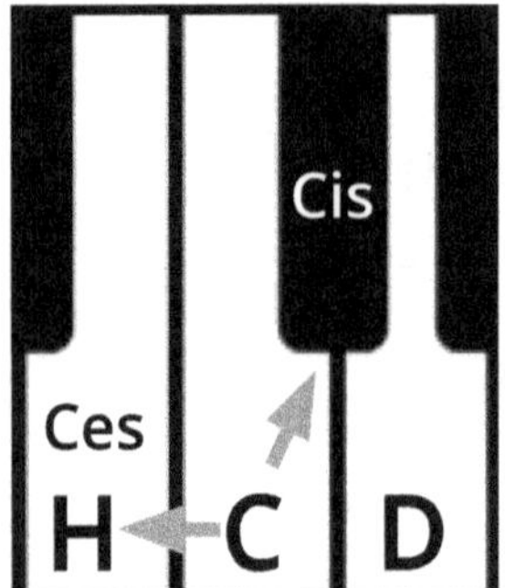


Das Kreuz erhöht nach oben zu Cis. Das Auflösungszeichen bringt dieses auf C natürlich und das b senkt zu Ces. Da es keine schwarze Taste dazwischen gibt ist **Ces** = weisse Taste **H**.

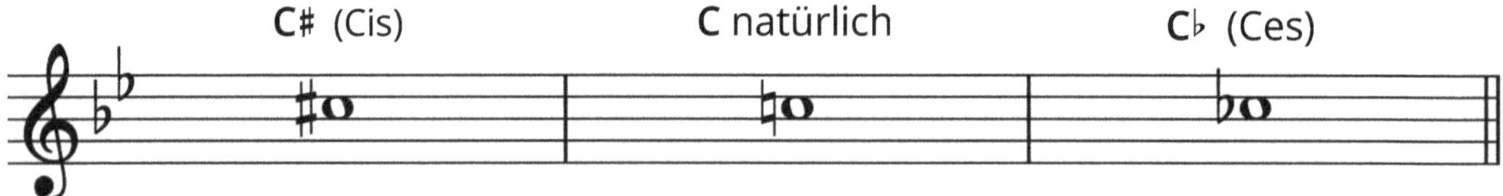


Ein **Halbtonschritt** auf dem Klavier ist der kleinste Abstand zwischen zwei benachbarten Tasten (z.B. von einer weißen zur nächsten schwarzen Taste), während ein **Ganztonschritt** aus zwei Halbtonschritten besteht (z.B. von einer weißen Taste zur übernächsten weißen Taste).

Wenn zwei weiße Tasten keine schwarze Taste dazwischen haben dann ist dies ein Halbtonschritt von weiß zu weiß. ( H - C, und E - F )

**Das "b"-Symbol** (engl. "flat") senkt eine Note um einen Halbton ab. Eine durch ein "b" veränderte Note wird also um einen Halbton niedriger gespielt. Die Noten erhalten die Endung "-es oder -as". **Die Ausnahme hier ist B** (H gesenkt durch ein b ).

Noten mit 'B's fallen nicht immer auf eine schwarze Taste.
F → Fes
(Dies ist eine weiße Taste, natürliches 'E')

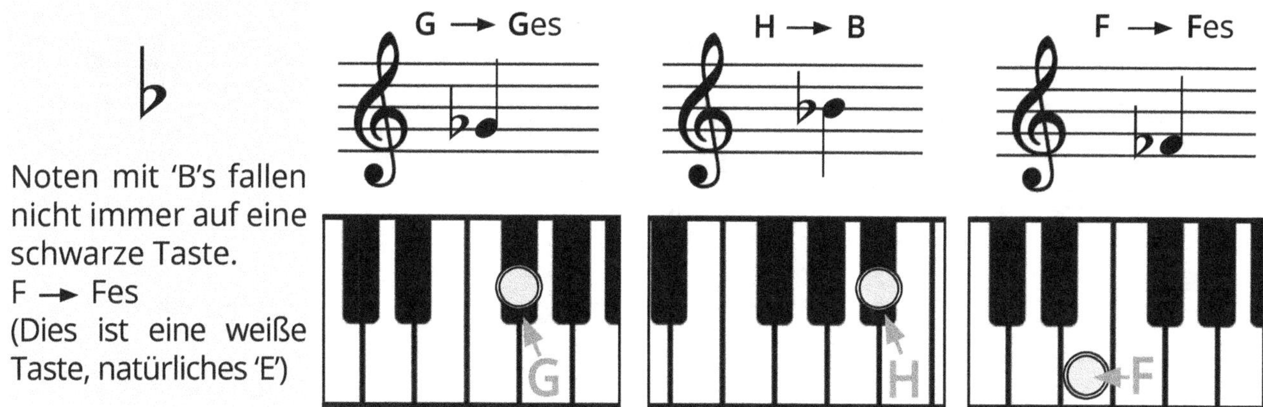


**Das Kreuz** (engl. "sharp") erhöht eine Note um einen Halbtonschritt. Eine durch ein Kreuz veränderte Note wird also um einen Halbton höher gespielt. Durch Kreuze veränderte Noten erhalten den Zusatz „-is".

Noten durch ein Kreuz erhöht können ebenso eine weisse Taste sein.
E → Eis
(Dies ist eine weiße Taste, natürliches 'F')

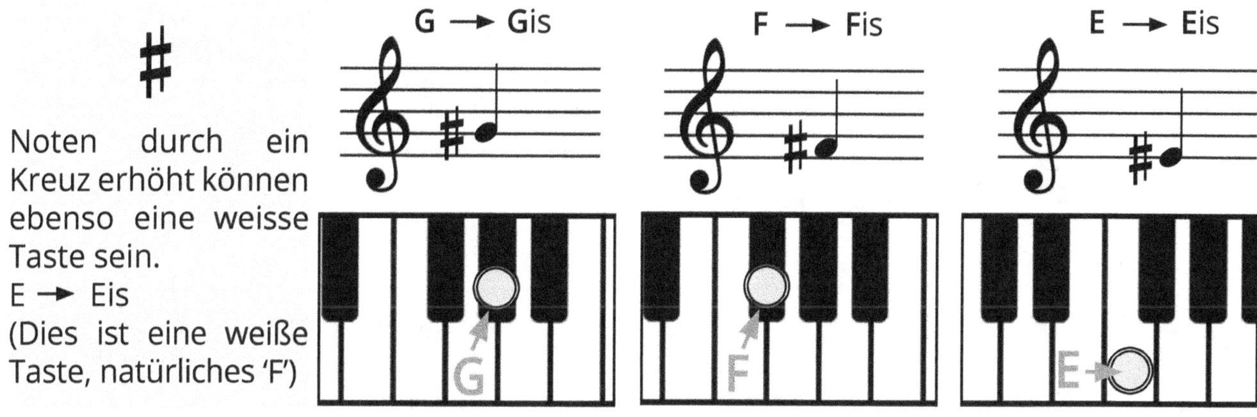


**Das Auflösungszeichen** (engl. "natural") hebt eine vorherige Erhöhung oder Erniedrigung durch ein Kreuz oder "b" auf und bringt die Note zurück zu ihrer natürlichen Tonhöhe.

Diese Noten sind Stammtöne ohne "-is" oder "-es".

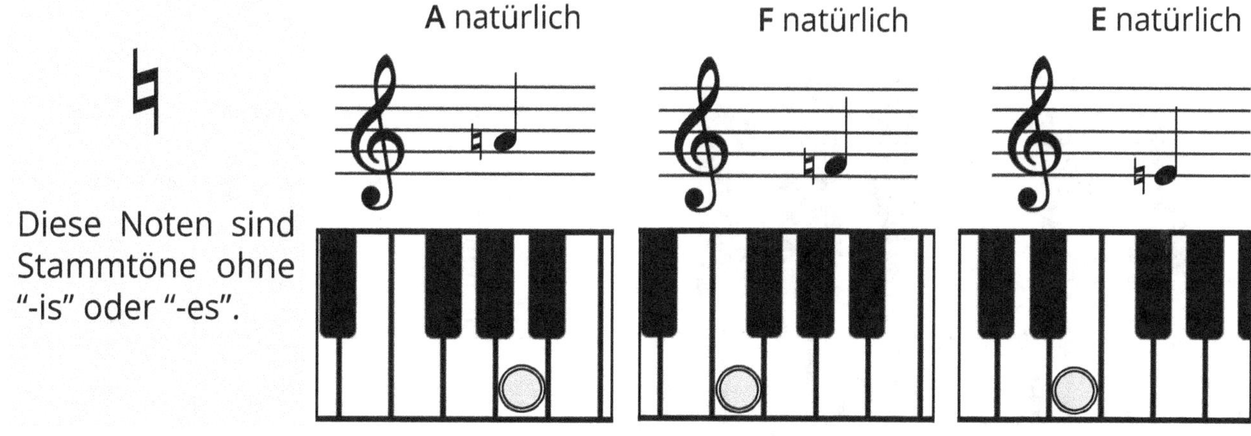

# Vorzeichen im Notensystem

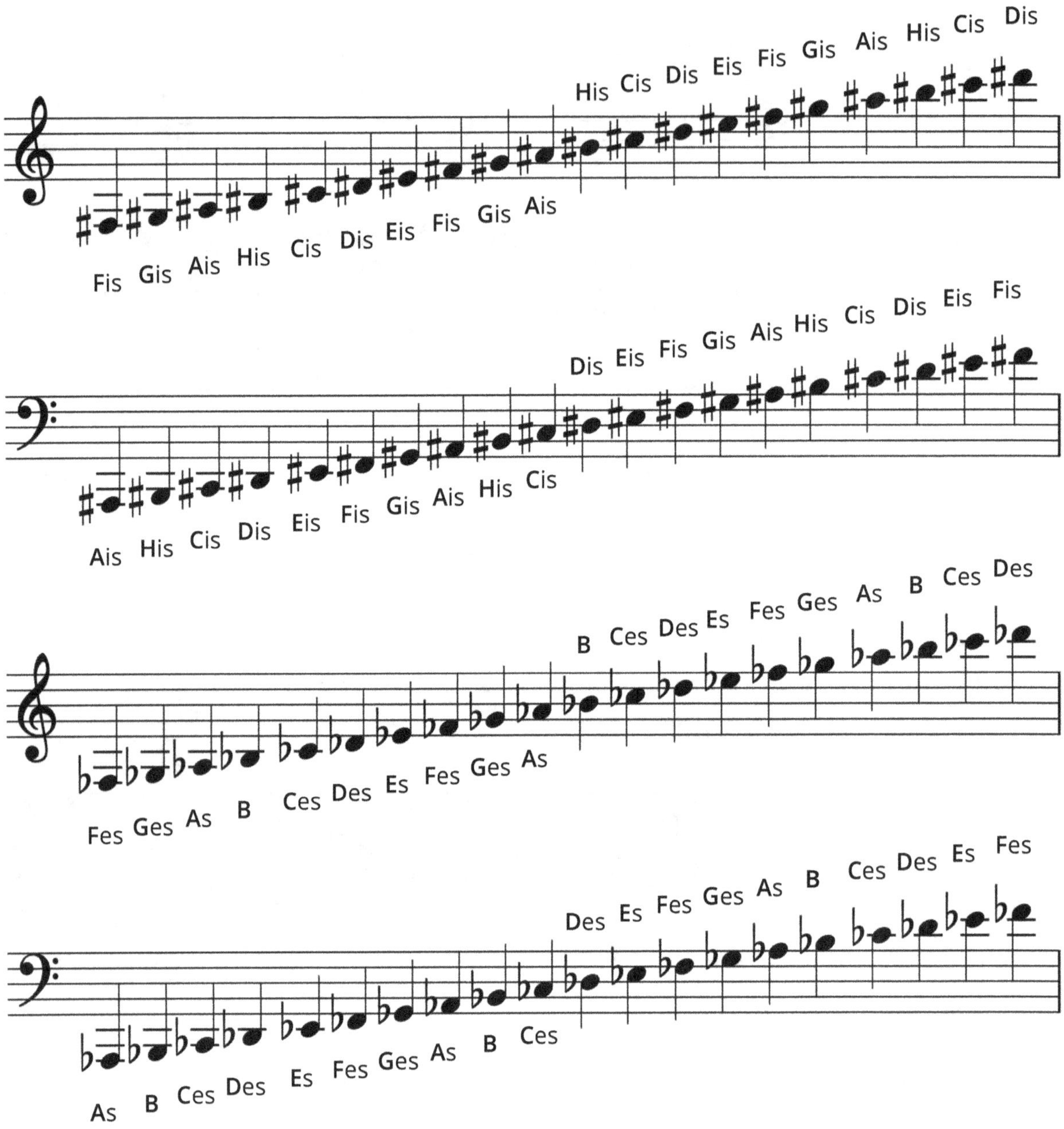

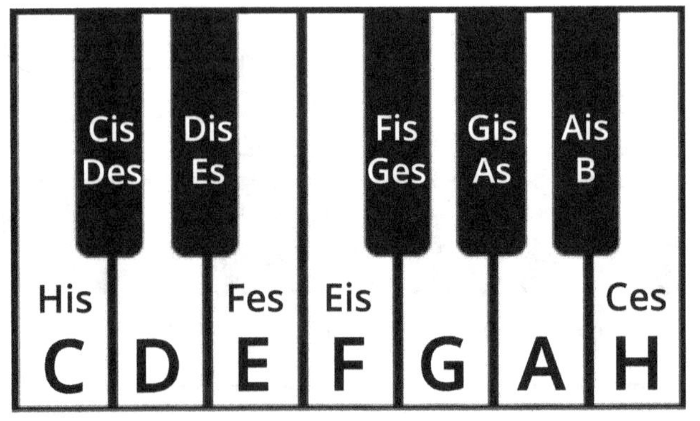


| Natürliche Noten | Kreuz-Noten # | B-Noten ♭ |
|---|---|---|
| C | Cis | Ces |
| D | Dis | Des |
| E | Eis | Es |
| F | Fis | Fes |
| G | Gis | Ges |
| A | Ais | As |
| H | His | B |

# Vorzeichen und Tonart

Wenn nach dem Notenschlüssel Vorzeichen angegeben sind, dann handelt es sich um die Angabe der Tonart und die Reihenfolge der Kreuze oder b's ist eine Kennzeichnung für Dur- und Moll Tonleitern.

**Die Kreuze oder b's erscheinen immer in derselben Reihenfolge in allen Tonartangaben (bis zu 7 Kreuze oder b's, niemals beide).**

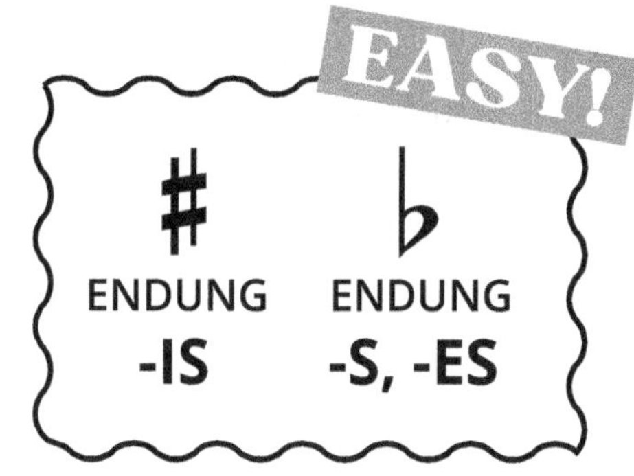


Zum Beispiel, wenn eine Tonart ( z.B. G-Dur oder e-Moll) nur ein Kreuz hat, wird es Fis sein, daher ist Fis immer das erste Kreuz, das in einer Kreuz-Tonartangabe aufgeführt ist.

Reihenfolge auf dem Notensystem

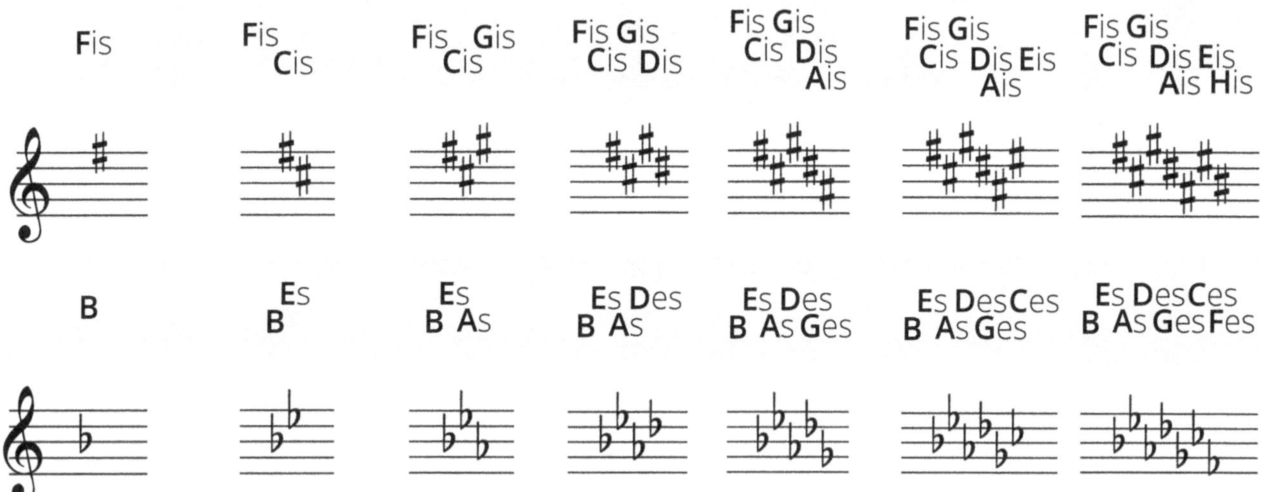

**Vorzeichen im Violinschlüssel**

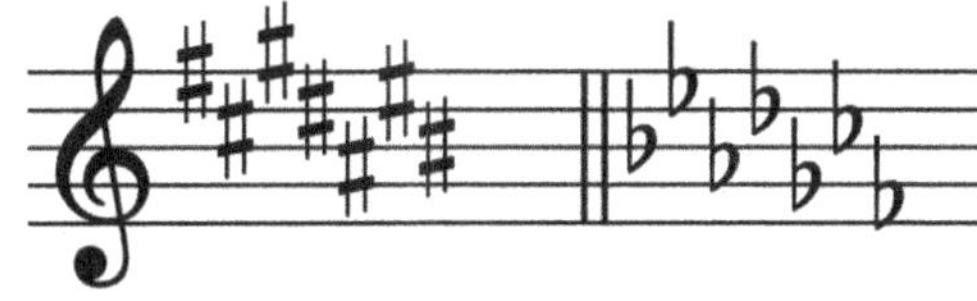

Die **Reihenfolge der Kreuze** ist: Fis, Cis, Gis, Dis, Ais, Eis, His.

Die Tonarten mit zwei Kreuzen (D-Dur und h-Moll) haben Fis und Cis, daher ist Cis immer das zweite Kreuz in einer Tonartangabe, und so weiter.

**Die Reihenfolge der b's ist umgekehrt zur Reihenfolge der Kreuze.**

**Vorzeichen im Bassschlüssel**

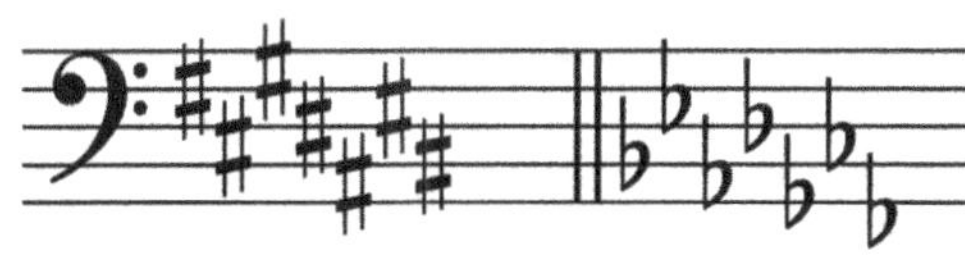

Die **Reihenfolge der b's** ist: B, Es, As, Des, Ges, Ces, Fes.

So haben die Tonarten mit nur einem b (F-Dur und d-Moll) ein B (H wird durch das Vorzeichen zu B); die Tonarten mit zwei b's (B-Dur und g-Moll) haben B und Es; und so weiter.

# Moll- und Dur- Tonarten

Eine Tonleiter beginnt mit der Note, welche ihr den Namen gibt. Die Reihenfolge der b's und Kreuze, wie die Reihenfolge der Tonarten selbst, folgt einem **Quintenzirkel** (siehe Seite 21).

## Dur- Tonleiter

Um die Noten in einer Dur-Tonart zu finden, starten Sie bei dem Stammton und folgen diesem Muster: **Ganzton, Ganzton, Halbton, Ganzton, Ganzton, Ganzton, Halbton**. Das führt Sie zum Stammton eine Oktave höher von welcher Sie begonnen haben, und umfasst alle Noten der Tonart in dieser Oktave.

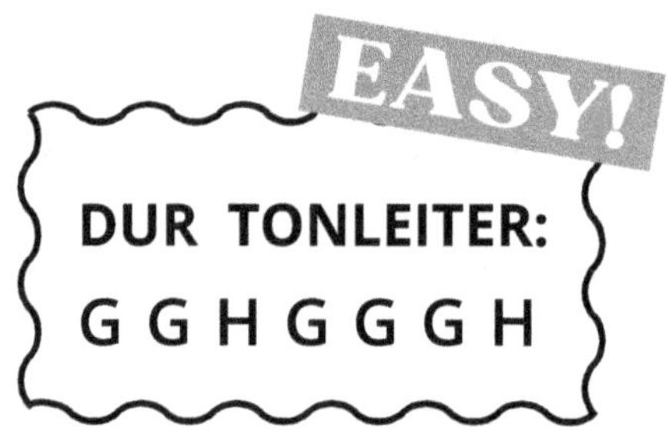


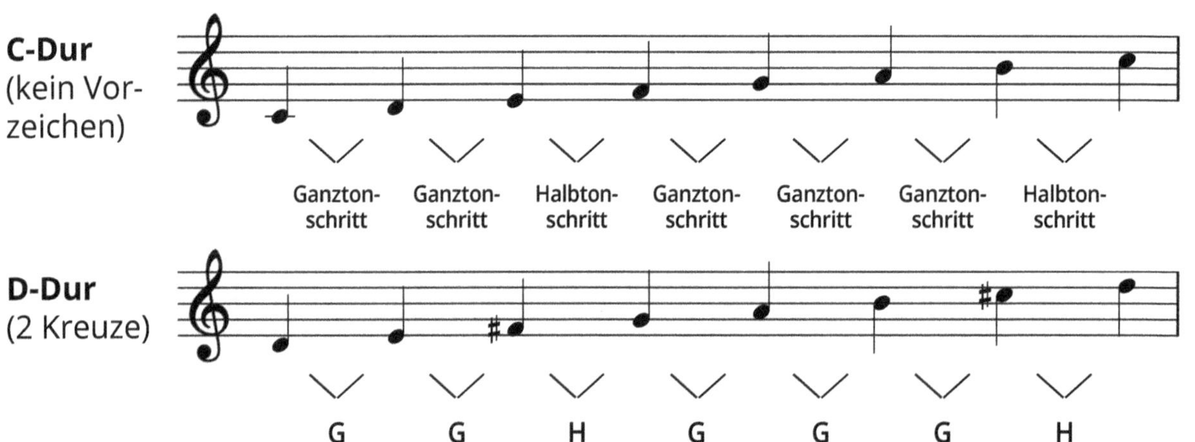


## Moll- Tonleiter

Um die Noten in einer Moll-Tonart zu finden, starten Sie bei dem Stammton und folgen diesem Muster: **Ganzton, Halbton, Ganzton, Ganzton, Halbton, Ganzton, Ganzton**. Das führt Sie zum Stammton eine Oktave höher von welcher Sie begonnen haben.

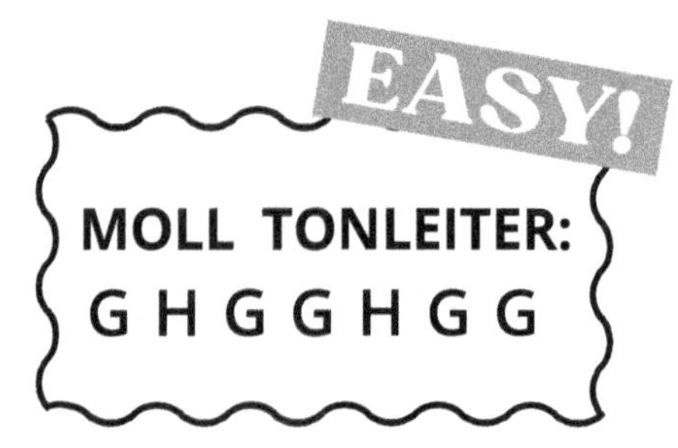


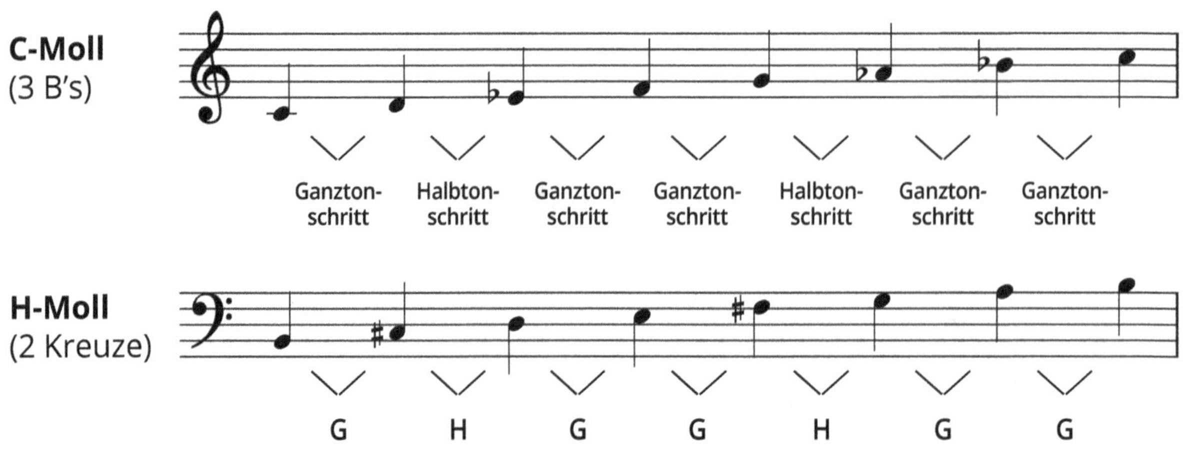

# Tonartangabe mit Beispielen

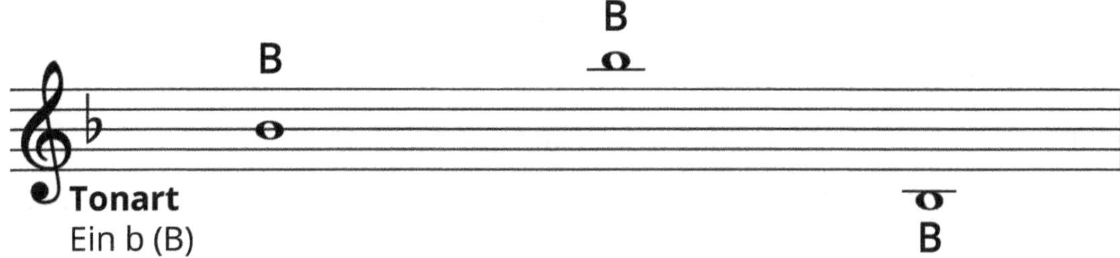


Die Tonartangabe hat ein b auf der H Linie, deshalb bekommen alle Noten H auf dem Notenstab ein b als Vorzeichen.

Dies macht Sinn wenn die meisten Noten in dem Musikstück dieses b besitzen, dann wird es zur Tonart hinzugefügt. Falls es nur ausnahmsweise vorkommt dann versieht man die individuellen Noten mit Vorzeichen.

Die Tonartangabe steht gleich nach dem Schlüssel auf dem Notenstab. Sie kann entweder einige Kreuzchen auf bestimmten Linien oder Zwischenräumen enthalten, oder einige b's, ebenfalls auf bestimmten Linien oder Zwischenräumen. Wenn keine b's oder Kreuze nach dem Schlüsselsymbol aufgeführt sind, dann ist die Tonartangabe „alle Noten sind natürlich".

Die Tonartangabe listet alle Kreuze und b's in der Tonart auf, in der die Musik steht.

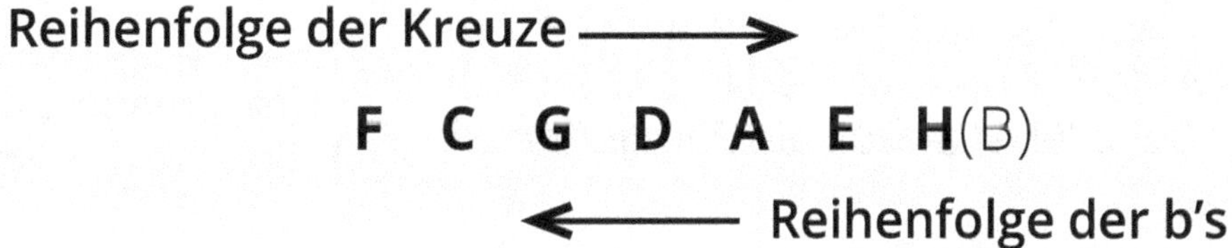


Wenn ein Kreuz (oder b) in der Tonartangabe auf einer Linie oder einem Zwischenraum erscheint, sind alle Noten auf dieser Linie oder diesem Zwischenraum erhöht (oder erniedrigt), und alle anderen Noten mit denselben Buchstaben in anderen Oktaven sind ebenfalls erhöht (oder erniedrigt).

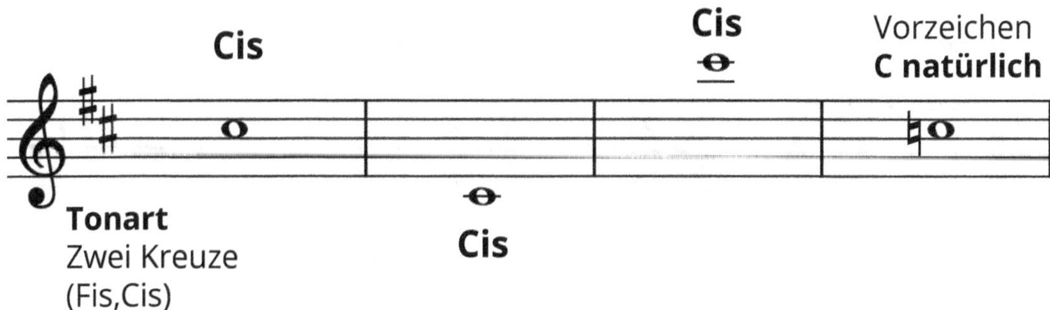


Wenn ein Kreuz im C Zwischenraum im Notenstab angegeben wird, dann sind alle C = Cis, es sei denn ein Vorzeichen ändert dies.

Der Notenschlüssel und die Tonart zeigen an, welche Note sich auf jeder Linie und jedem Zwischenraum des Notenstabs befindet. Der Schlüssel gibt den Buchstaben der Note (C, D, E usw.) an, und die Tonart, ob die Note erhöht, erniedrigt oder natürlich ist.

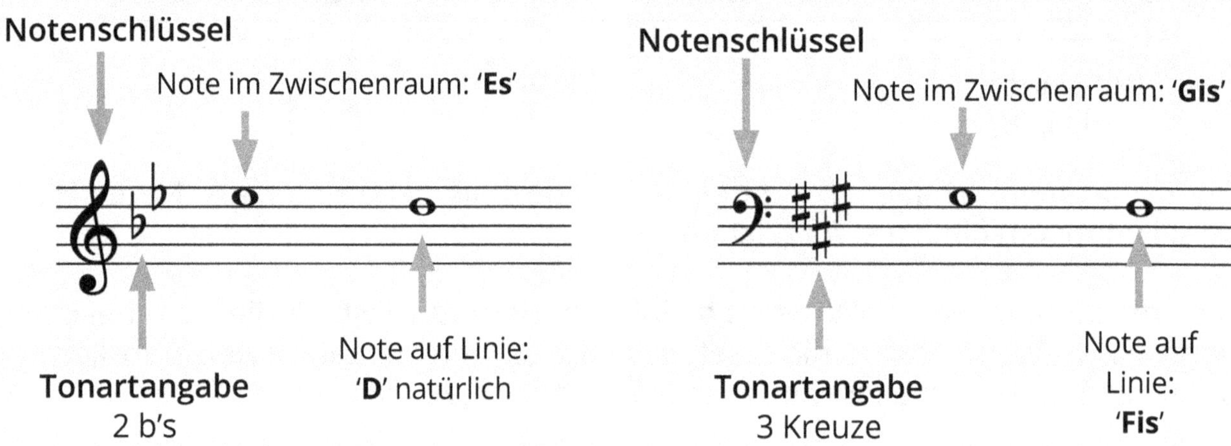


Die Tonartangabe listet alle Kreuze und Bs in der Tonart auf, in der die Musik und erspart somit das ständige wiederholen der Vorzeichen durch das Stück hinweg (es sei denn weitere Vorzeichen ändern dies).

# Moll- und Dur- Tonarten

**Parallel-Tonarten:** Sie besitzen die gleiche An-zahl an Vorzeichen, und gleiche Noten, jedoch versetzt. Zum Beispiel ist a-Moll die Paralleltonart von C-Dur.

**Enharmonische Tonleitern:** Die Tonart ist unterschiedlich, jedoch werden die gleichen Noten in der gleichen Reihenfolge gespielt. Zum Beispiel sind H-Dur und Ces-Dur enharmonisch.

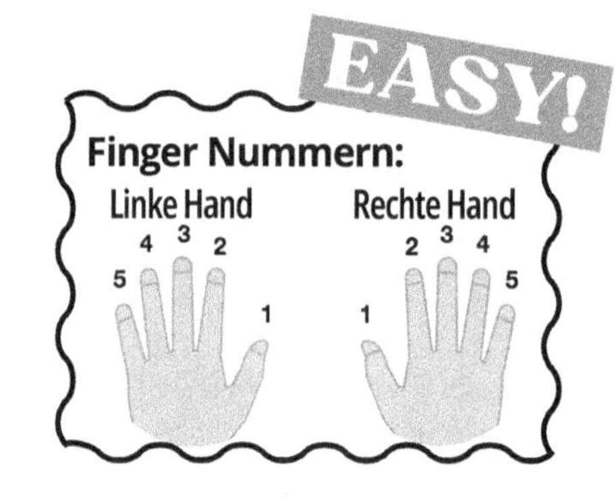


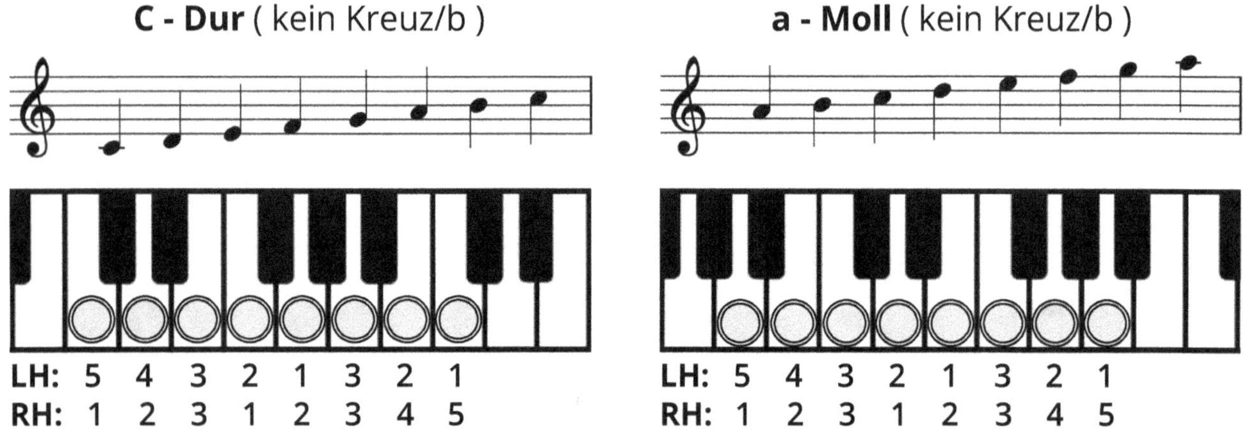


C -Dur und a -Moll beginnen mit verscheidenen Noten, haben jedoch dieselbe Tonart.

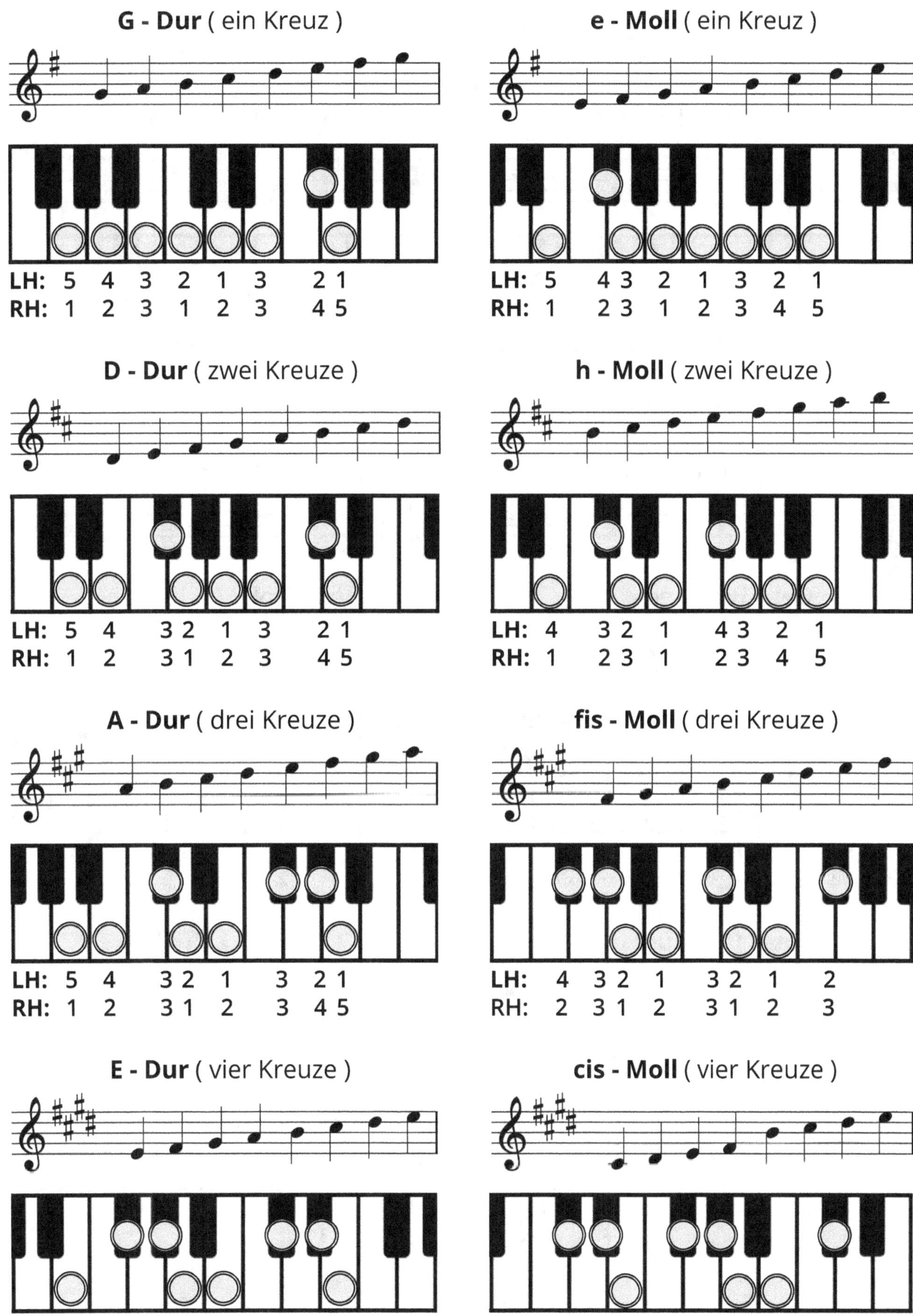

G - Dur ( ein Kreuz )
LH: 5 4 3 2 1 3 2 1
RH: 1 2 3 1 2 3 4 5

e - Moll ( ein Kreuz )
LH: 5 4 3 2 1 3 2 1
RH: 1 2 3 1 2 3 4 5

D - Dur ( zwei Kreuze )
LH: 5 4 3 2 1 3 2 1
RH: 1 2 3 1 2 3 4 5

h - Moll ( zwei Kreuze )
LH: 4 3 2 1 4 3 2 1
RH: 1 2 3 1 2 3 4 5

A - Dur ( drei Kreuze )
LH: 5 4 3 2 1 3 2 1
RH: 1 2 3 1 2 3 4 5

fis - Moll ( drei Kreuze )
LH: 4 3 2 1 3 2 1 2
RH: 2 3 1 2 3 1 2 3

E - Dur ( vier Kreuze )
LH: 5 4 3 2 1 3 2 1
RH: 1 2 3 1 2 3 4 5

cis - Moll ( vier Kreuze )
LH: 3 2 1 4 3 2 1 3
RH: 2 3 1 2 3 1 2 3

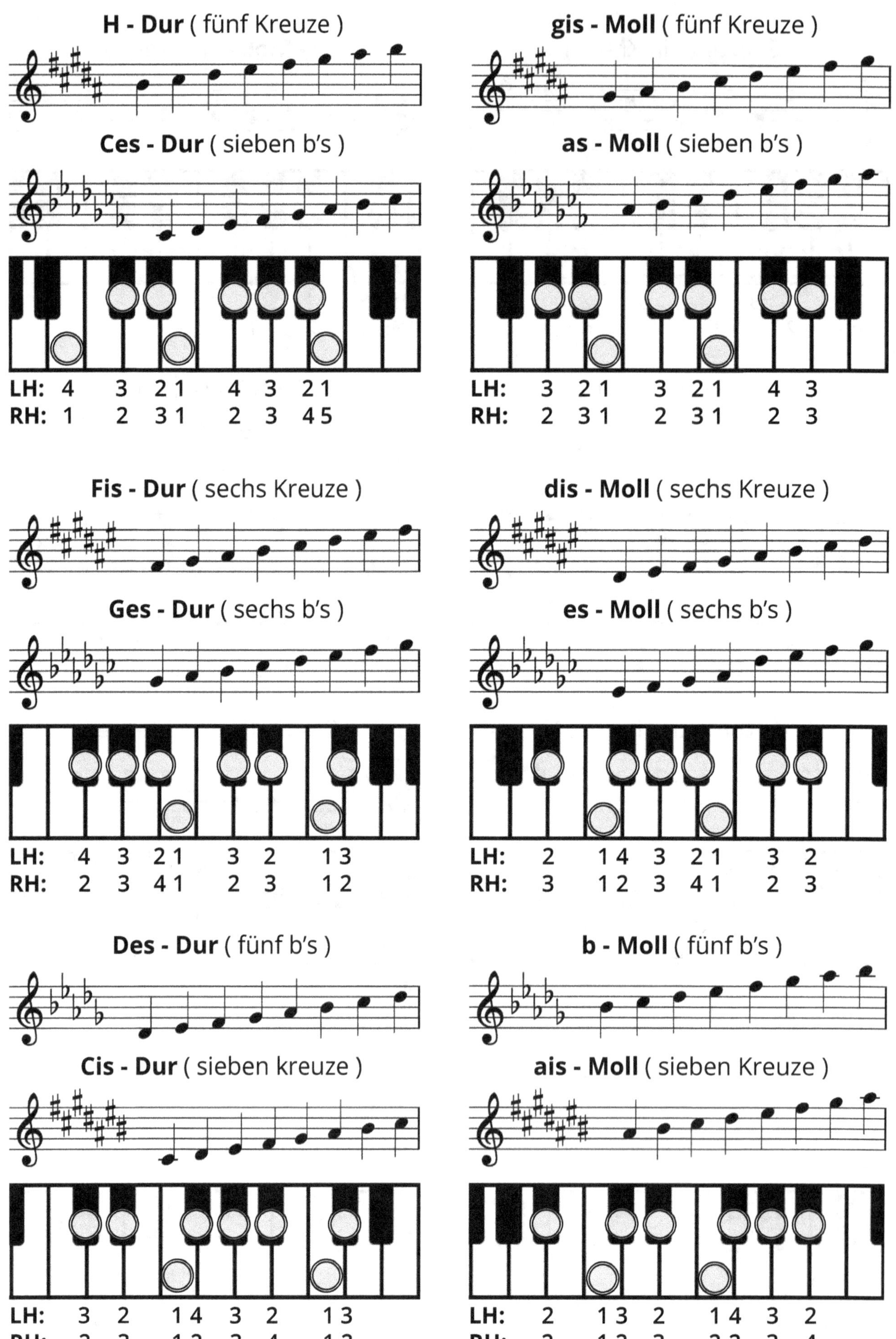

H - Dur ( fünf Kreuze )
gis - Moll ( fünf Kreuze )
Ces - Dur ( sieben b's )
as - Moll ( sieben b's )
LH: 4 3 2 1 4 3 2 1
RH: 1 2 3 1 2 3 4 5
LH: 3 2 1 3 2 1 4 3
RH: 2 3 1 2 3 1 2 3
Fis - Dur ( sechs Kreuze )
dis - Moll ( sechs Kreuze )
Ges - Dur ( sechs b's )
es - Moll ( sechs b's )
LH: 4 3 2 1 3 2 1 3
RH: 2 3 4 1 2 3 1 2
LH: 2 1 4 3 2 1 3 2
RH: 3 1 2 3 4 1 2 3
Des - Dur ( fünf b's )
b - Moll ( fünf b's )
Cis - Dur ( sieben kreuze )
ais - Moll ( sieben Kreuze )
LH: 3 2 1 4 3 2 1 3
RH: 2 3 1 2 3 4 1 2
LH: 2 1 3 2 1 4 3 2
RH: 2 1 2 3 2 2 3 4

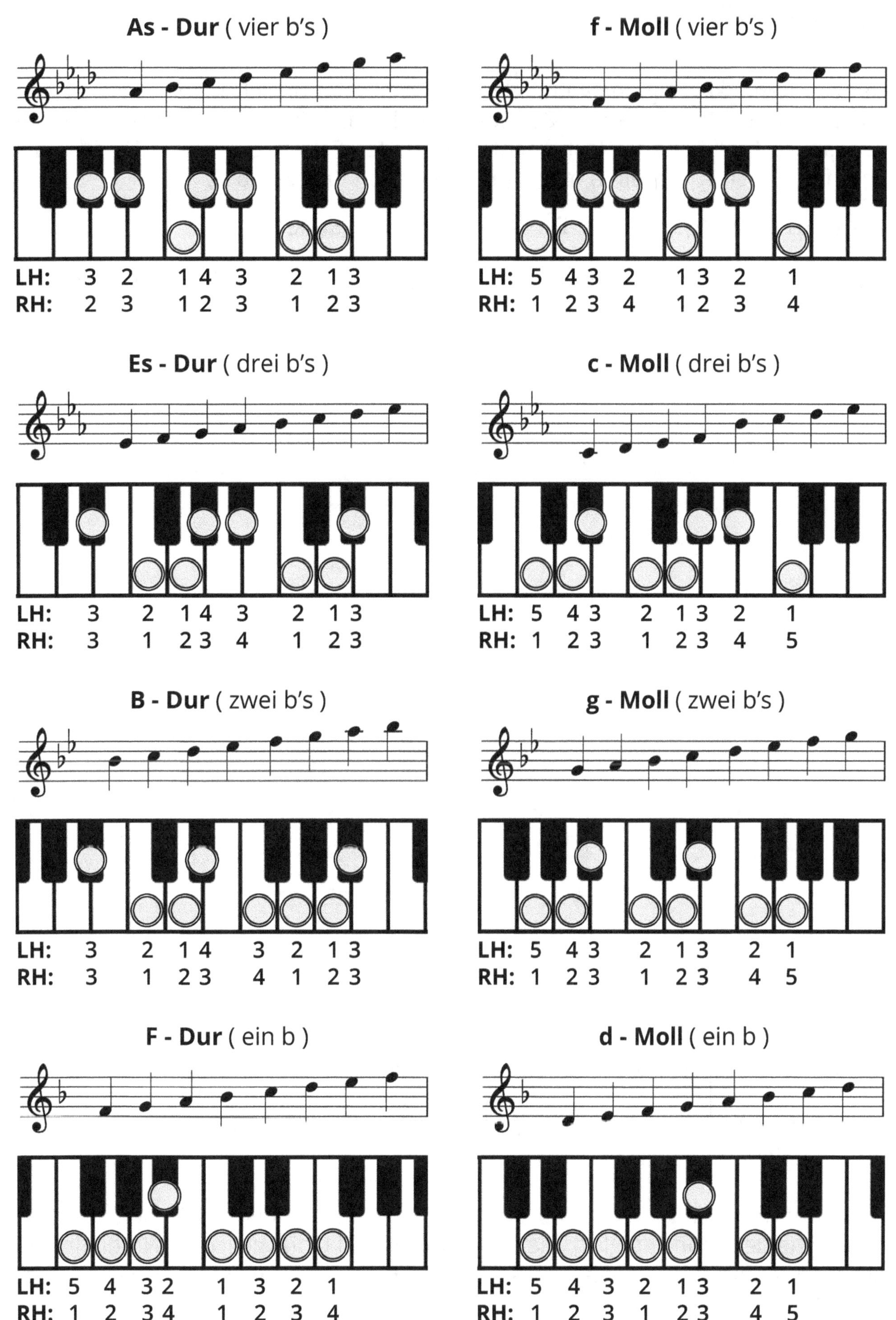

As - Dur ( vier b's )
LH: 3 2 1 4 3 2 1 3
RH: 2 3 1 2 3 1 2 3

f - Moll ( vier b's )
LH: 5 4 3 2 1 3 2 1
RH: 1 2 3 4 1 2 3 4

Es - Dur ( drei b's )
LH: 3 2 1 4 3 2 1 3
RH: 3 1 2 3 4 1 2 3

c - Moll ( drei b's )
LH: 5 4 3 2 1 3 2 1
RH: 1 2 3 1 2 3 4 5

B - Dur ( zwei b's )
LH: 3 2 1 4 3 2 1 3
RH: 3 1 2 3 4 1 2 3

g - Moll ( zwei b's )
LH: 5 4 3 2 1 3 2 1
RH: 1 2 3 1 2 3 4 5

F - Dur ( ein b )
LH: 5 4 3 2 1 3 2 1
RH: 1 2 3 4 1 2 3 4

d - Moll ( ein b )
LH: 5 4 3 2 1 3 2 1
RH: 1 2 3 1 2 3 4 5

# Quintenzirkel

Der Quintenzirkel zeigt in einer grafischen Weise die Beziehungen zwischen den 15 Dur- und Moll Tonarten. Zu jeder Dur-Tonart gibt es eine entsprechende verwandte Moll-Tonart. Nach rechts fügt jeder Schritt ein Kreuz hinzu, nach links fügt jeder Schritt ein b hinzu. ( Bis zu sieben Kreuze / b's).

**Merksatz** DUR ( ♯ ):     **G**eh **D**u **A**lter **E**sel **H**ol **Fis**che

**Merksatz** DUR ( ♭ ):     **F**rische **B**rötchen **Es**sen **As**se **Des Ges**angsvereins

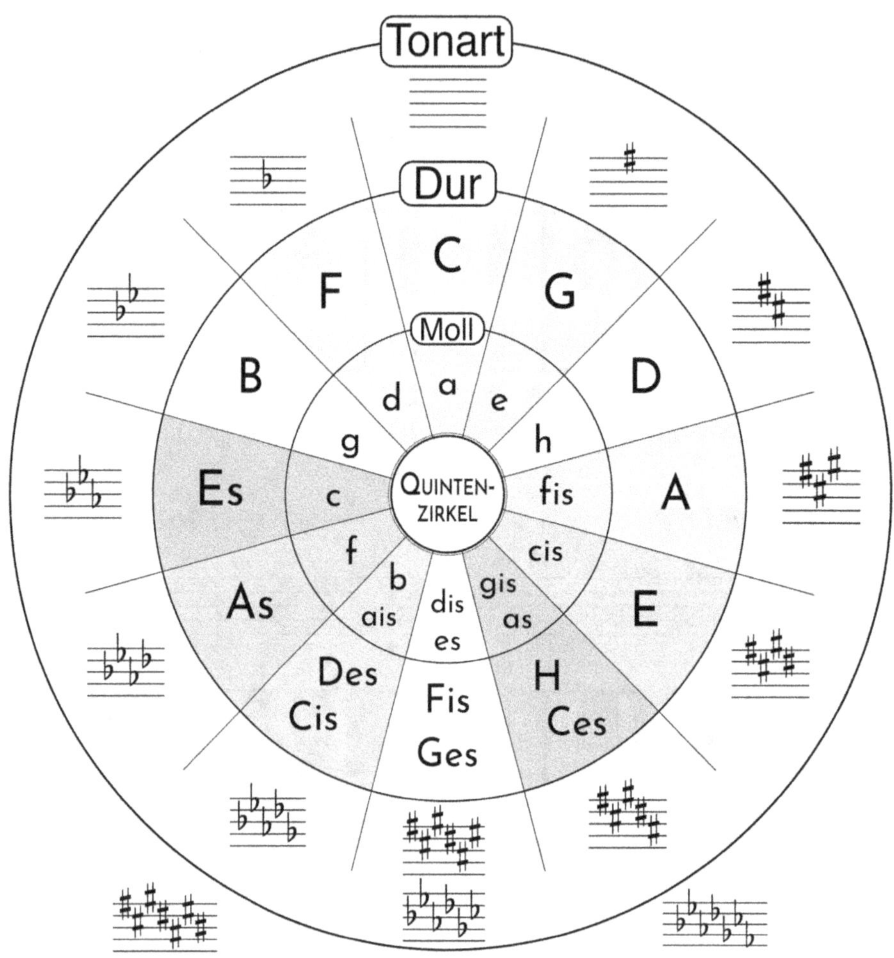


Die Tonarten im gleichen "Stück" teilen den selben Satz von Noten miteinander, nur in einer anderen Reihenfolge. Zum Beispiel ist **cis-Moll die Parallelmoll von E-Dur.** Moll- Tonleitern liegen eine **kleine Terz (3 Halbtonschritte)** niedriger als ihre Paralleldur Tonleitern.

Die Tonarten im gleichen "Kästchen" sind enharmonische Tonleitern. Hier unterscheidet man lediglich die Schreibweise, da die gleichen Noten in der gleichen Reihenfolge gespielt werden. Zum Beispiel ist **gis-Moll enharmonisch zu as-Moll.**

# Kapitel 2
## Stammtöne

Einleitung mit Beispiel

Übungen im Notensysten

Übungen Klaviatur & Notensystem

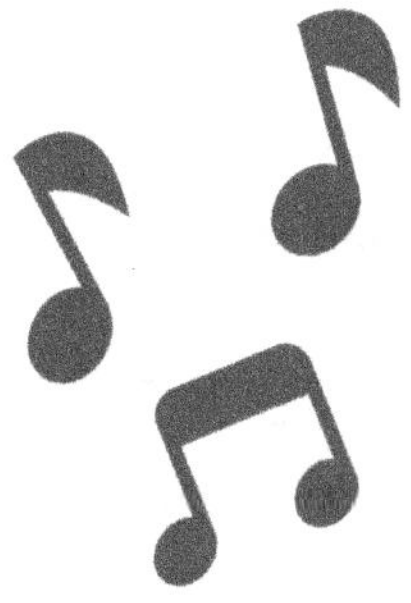

# Stammtöne Übungen

**Zwei einfache Schritte zum Lösen der Aufgaben:**

1. **Notenschlüssel:** Er zeigt Ihnen an welche Note auf welcher Linie steht. Im Bassschlüssel ist 'A' im untersten Zwischenraum. Im Violinschlüssel ist 'A' einen Ganztonschritt darüber.

2. **Name:** Auf welcher Linie oder Zwischenraum steht die Note? Wie ist der Name dieser Note?

**Das Schaubild dient als Hilfe für die Übungen:**

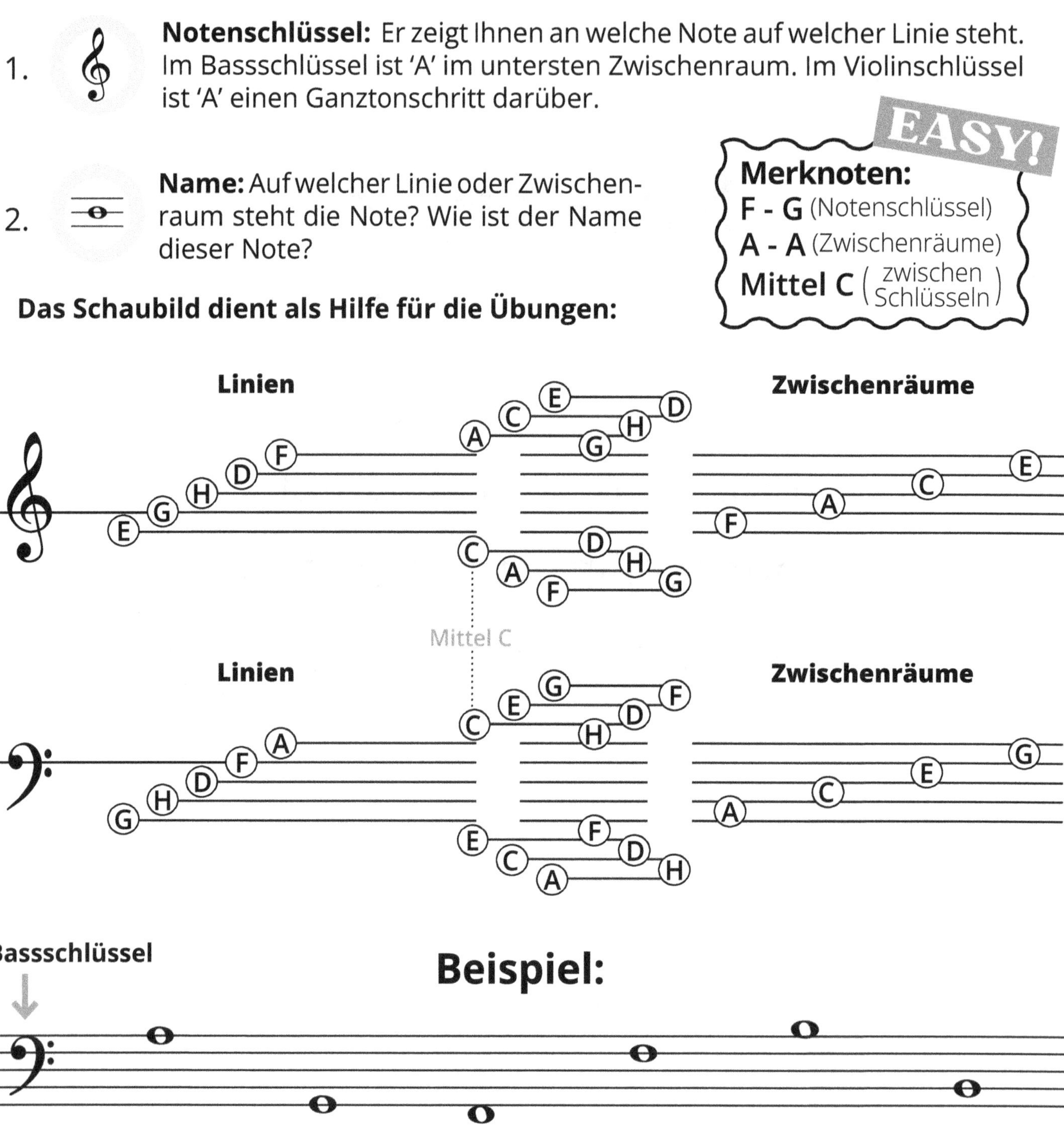

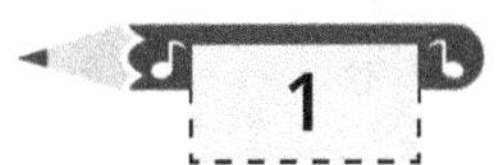


1.
Notenschlüssel
2.
Notenname

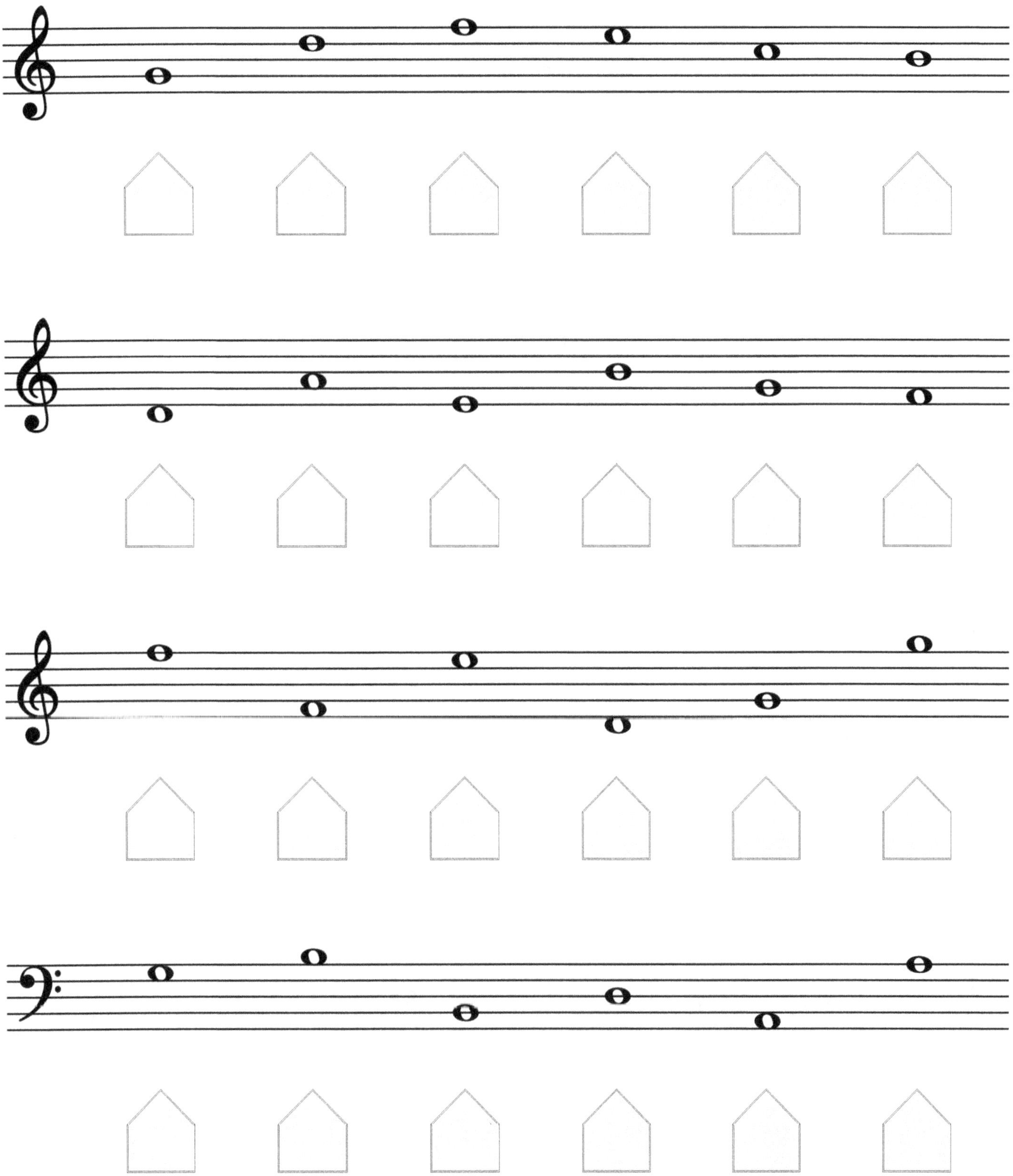

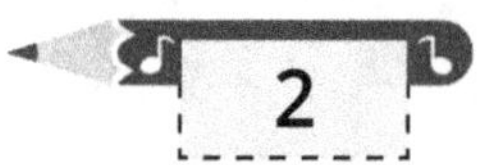

1. Notenschlüssel  2. Notenname

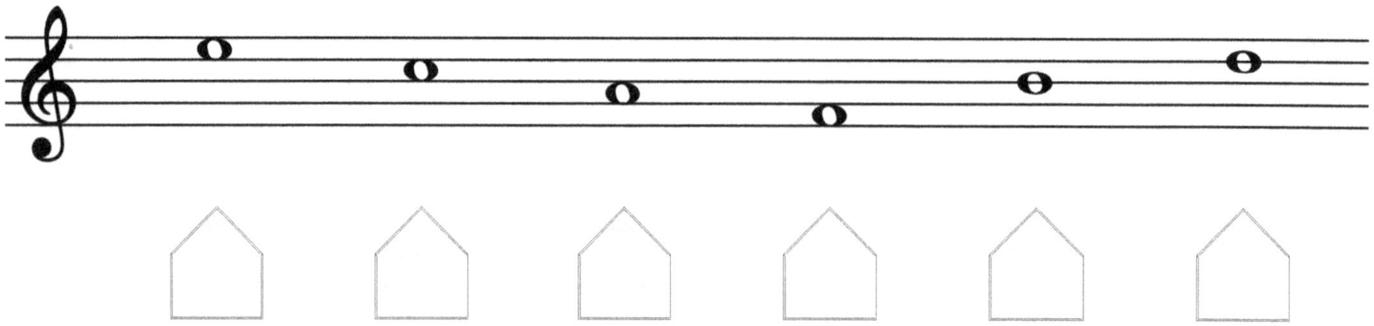

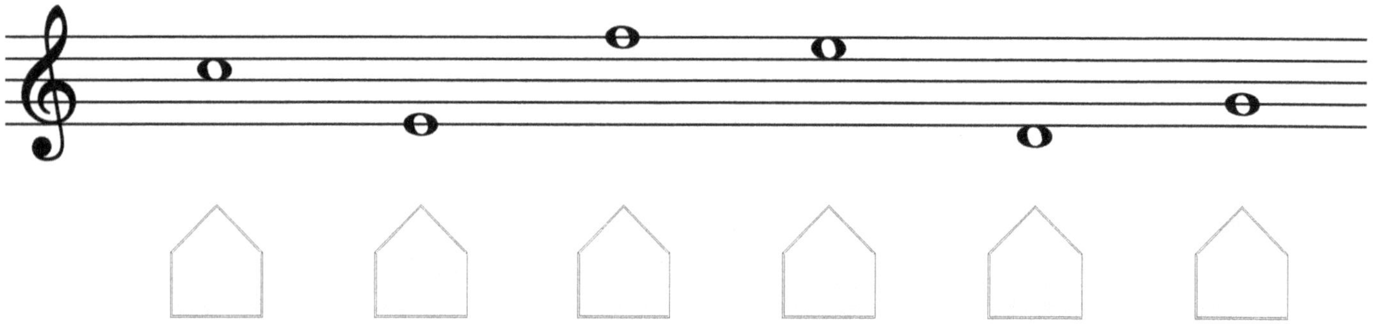

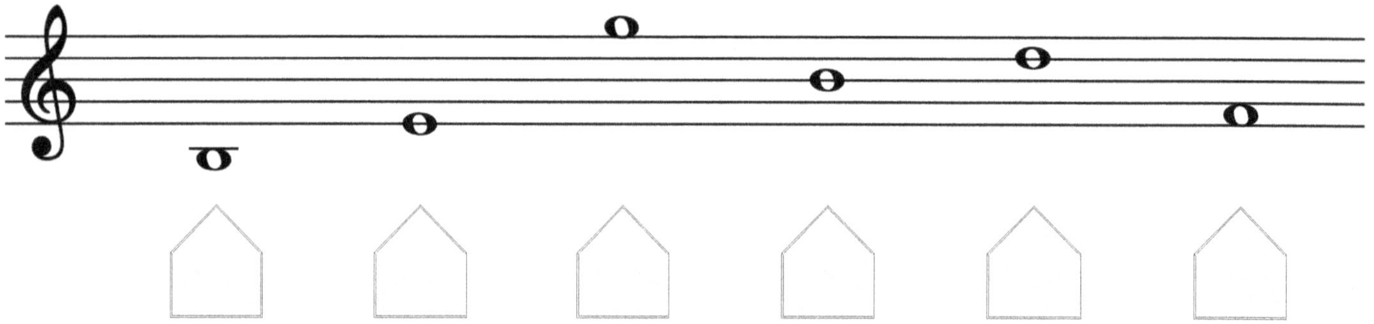

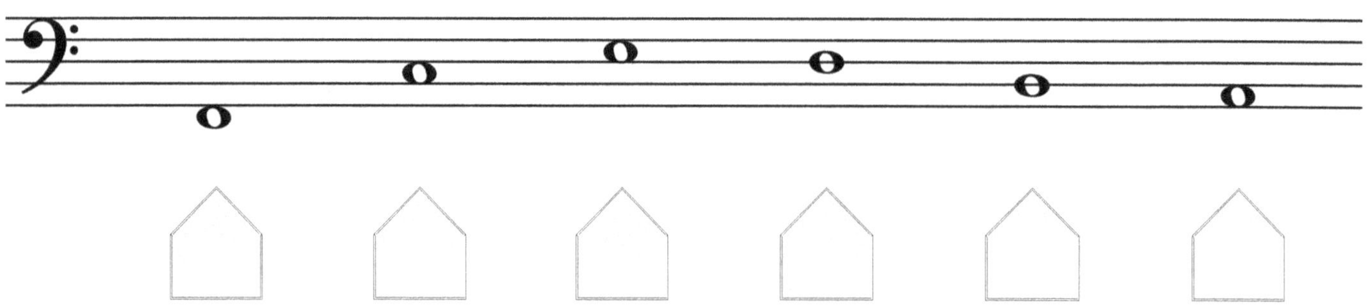

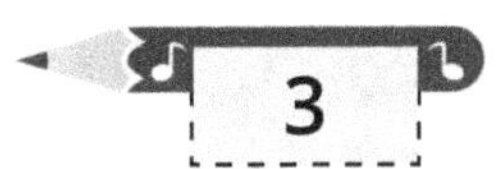




- 26 -

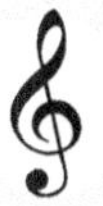

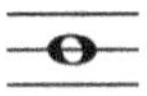

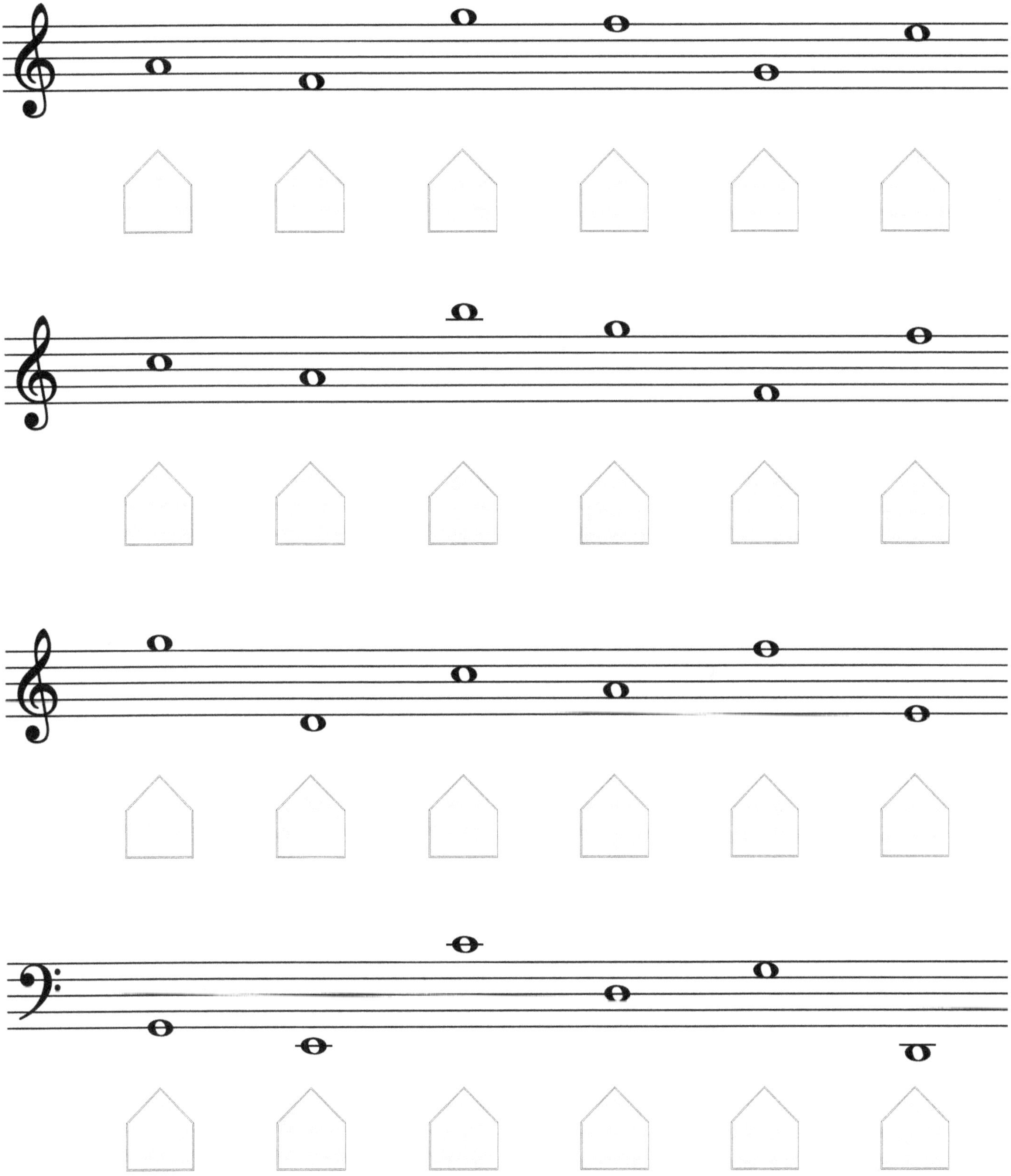

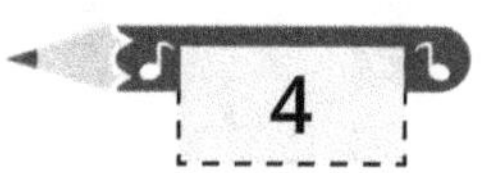



1. Notenschlüssel 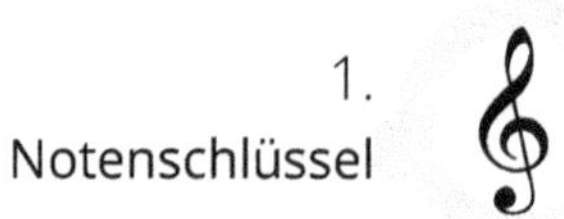

2. Notenname

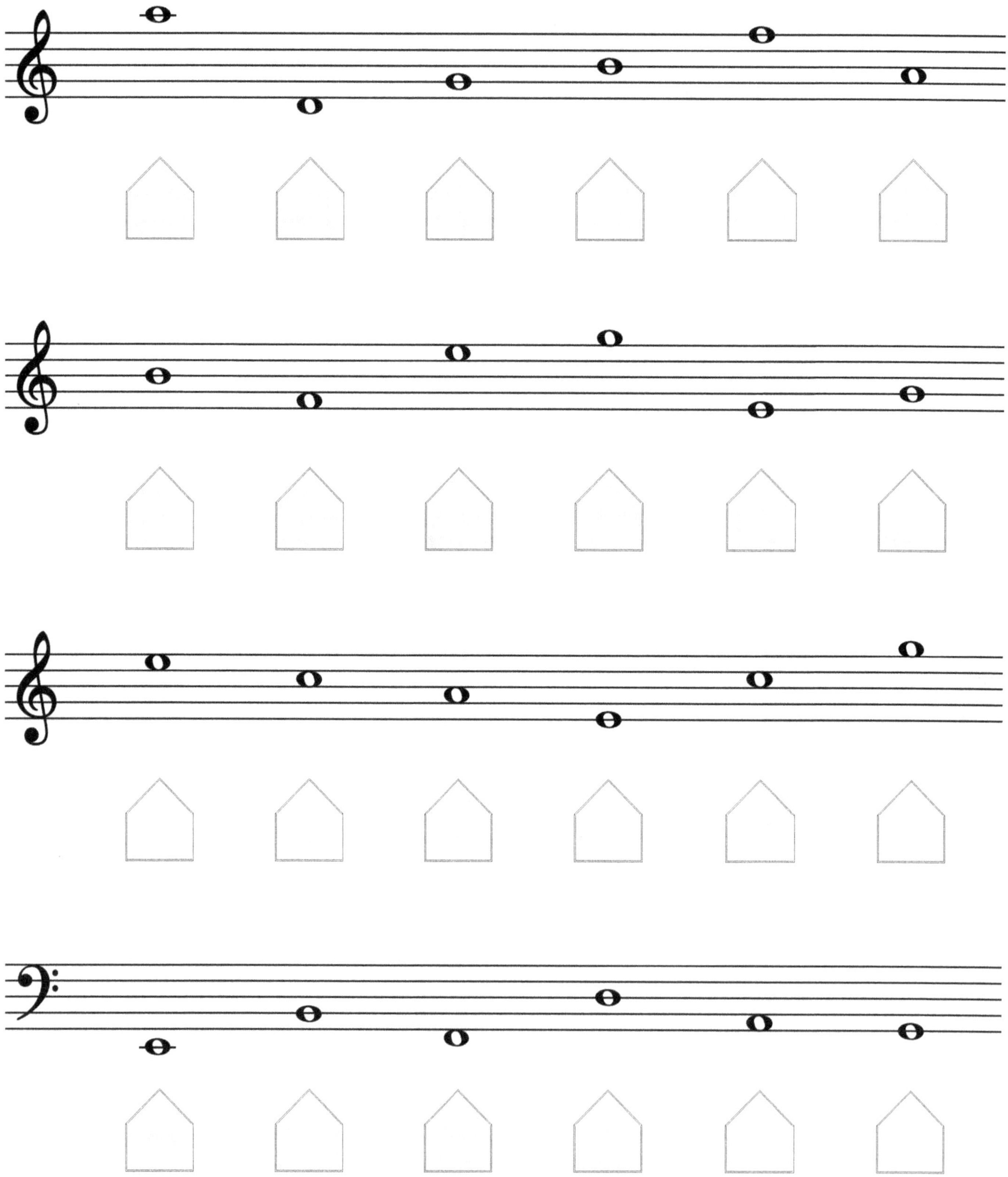

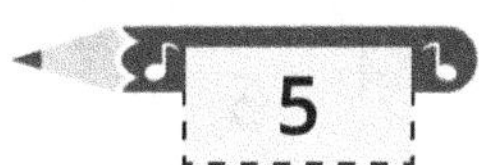

1. Notenschlüssel

2. Notenname

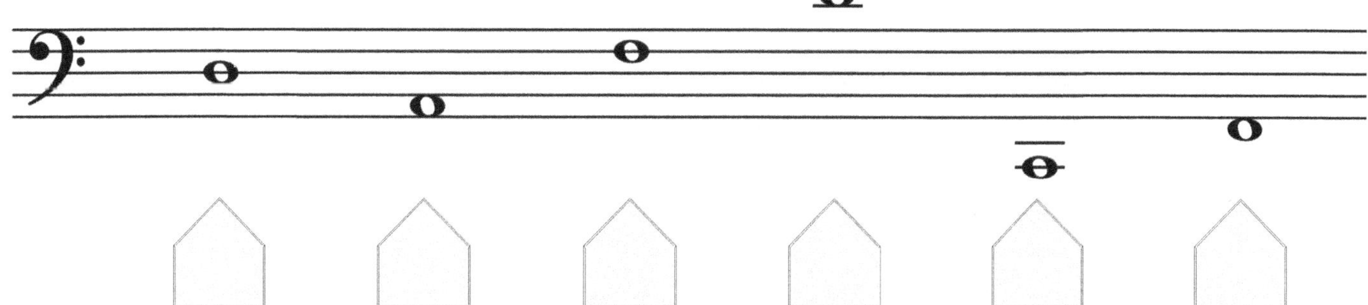

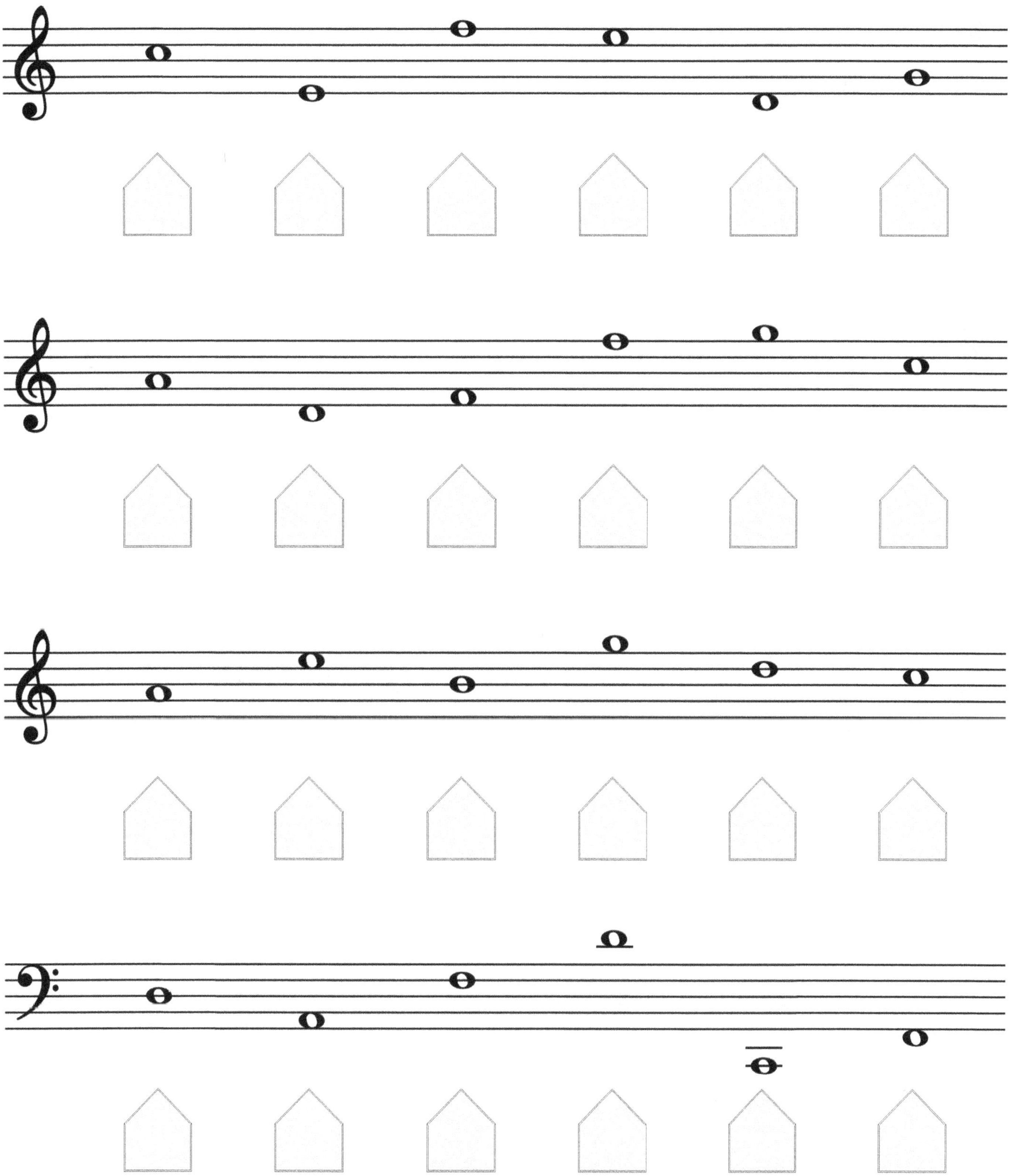

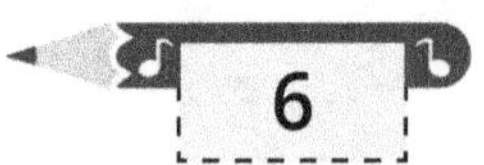


1. Notenschlüssel 2. Notenname

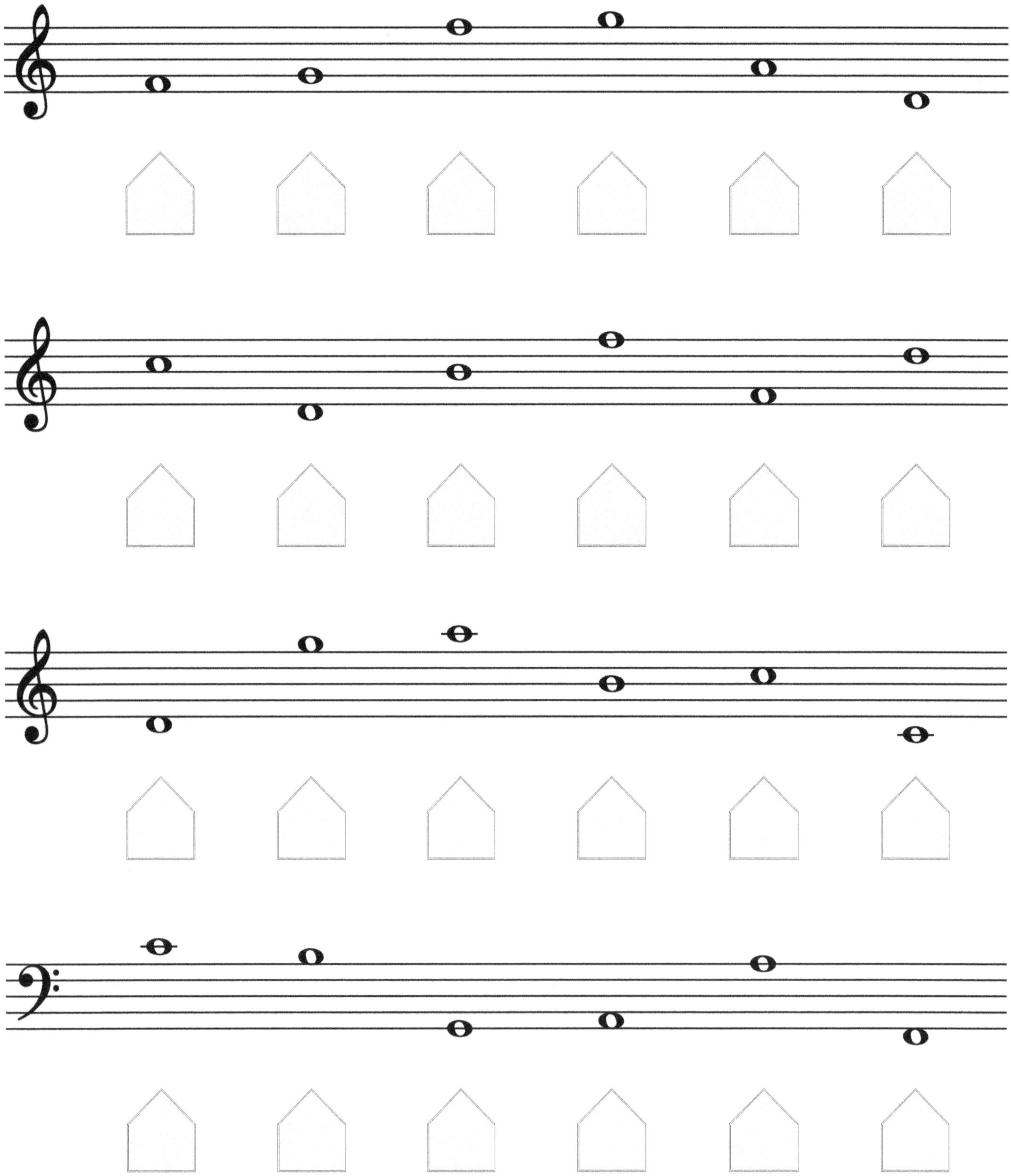

1.
Notenschlüssel

2.
Notenname

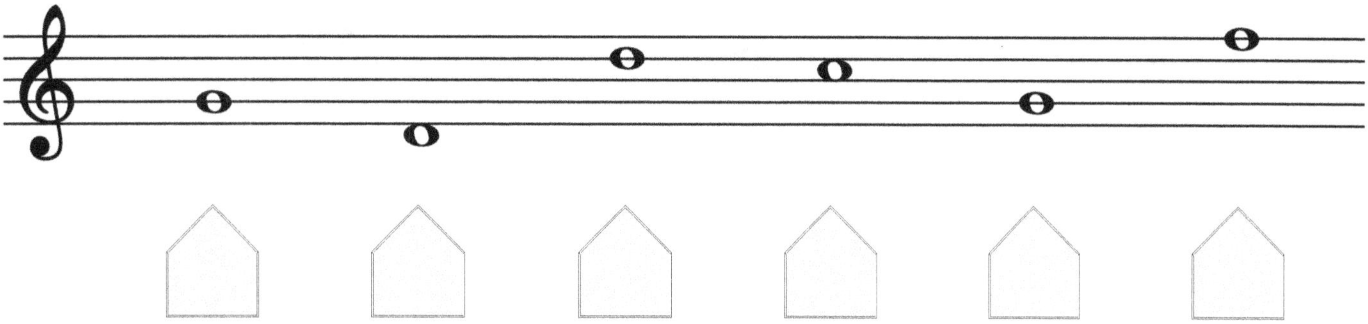

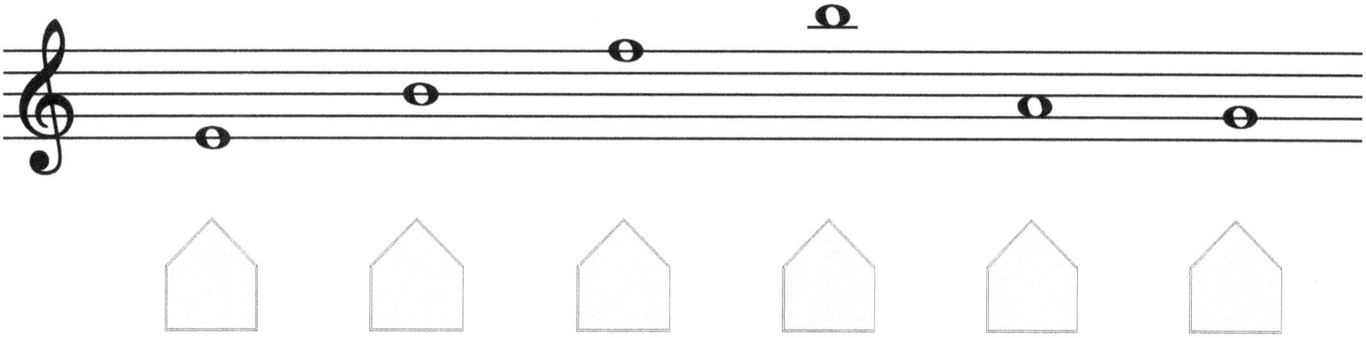

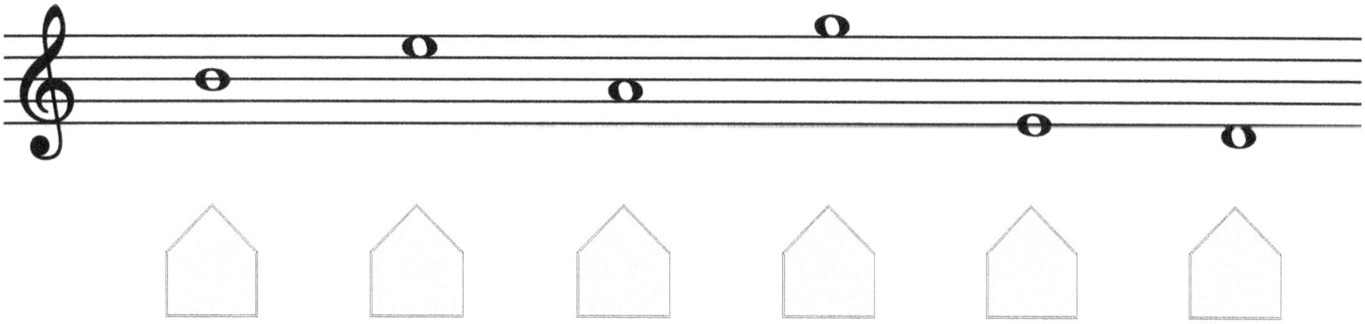

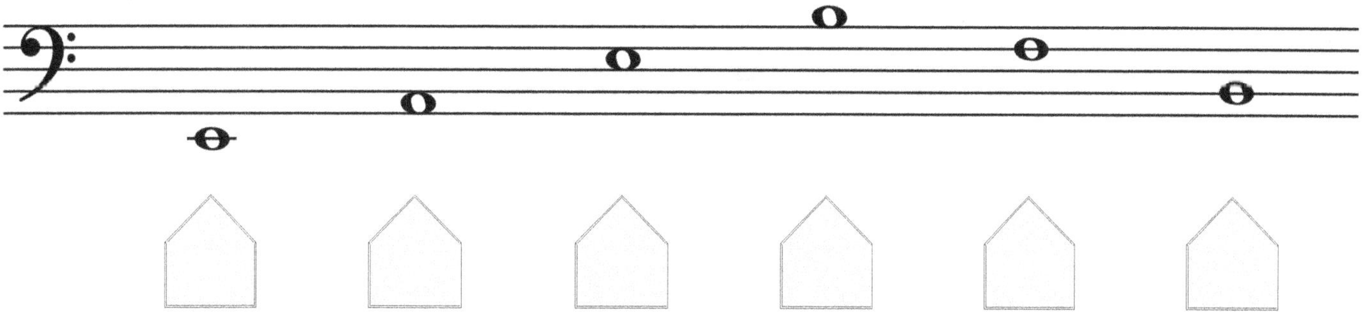

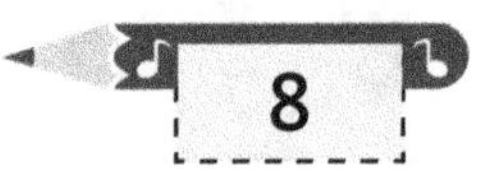


1. Notenschlüssel 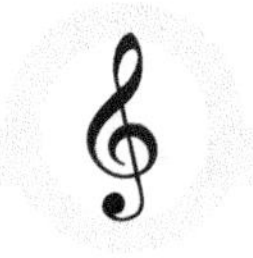    2. Notenname

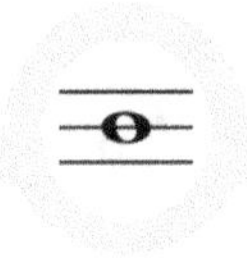

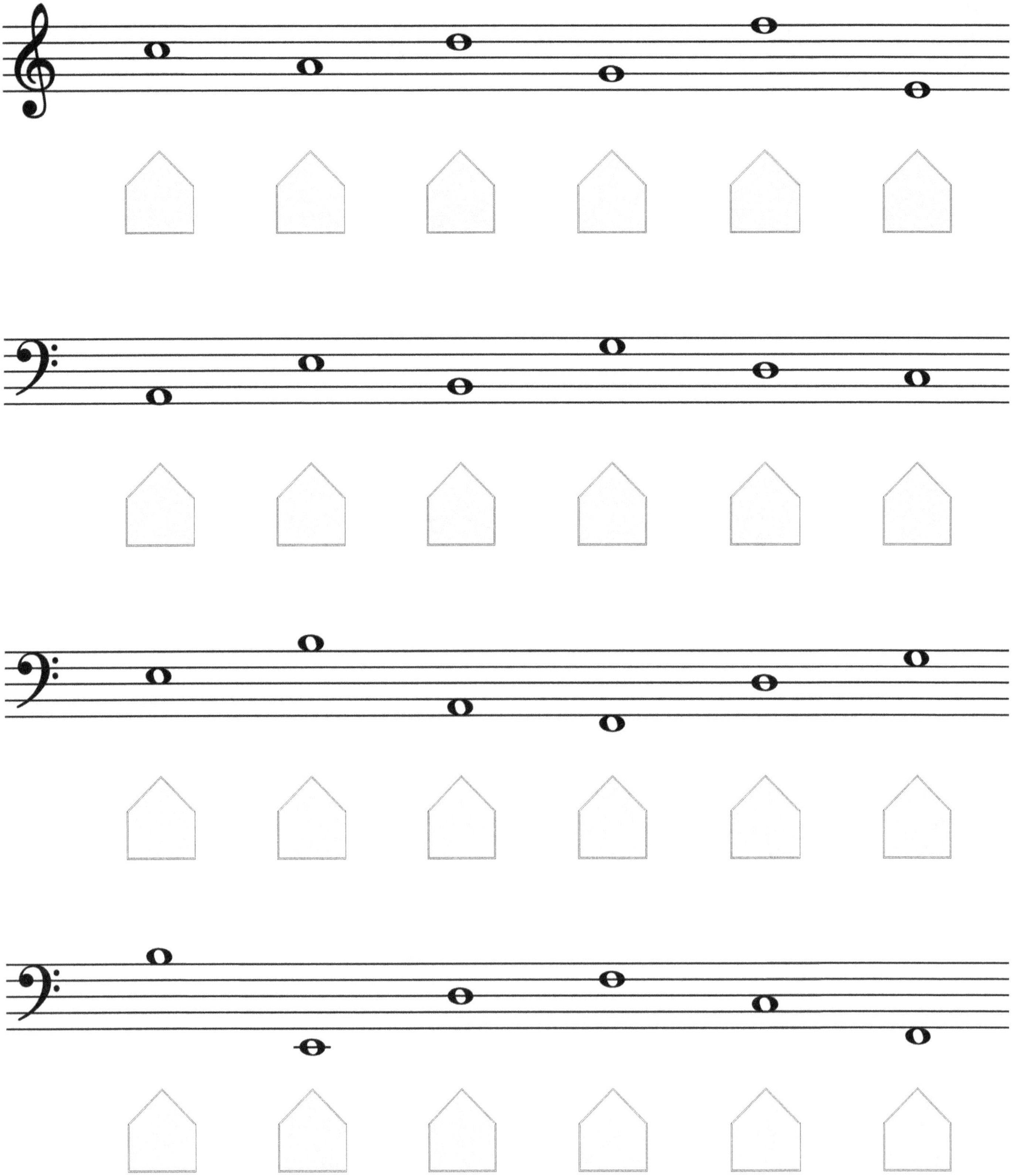

1.
Notenschlüssel

2.
Notenname

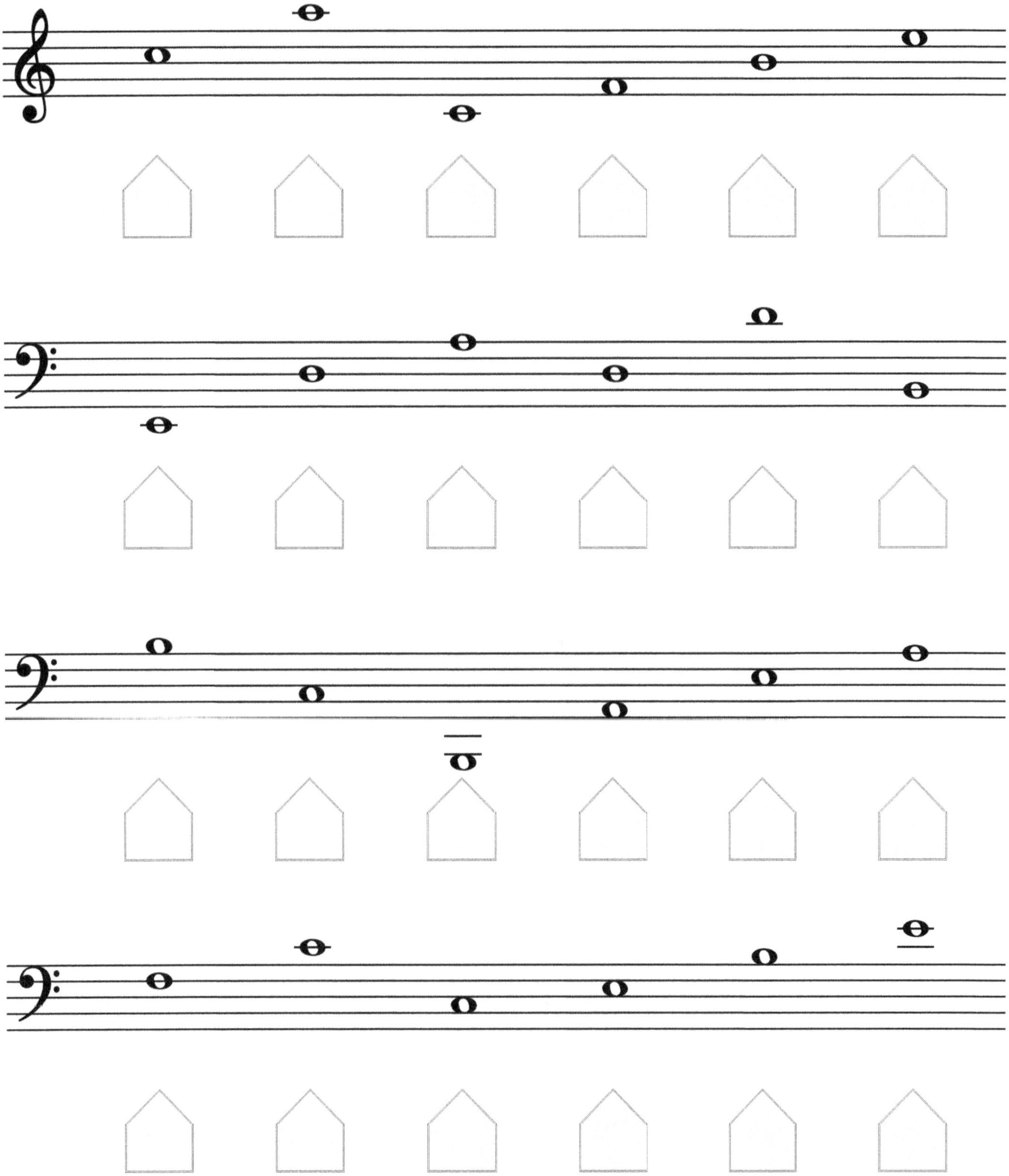

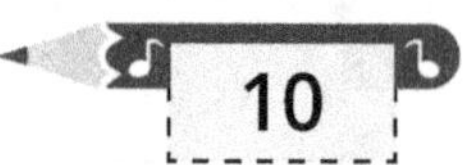

1. Notenschlüssel

2. Notenname

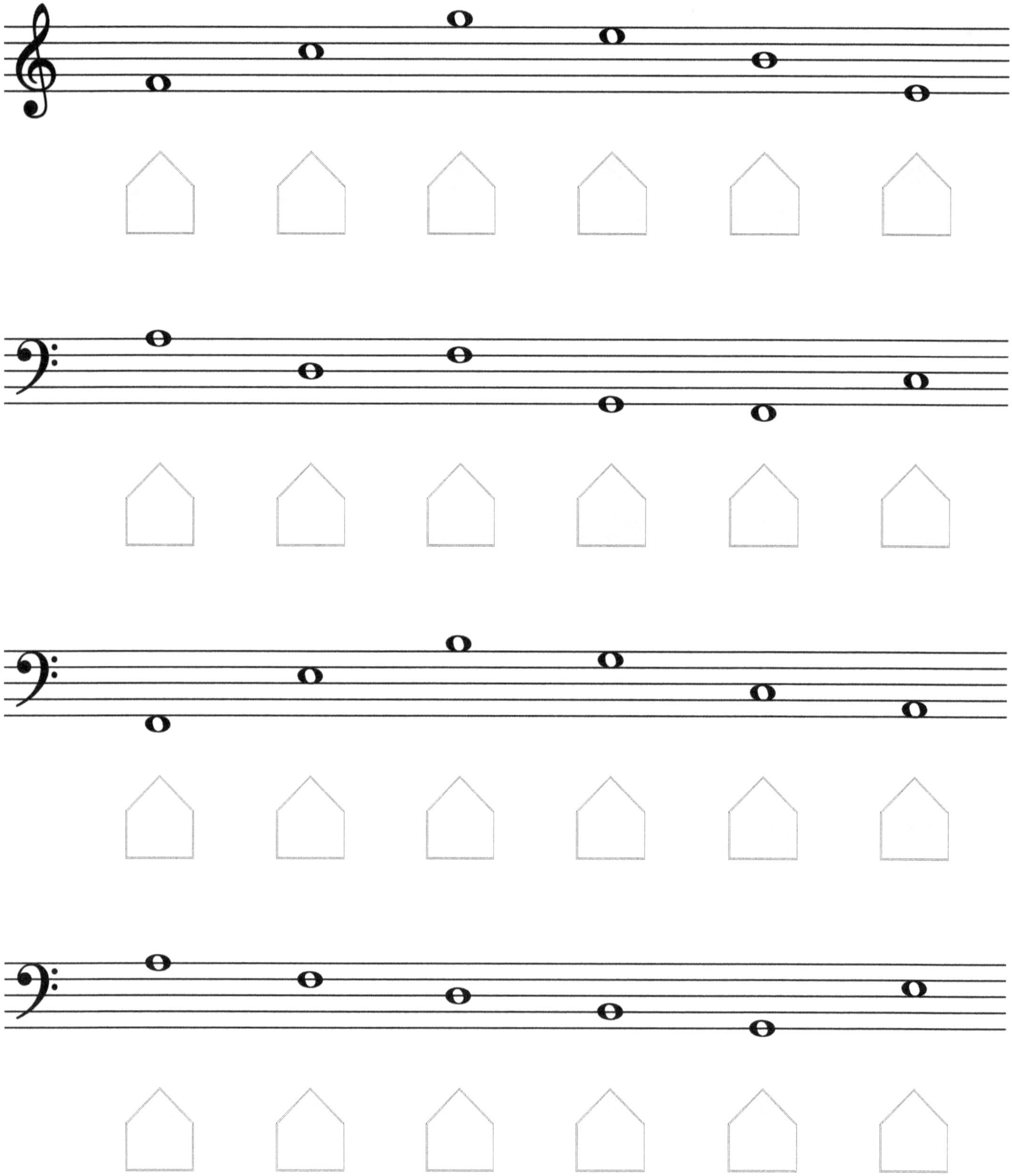

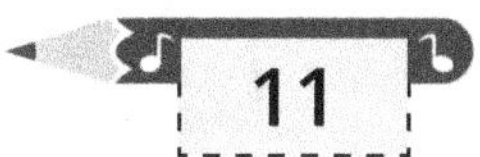



1. Notenschlüssel

2. Notenname

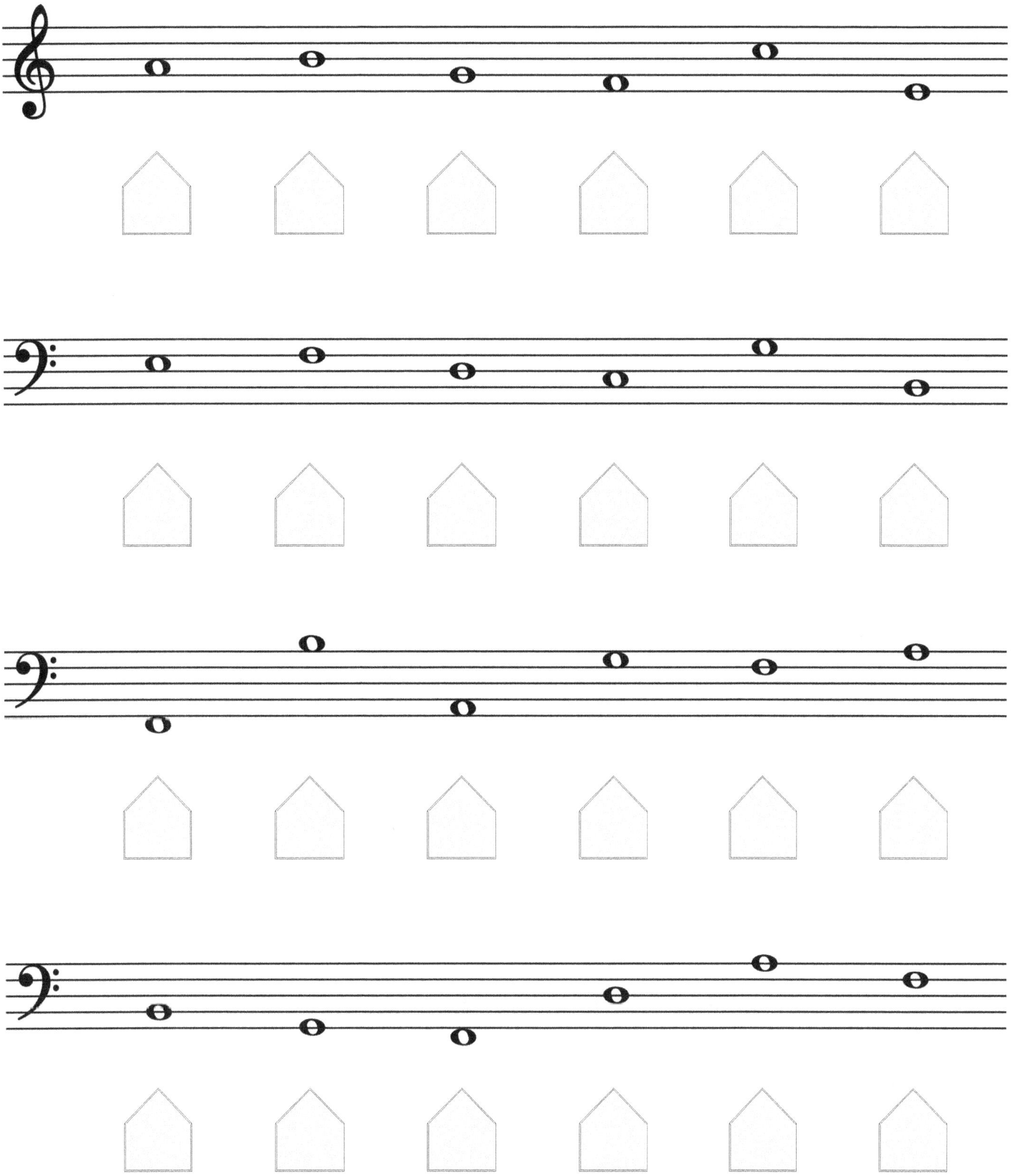

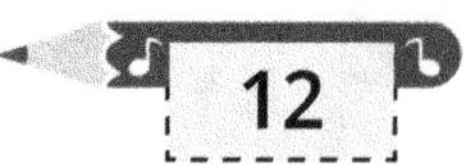


1.
Notenschlüssel

2.
Notenname

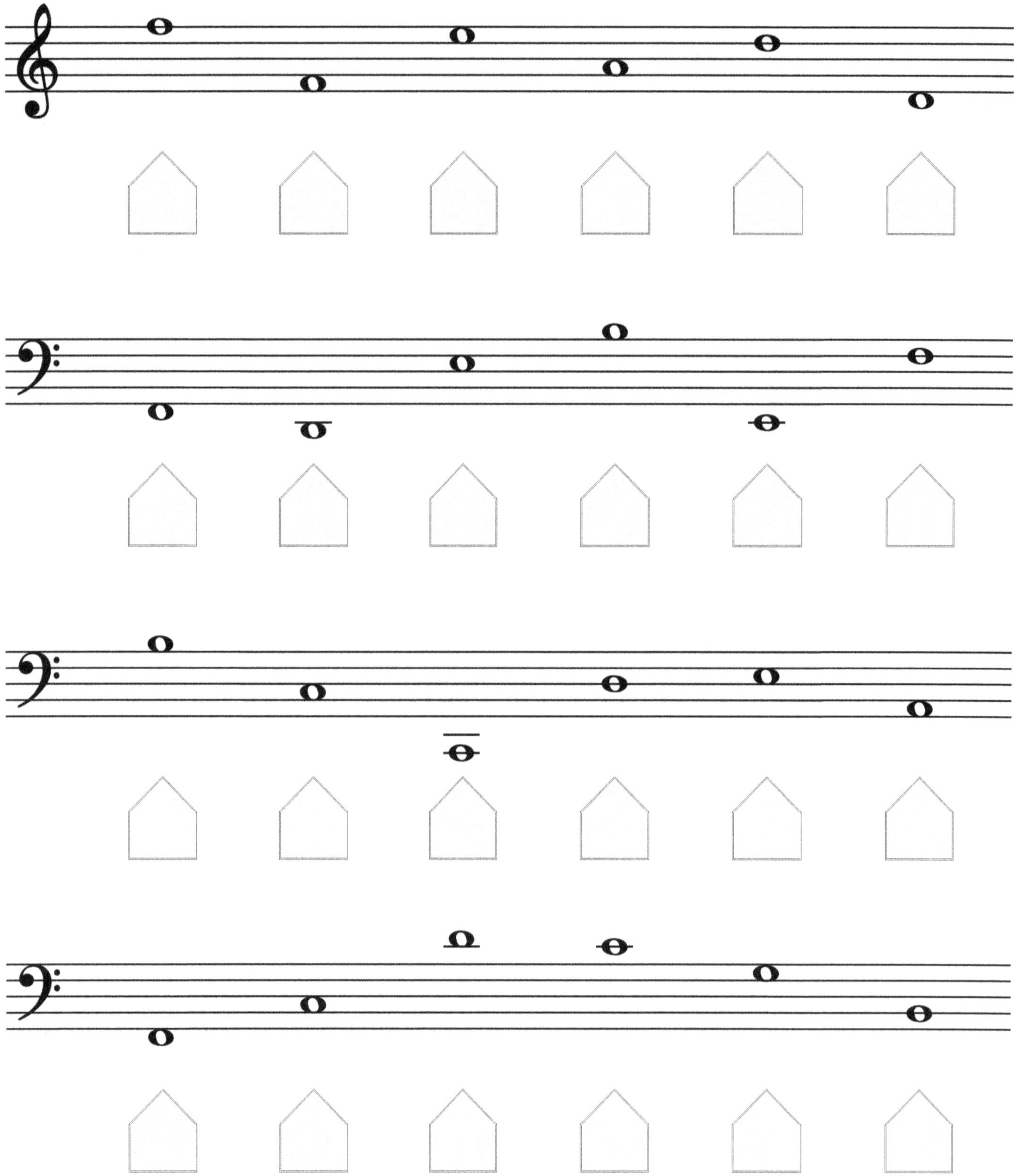

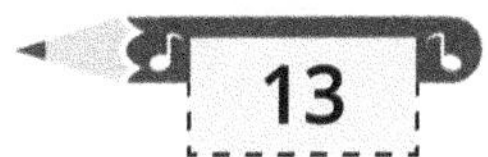



1.
Notenschlüssel

2.
Notenname

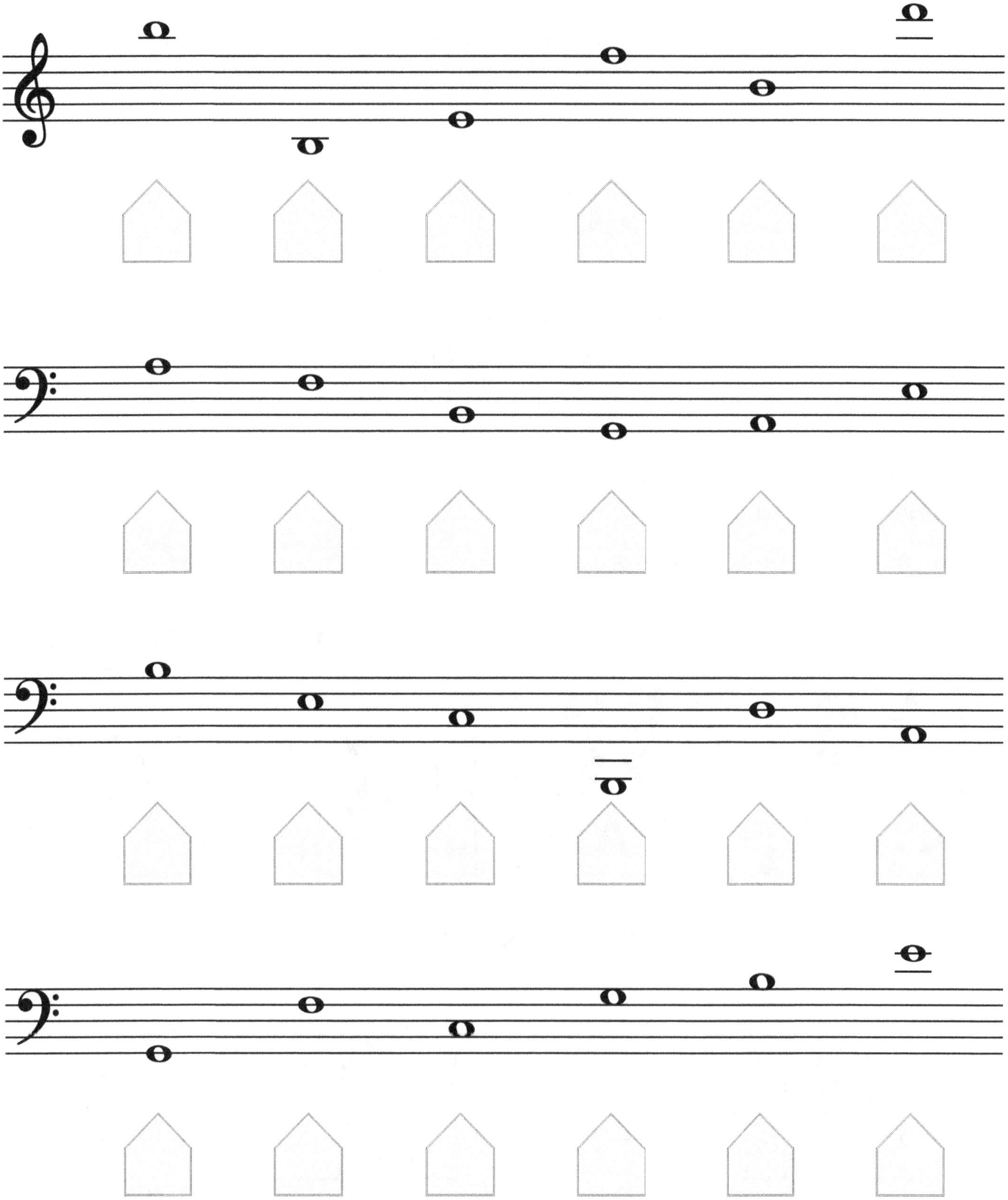

# Klaviatur-Übungen

**Drei einfache Schritte zum Lösen der Aufgaben:**

1. **Schlüssel:** Er zeigt Ihnen an welche Note auf welcher Linie steht. Im Bassschlüssel ist '**A**' im untersten Zwischenraum. Im Violinschlüssel ist '**A**' einen Ganztonschritt darüber.

2. **Name:** Auf welcher Linie oder Zwischenraum steht die Note? Wie ist der Name dieser Note?

3. **Klaviatur:** Welche Taste entspricht der Note auf der Klaviatur. Der Abschnitt zeigt entweder 2 oder 3 schwarze Tasten um die Navigation zu vereinfachen. Markiere die Note auf der Tastatur.

**Das Schaubild dient als Lernhilfe und als Hilfe für die Übungen:**

Durch zweier- und Dreiergruppen der schwarzen Tasten, findet man sich auf der Klaviatur leicht zurecht.

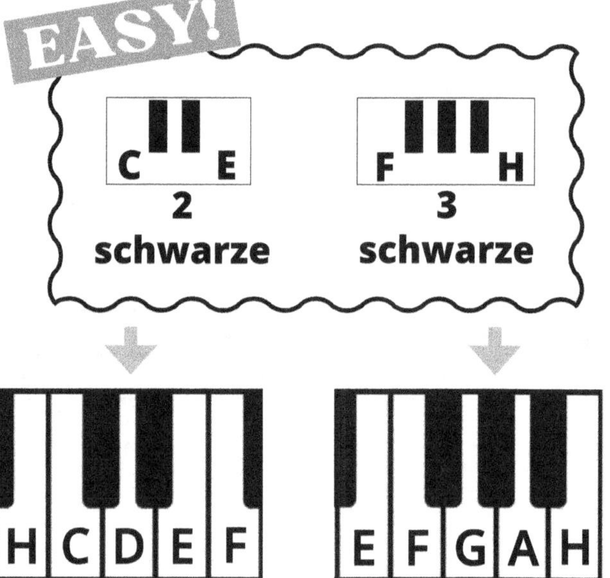


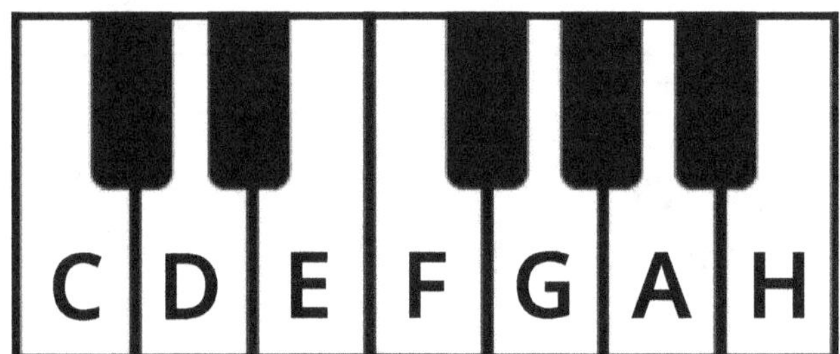



## Beispiel:

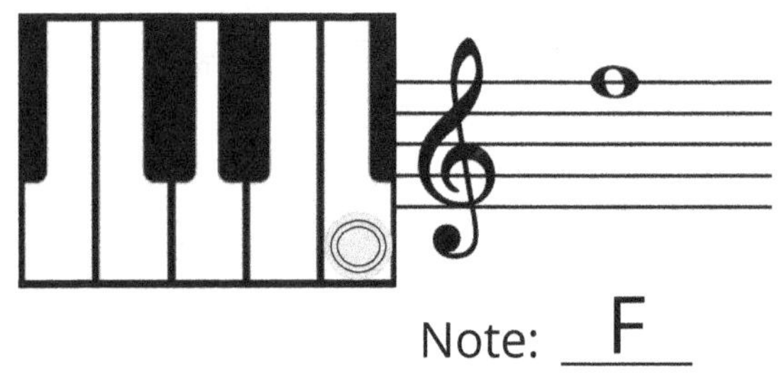

Note: ___F___

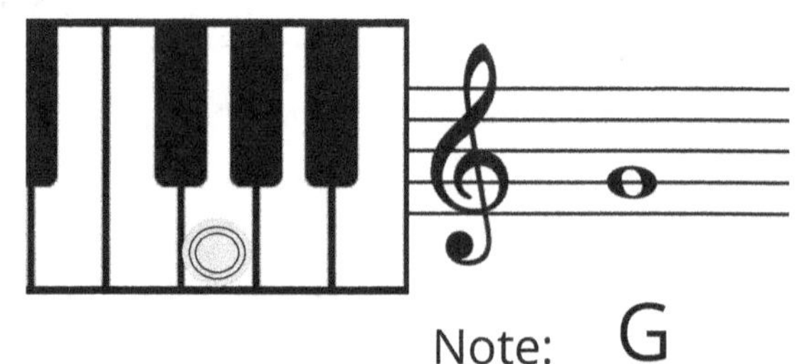

Note: ___G___

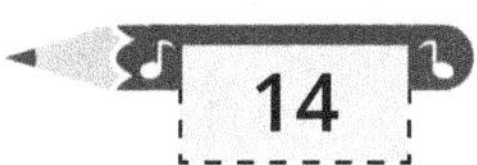



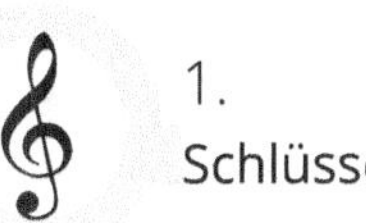 1.
Schlüssel

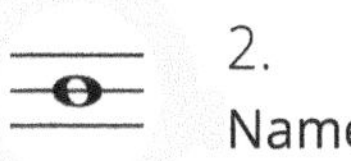 2.
Name

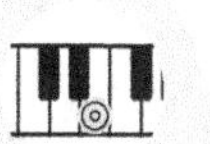 3.
Klaviatur

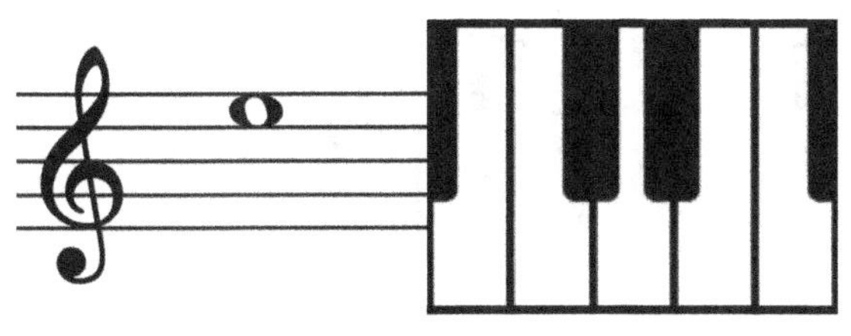

Note: _____

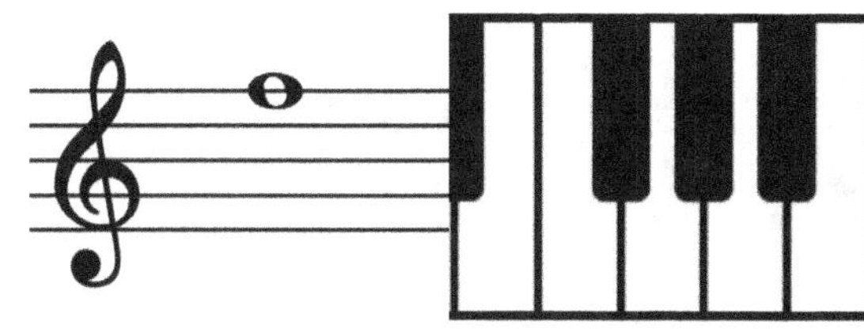

Note: _____

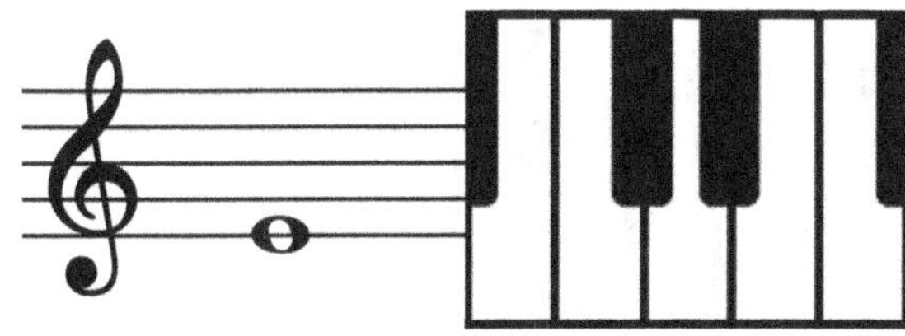

Note: _____

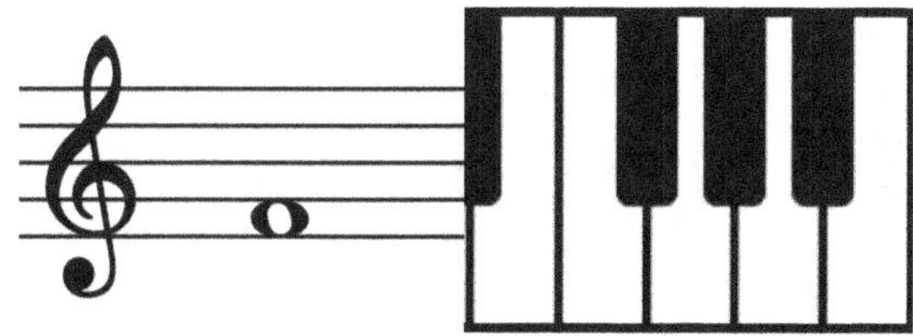

Note: _____

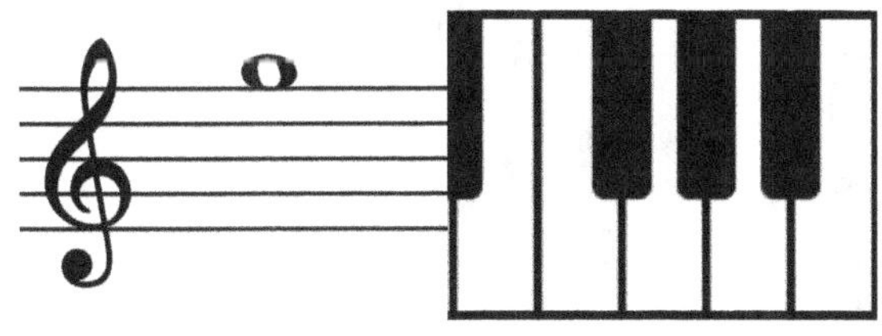

Note: _____

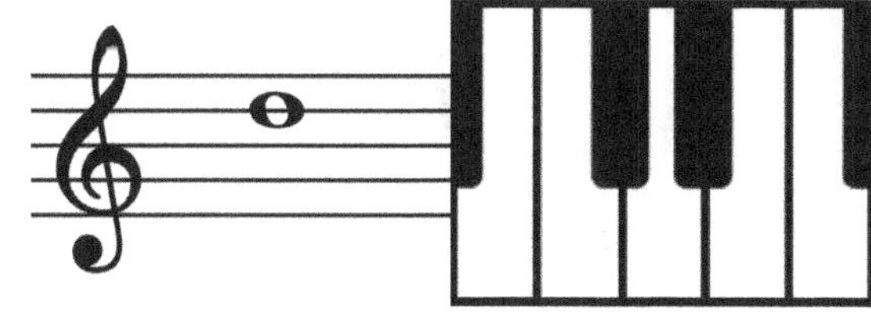

Note: _____

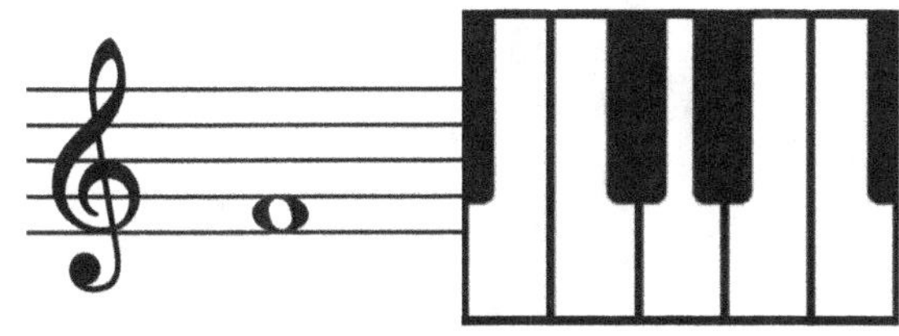

Note: _____

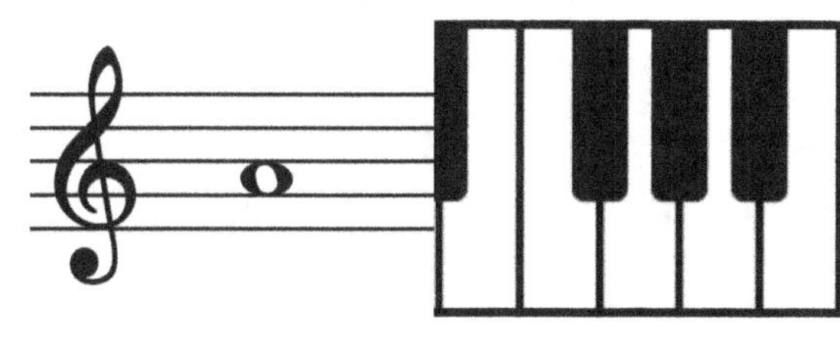

Note: _____

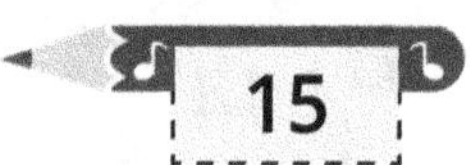



| | | | | | |
|---|---|---|---|---|---|
| 1. | 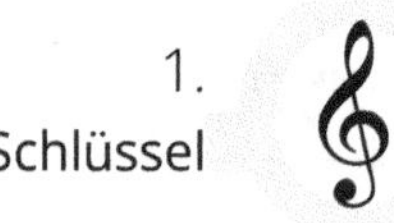 | 2. | 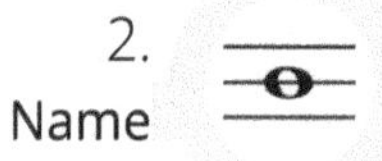 | 3. | 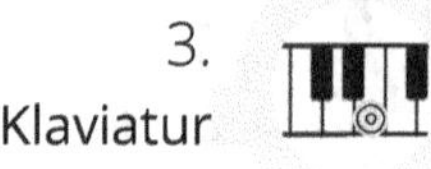 |
| Schlüssel | | Name | | Klaviatur | |

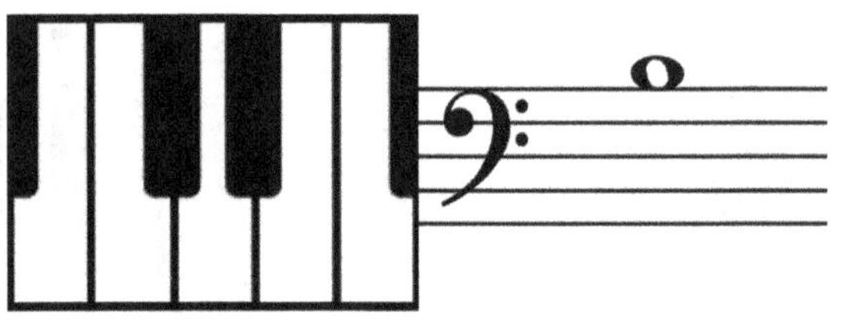

Note: _______

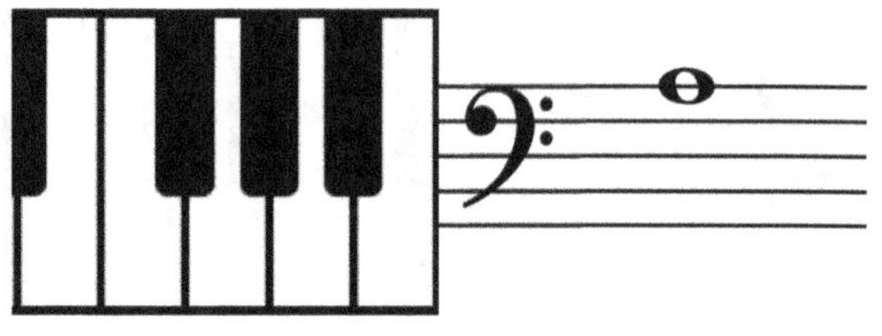

Note: _______

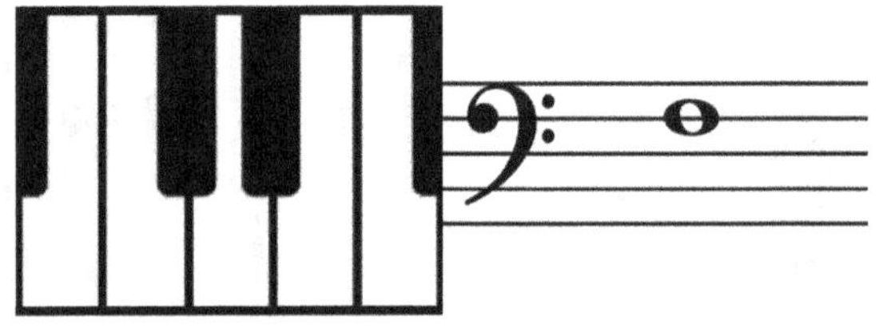

Note: _______

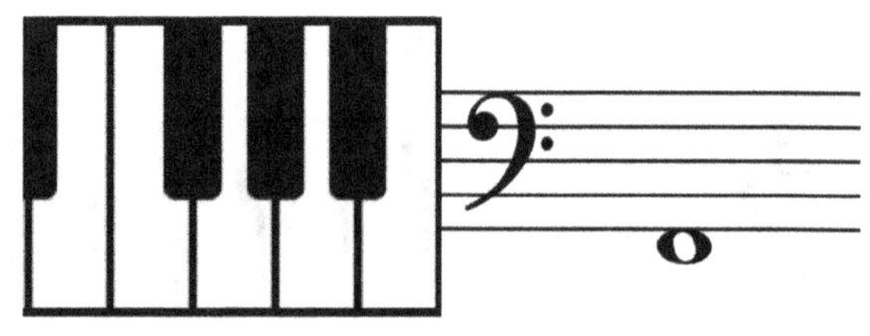

Note: _______

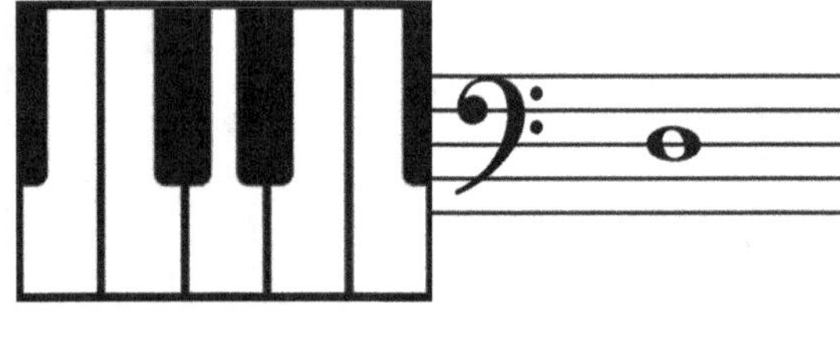

Note: _______

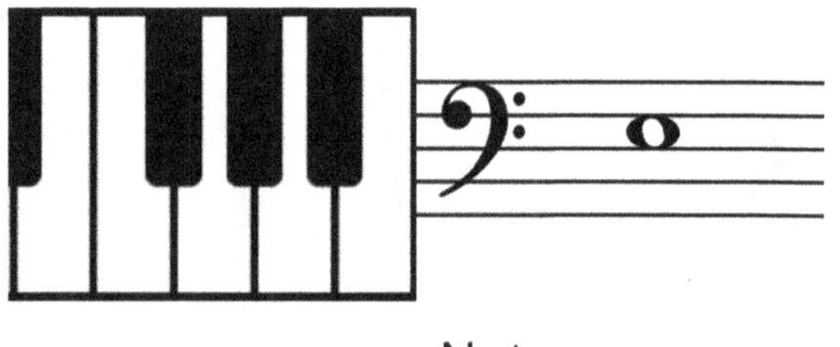

Note: _______

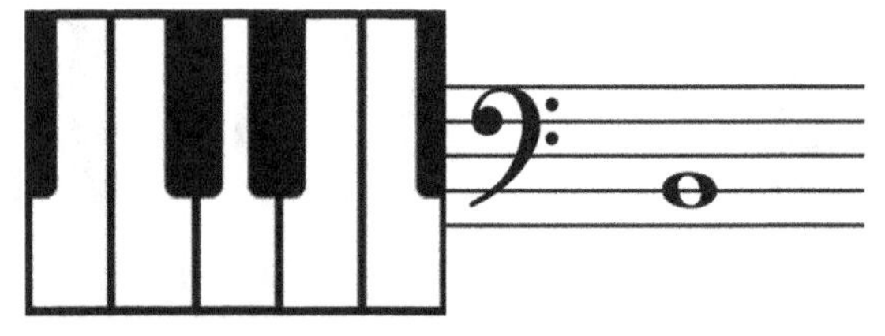

Note: _______

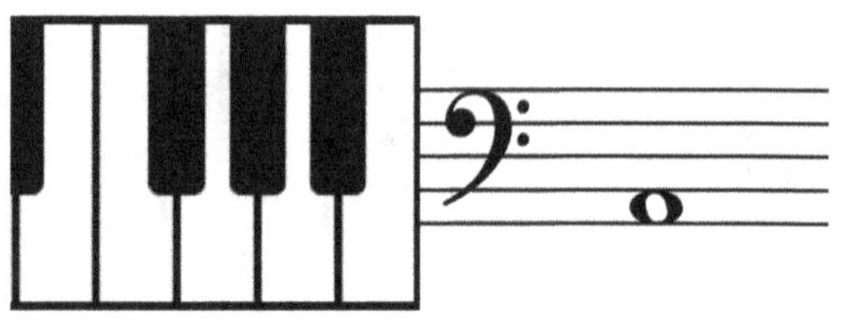

Note: _______

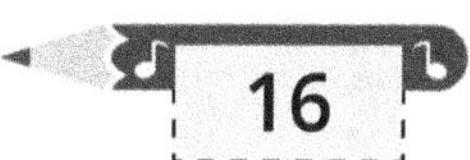

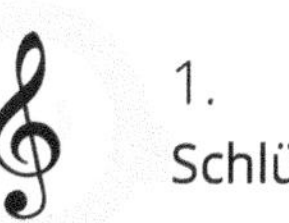 1. Schlüssel

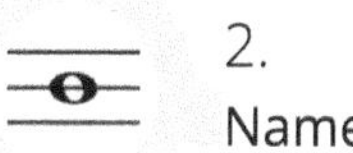 2. Name

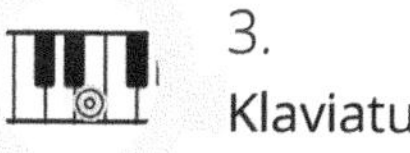 3. Klaviatur

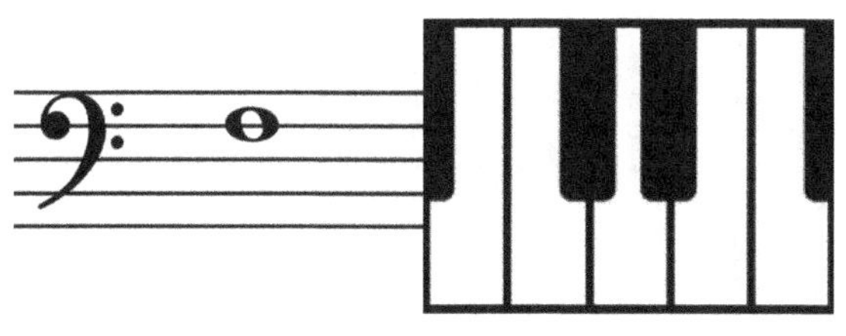

Note: _______

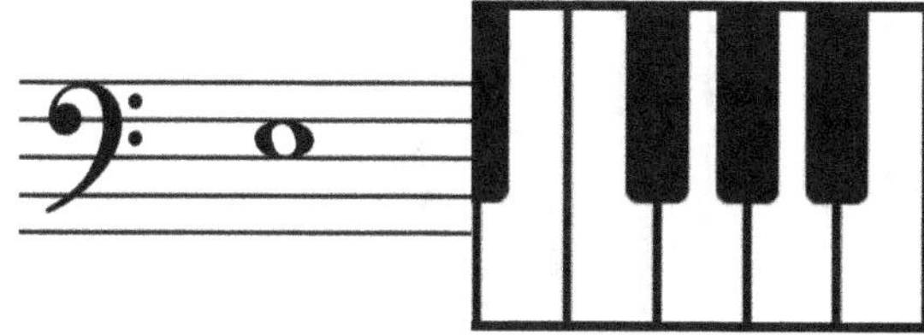

Note: _______

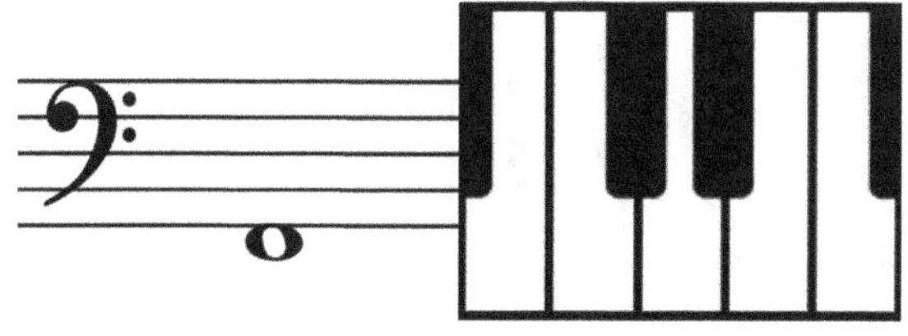

Note: _______

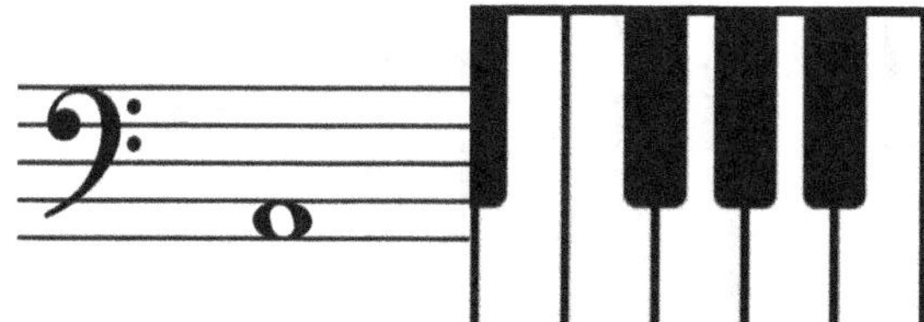

Note: _______

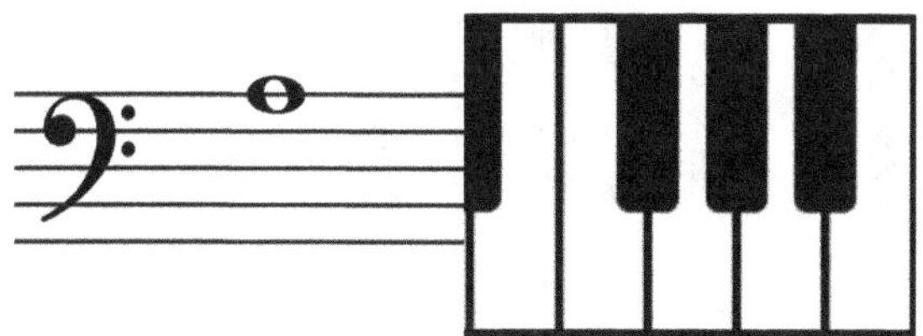

Note: _______

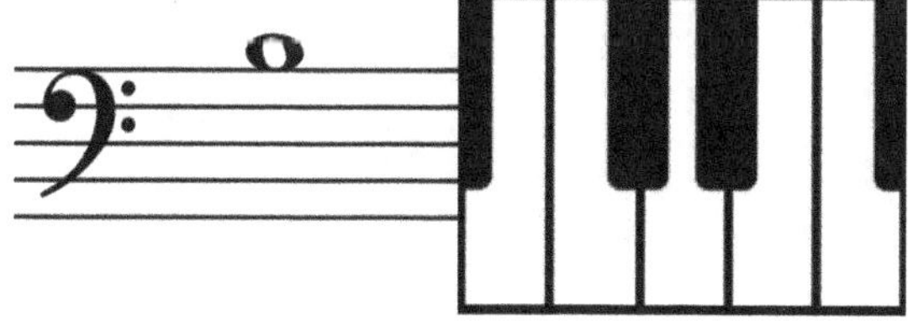

Note: _______

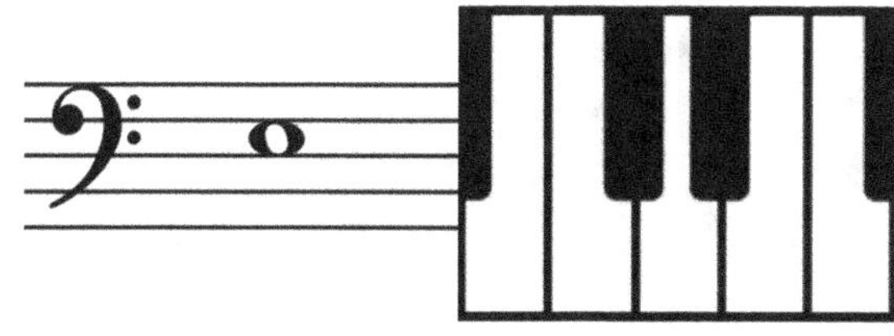

Note: _______

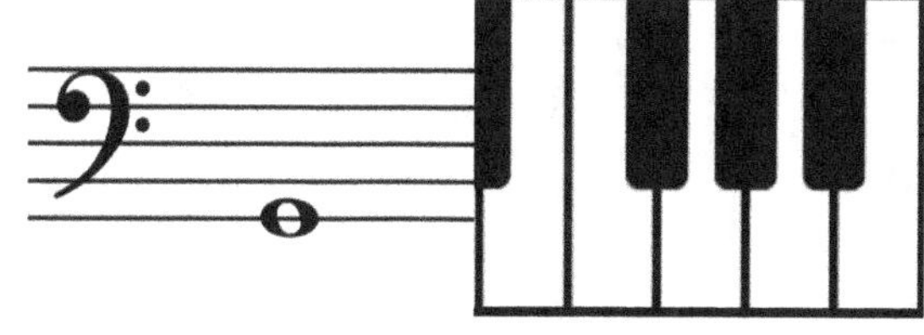

Note: _______

1. Schlüssel 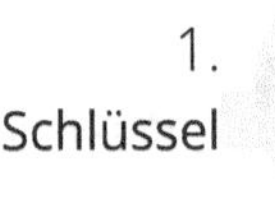    2. Name 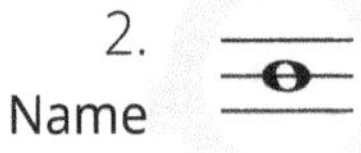    3. Klaviatur 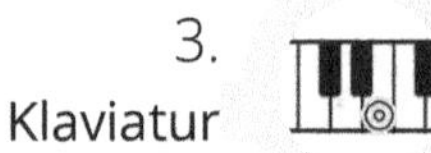

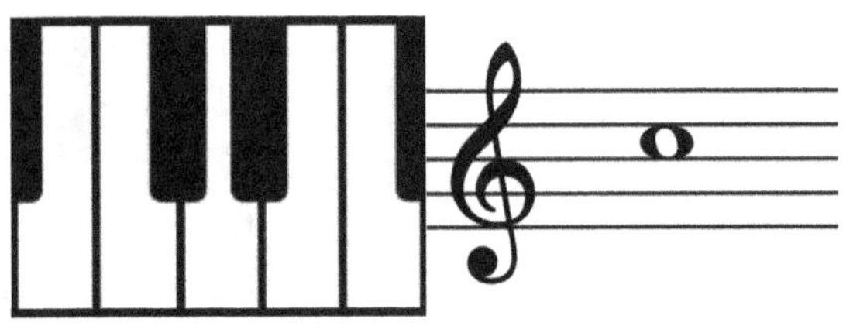

Note: _______

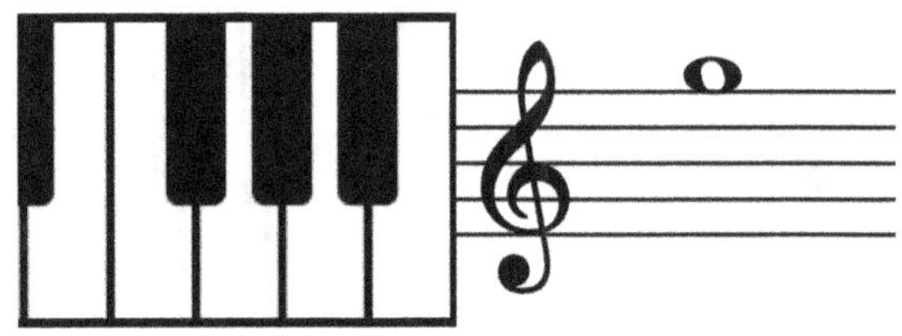

Note: _______

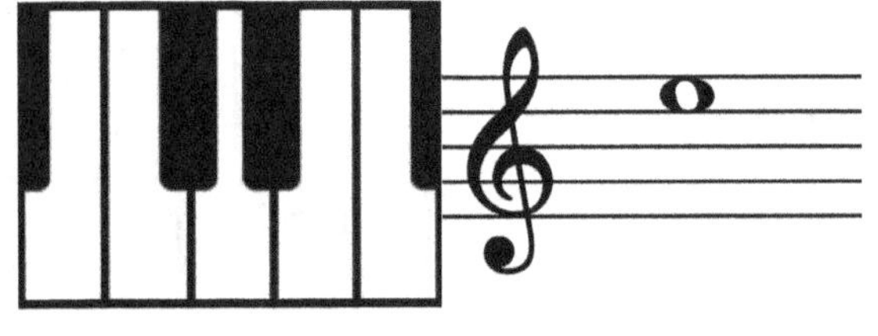

Note: _______

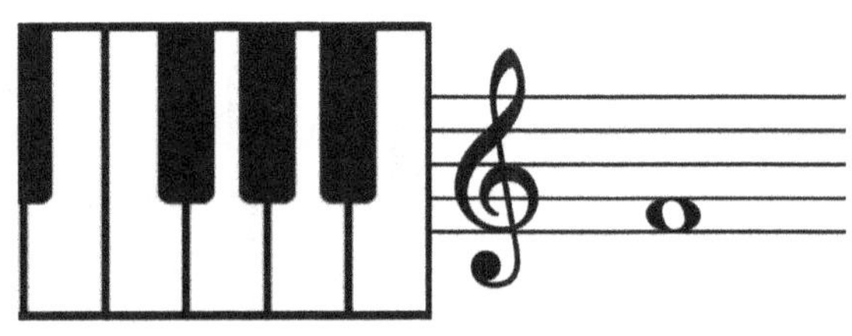

Note: _______

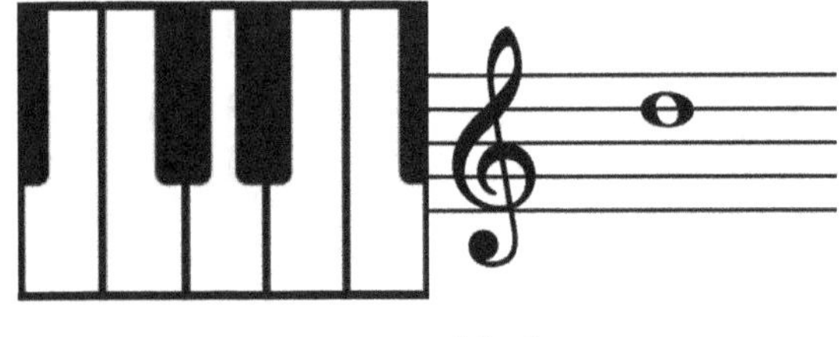

Note: _______

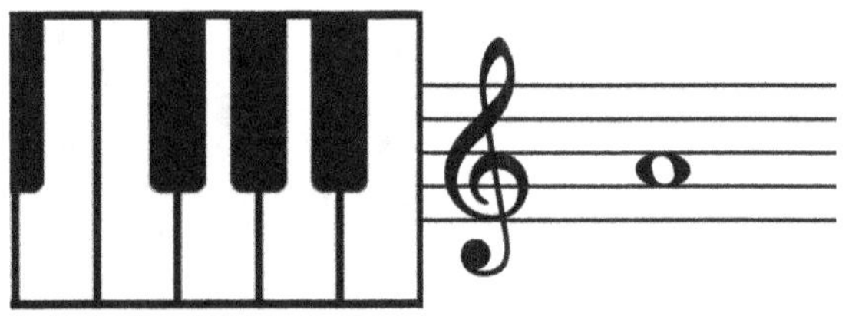

Note: _______

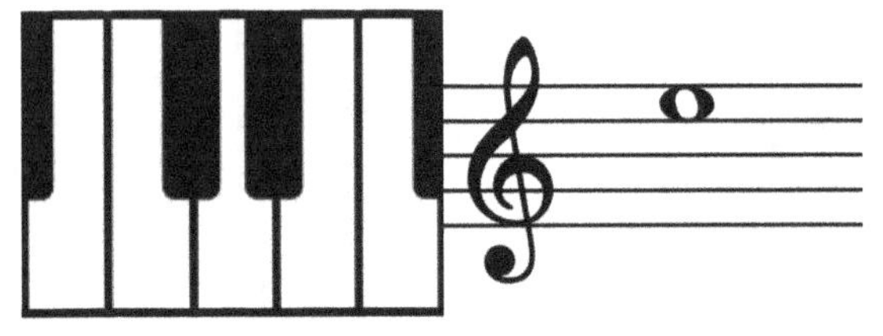

Note: _______

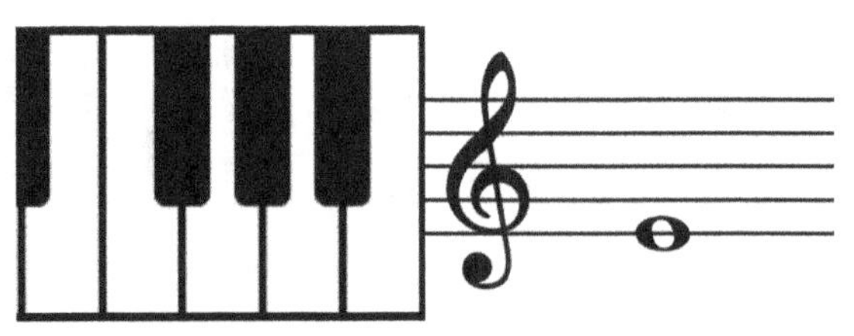

Note: _______

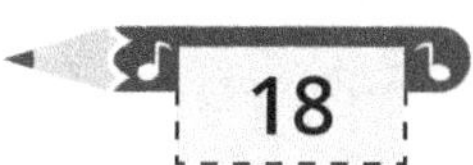

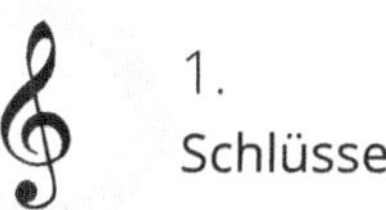

1.
Schlüssel

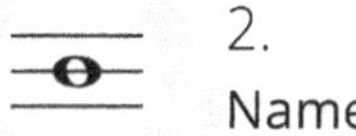

2.
Name

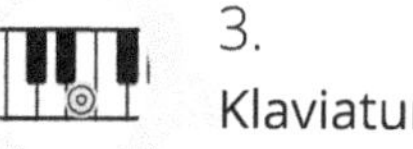

3.
Klaviatur

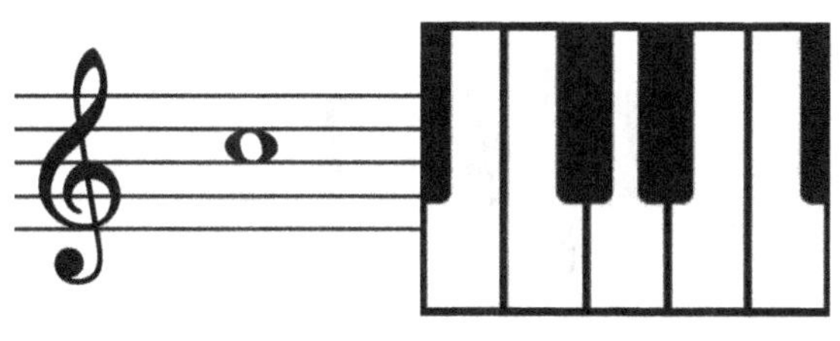

Note: _______

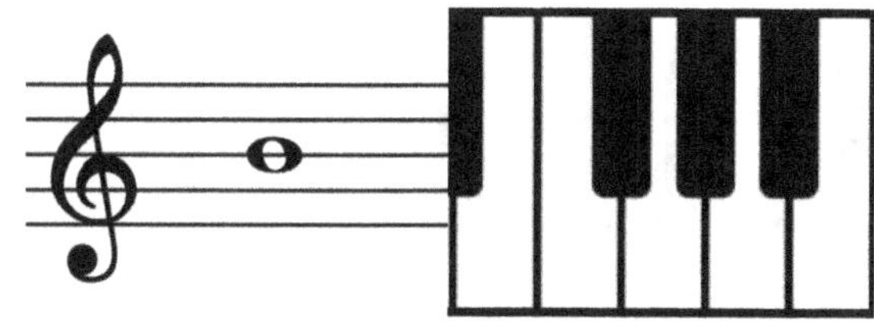

Note: _______

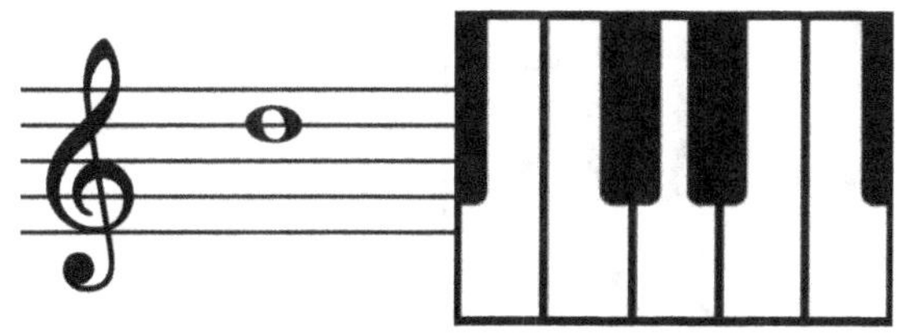

Note: _______

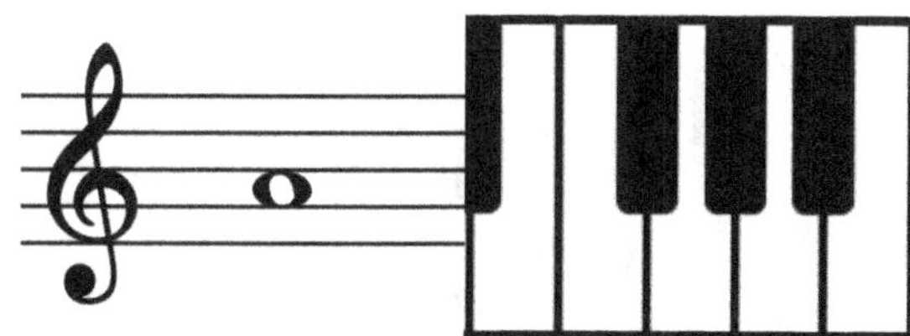

Note: _______

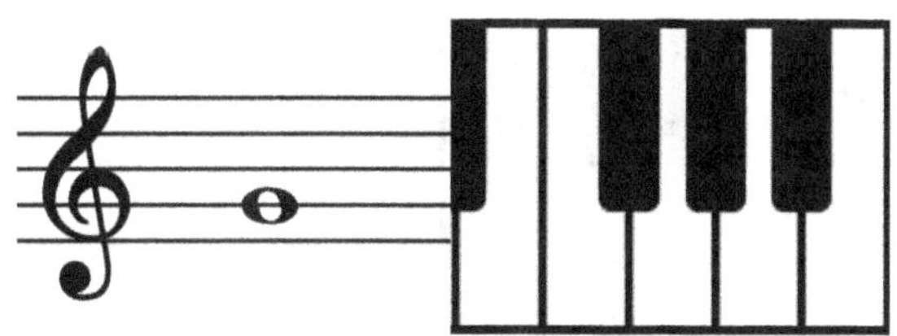

Note: _______

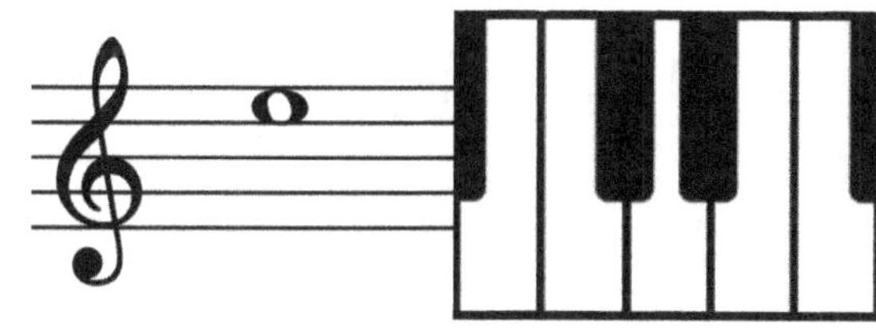

Note: _______

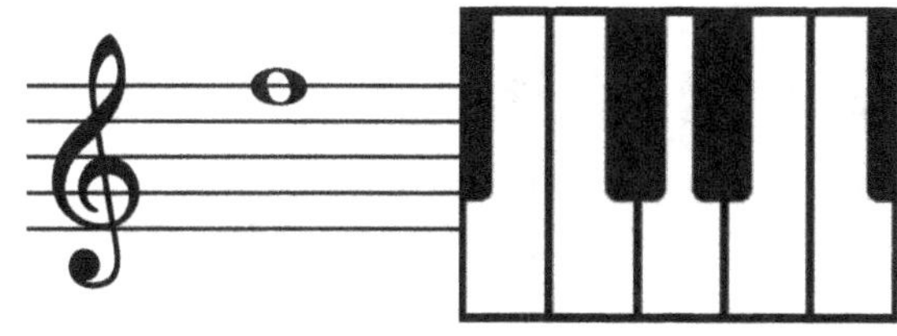

Note: _______

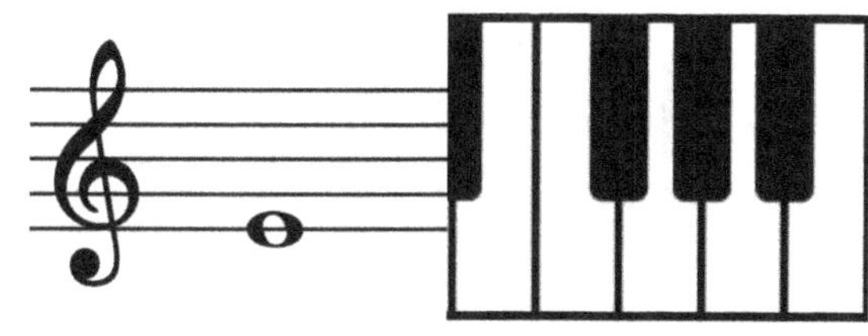

Note: _______

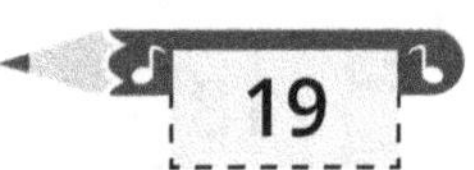

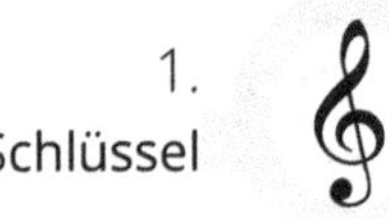 1. Schlüssel
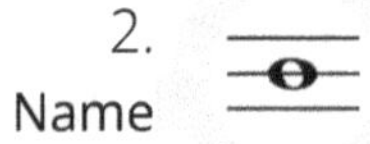 2. Name
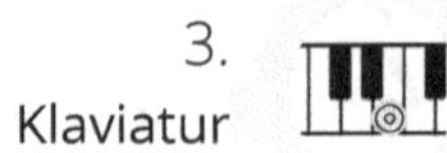 3. Klaviatur

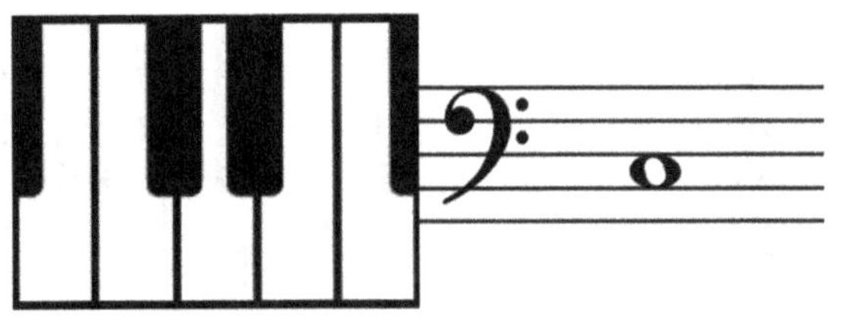
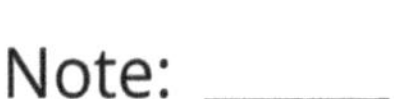

Note: _____

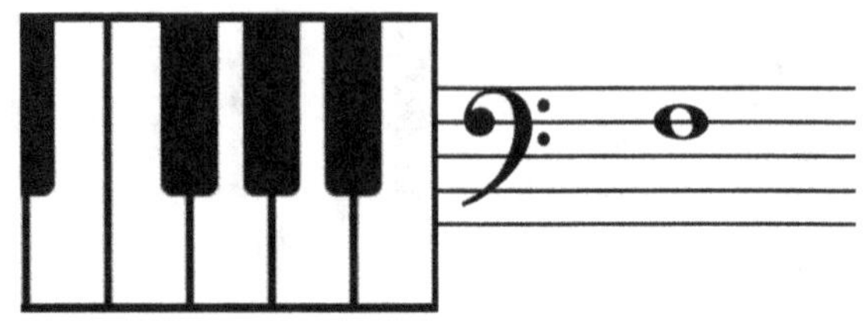
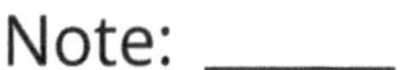

Note: _____

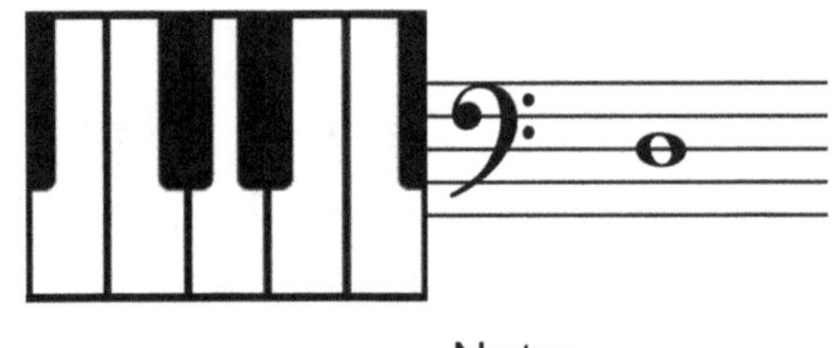

Note: _____

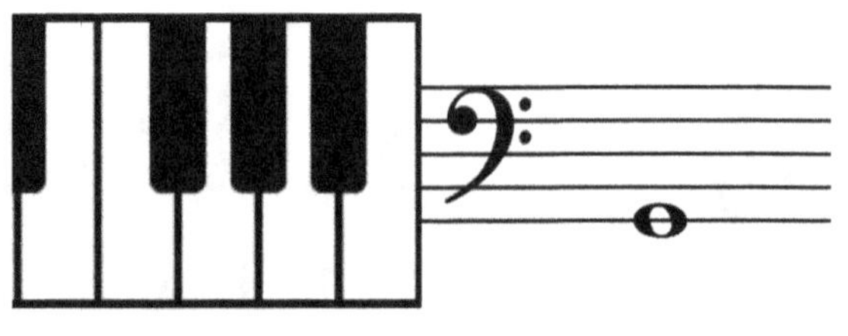
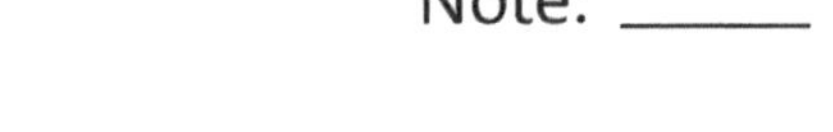

Note: _____

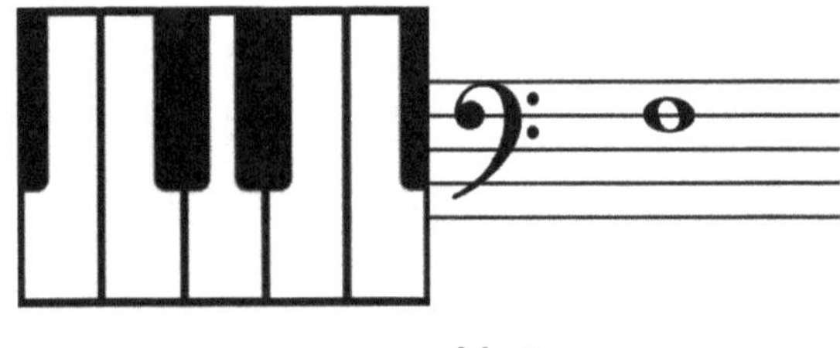

Note: _____

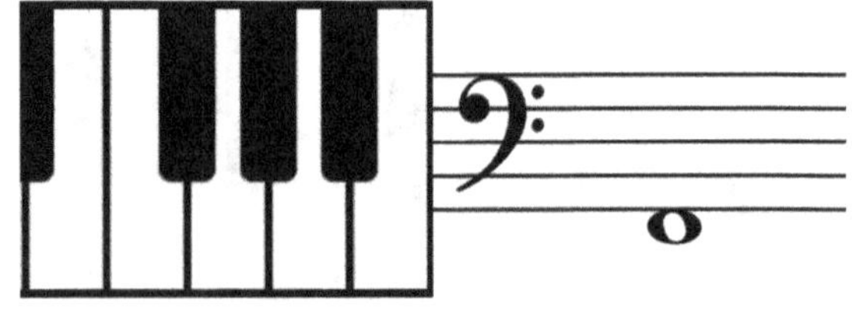

Note: _____

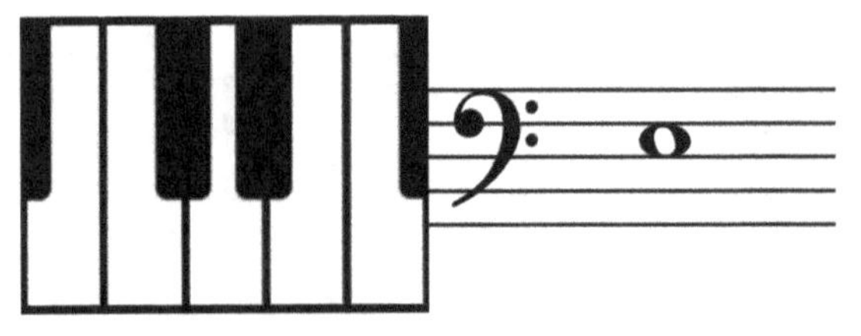

Note: _____

Note: _____

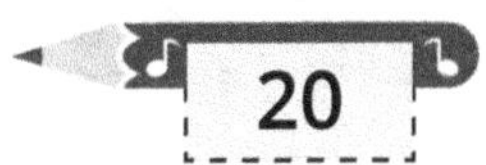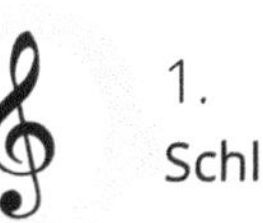

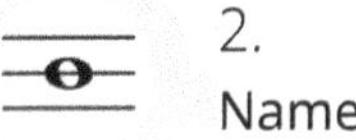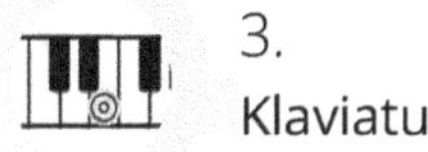


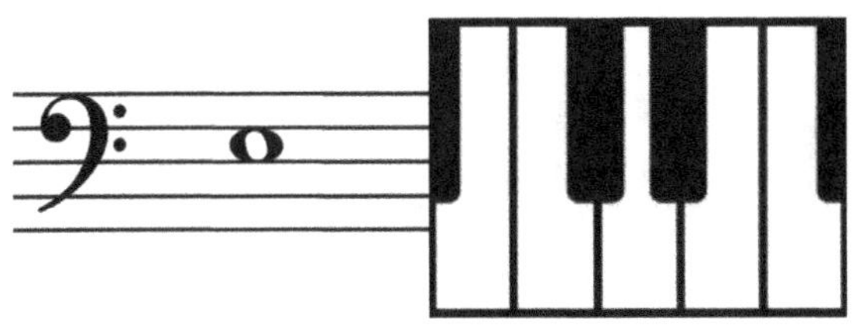

Note: _______

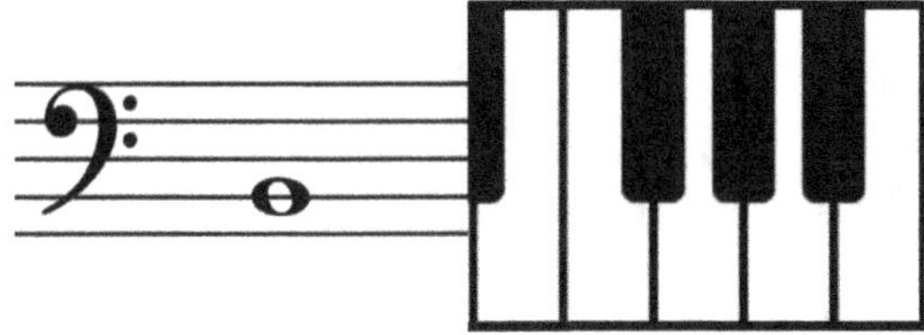

Note: _______

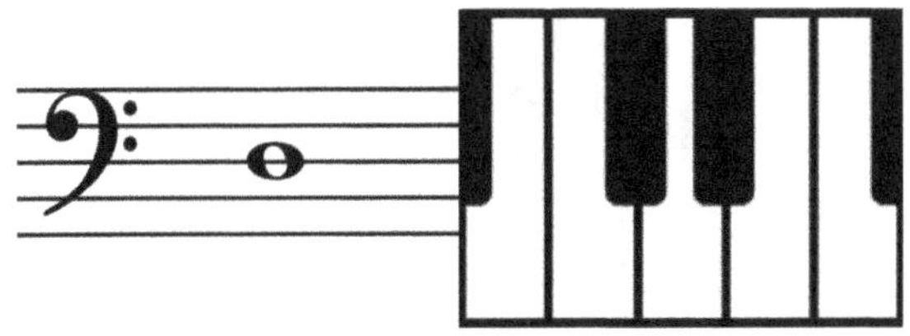

Note: _______

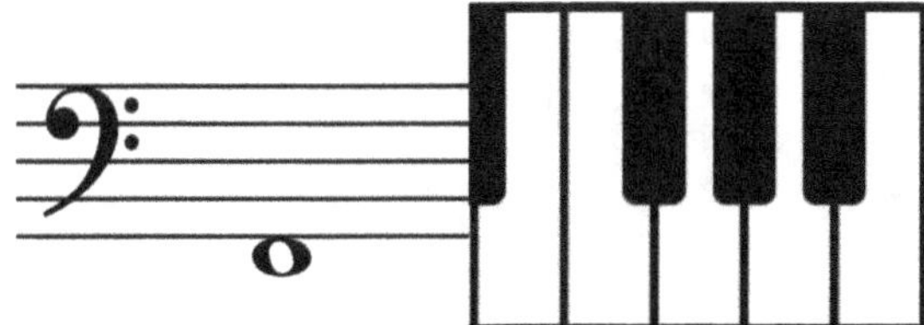

Note: _______

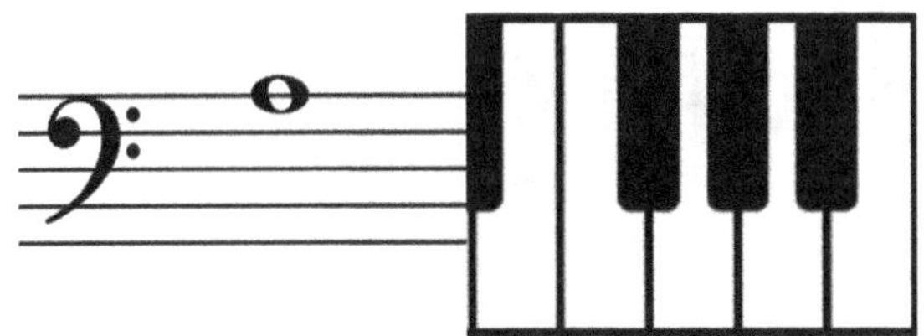

Note: _______

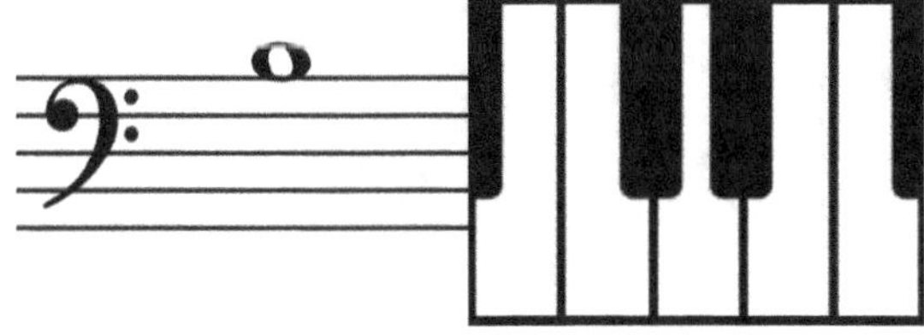

Note: _______

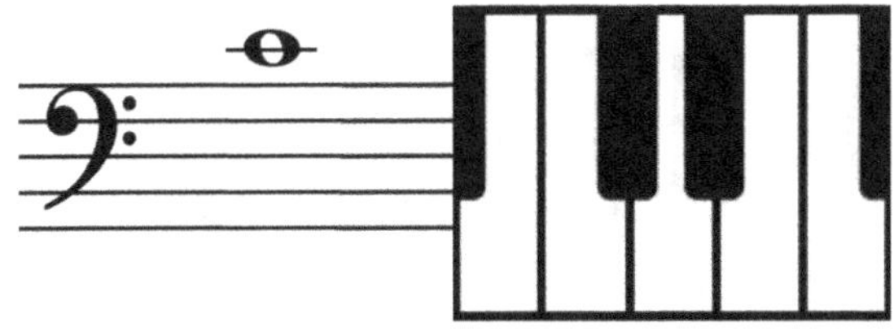

Note: _______

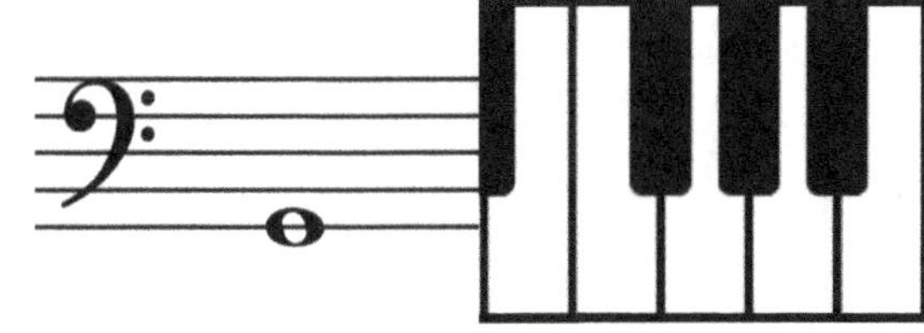

Note: _______

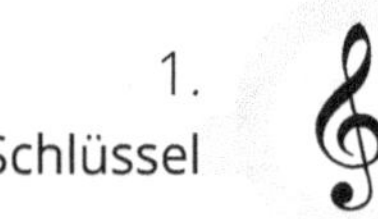
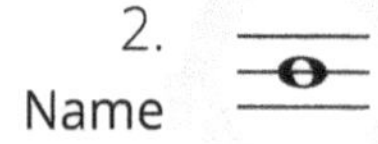
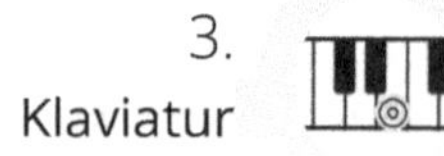

1. Schlüssel  2. Name  3. Klaviatur

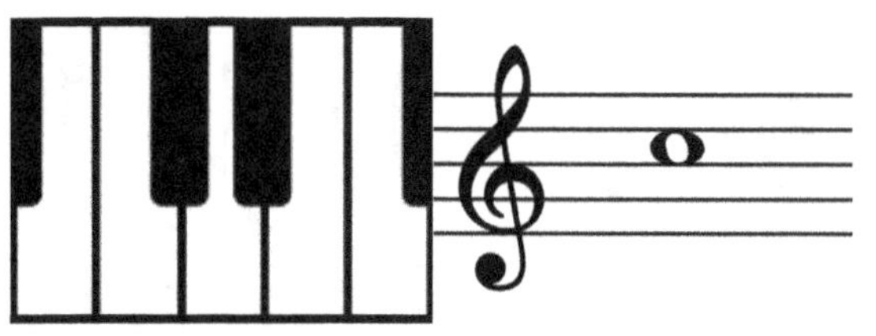

Note: _______

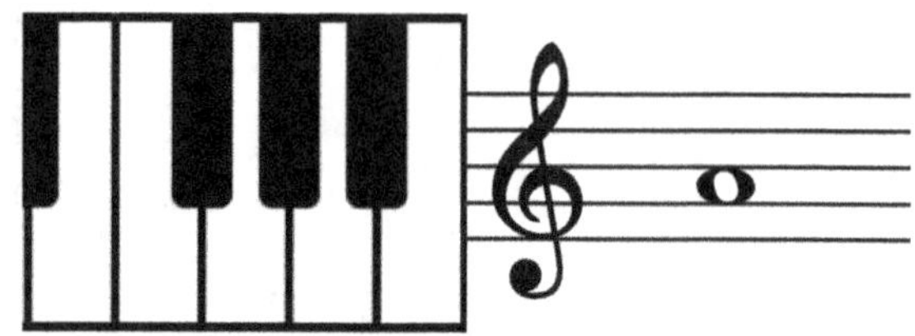

Note: _______

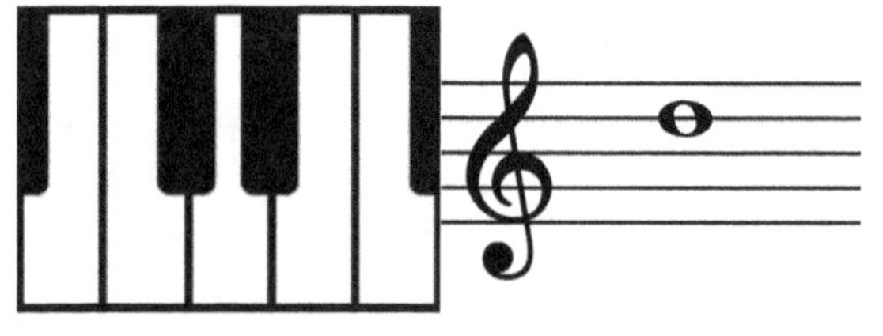

Note: _______

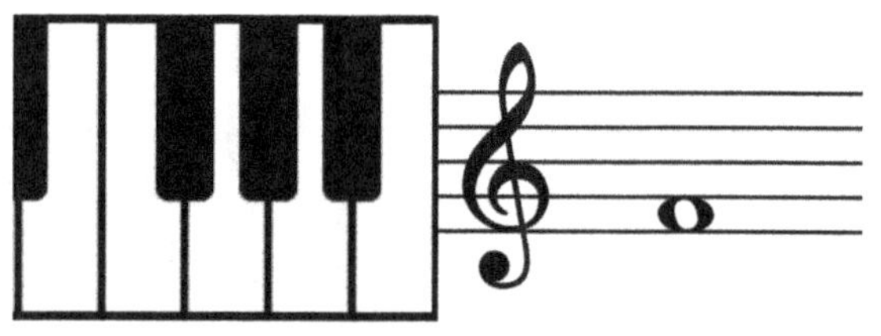

Note: _______

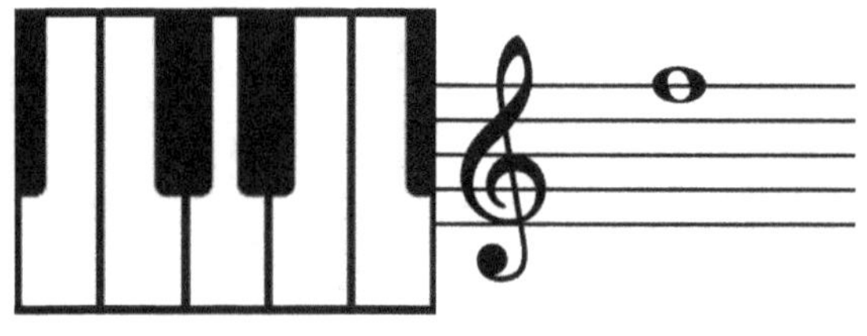

Note: _______

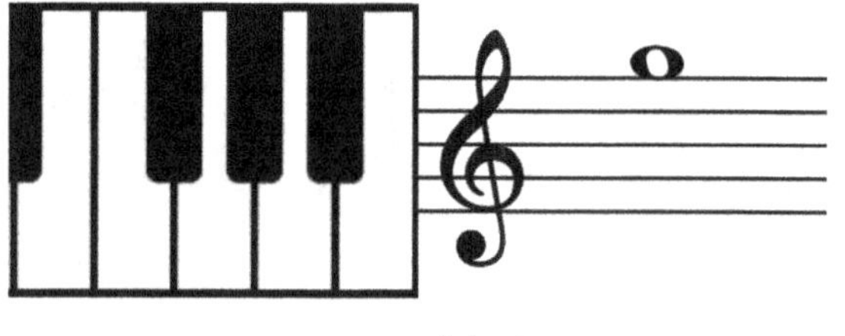

Note: _______

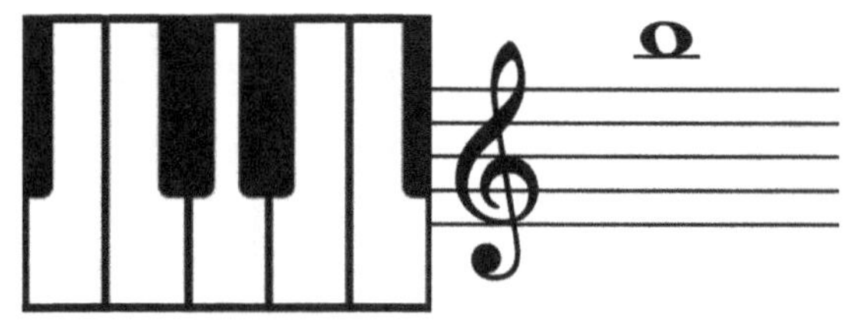

Note: _______

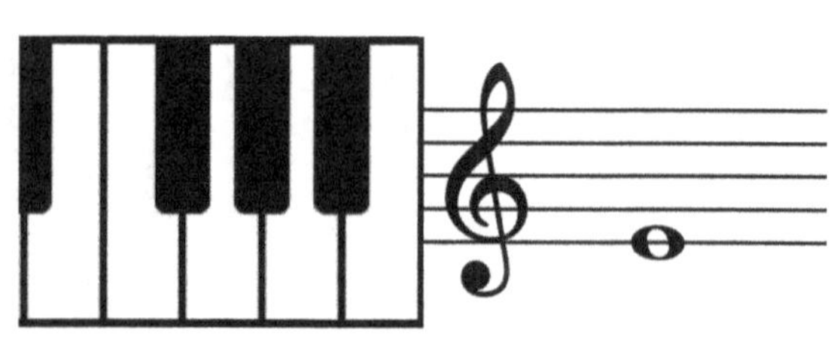

Note: _______

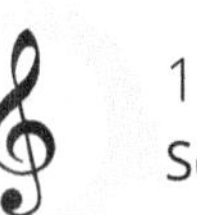 1.
Schlüssel

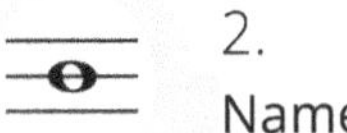 2.
Name

 3.
Klaviatur

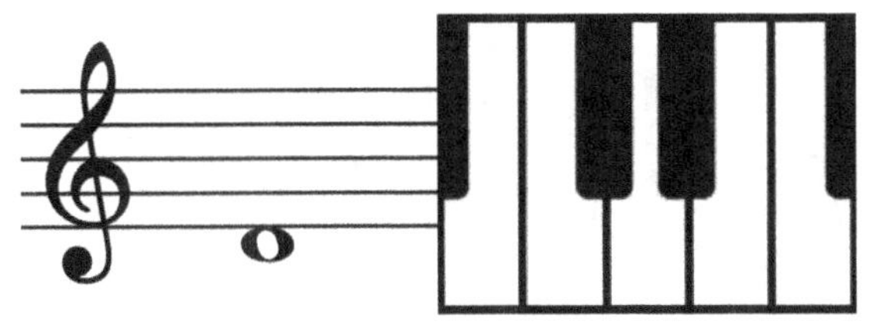

Note: _______

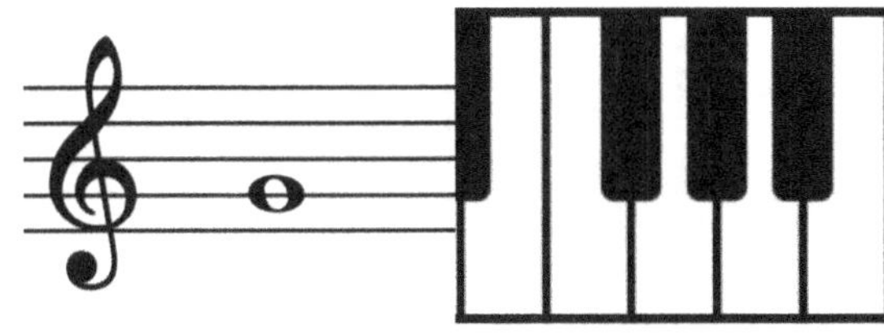

Note: _______

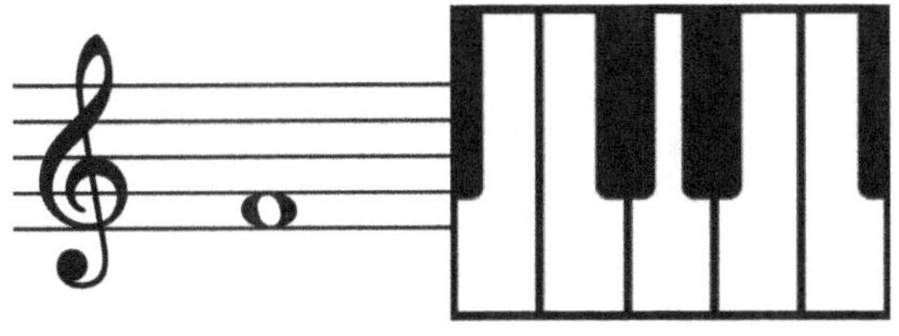

Note: _______

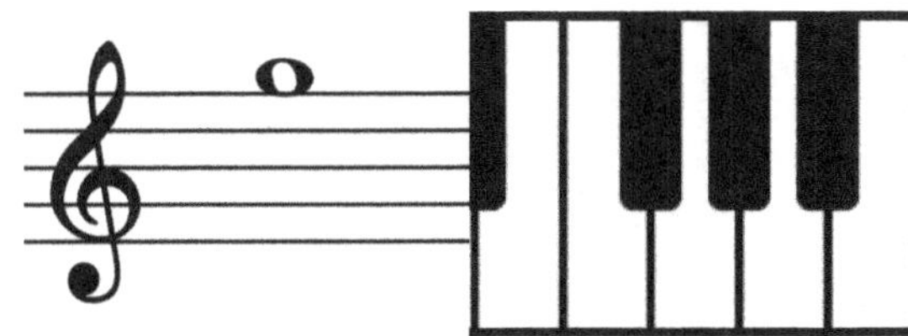

Note: _______

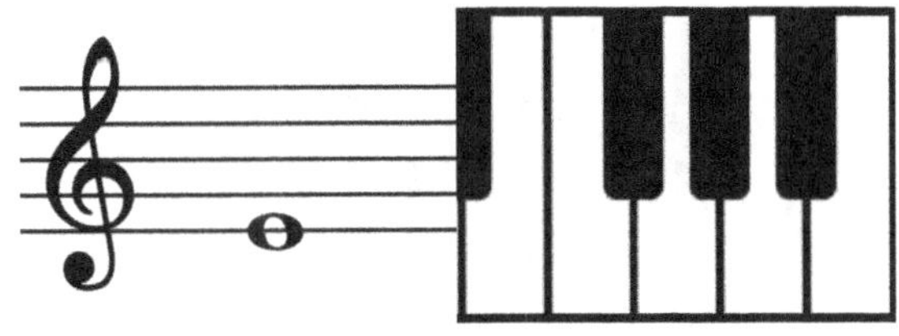

Note: _______

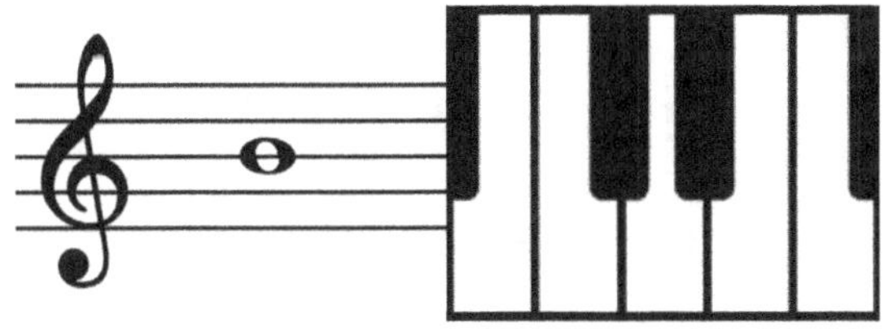

Note: _______

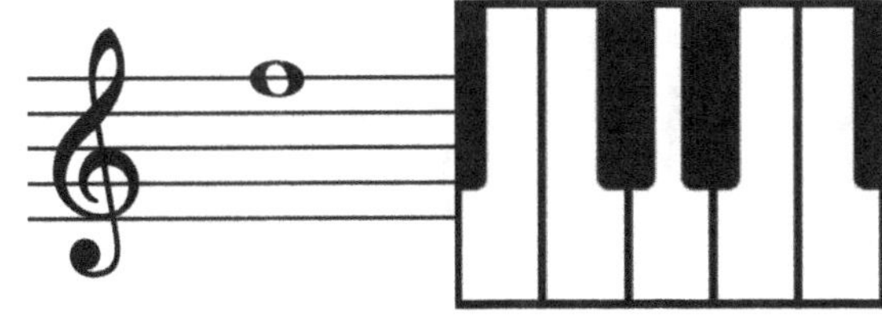

Note: _______

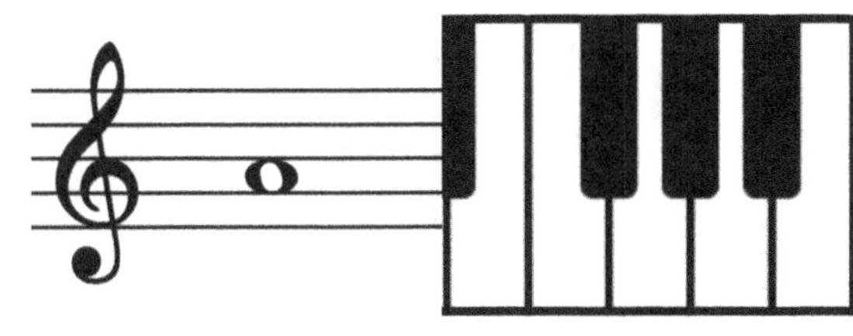

Note: _______

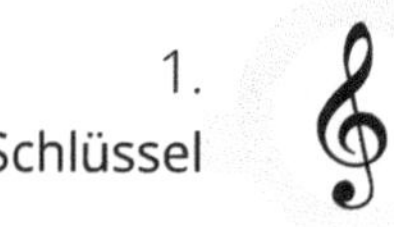
1.
Schlüssel

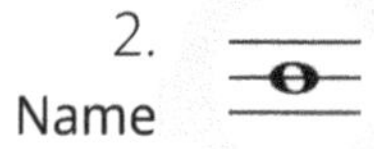
2.
Name

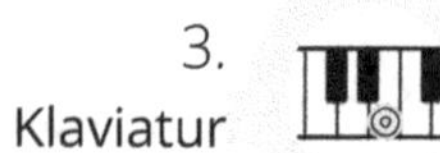
3.
Klaviatur

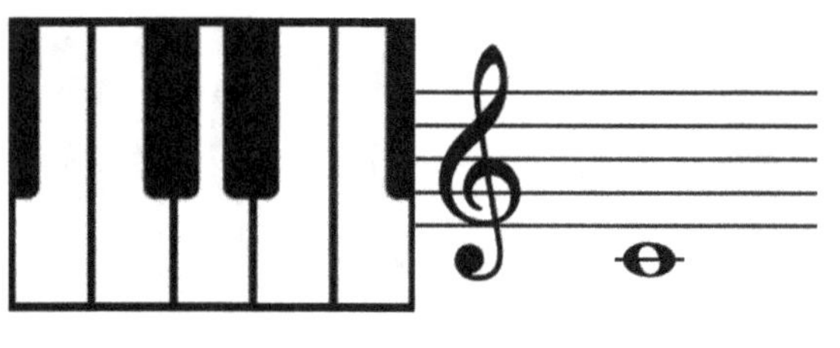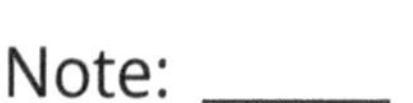
Note: _______

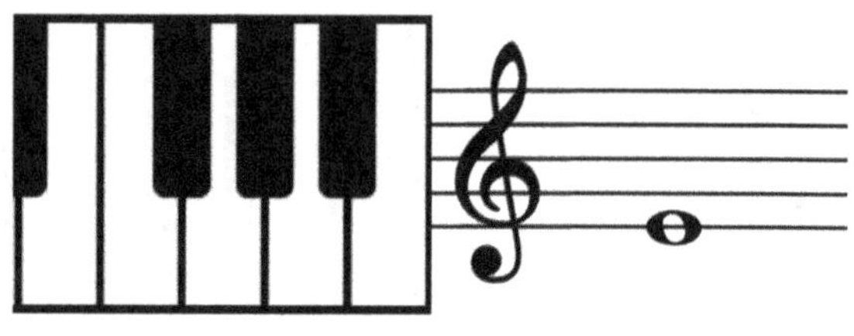
Note: _______

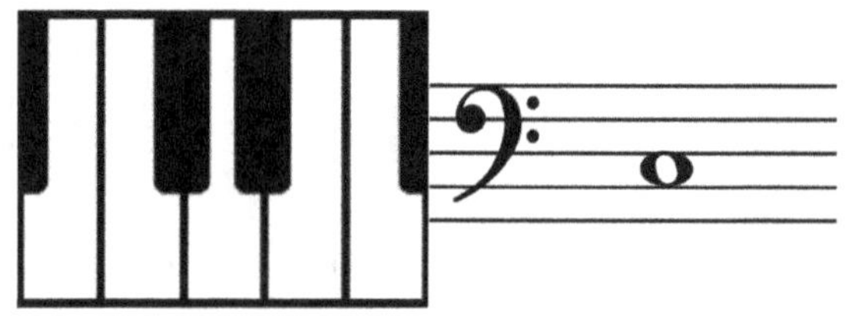
Note: _______

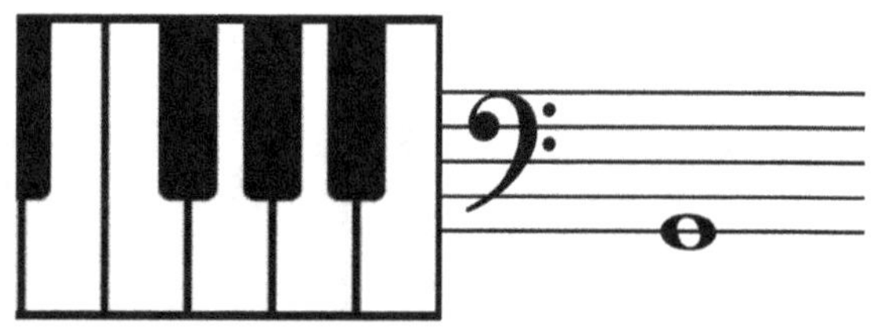
Note: _______

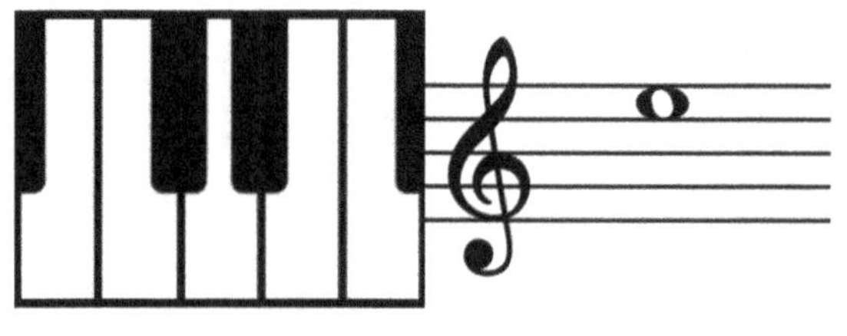
Note: _______

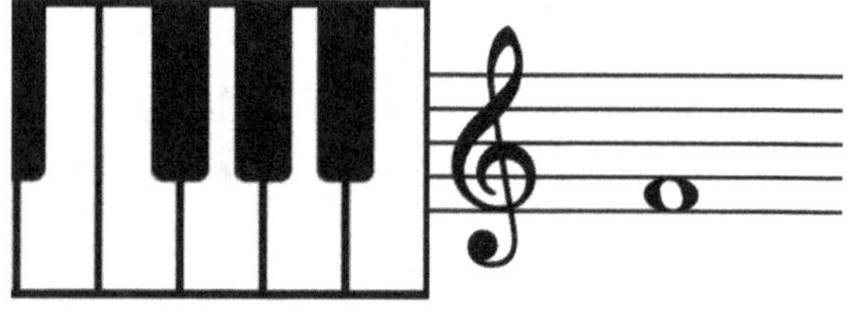
Note: _______

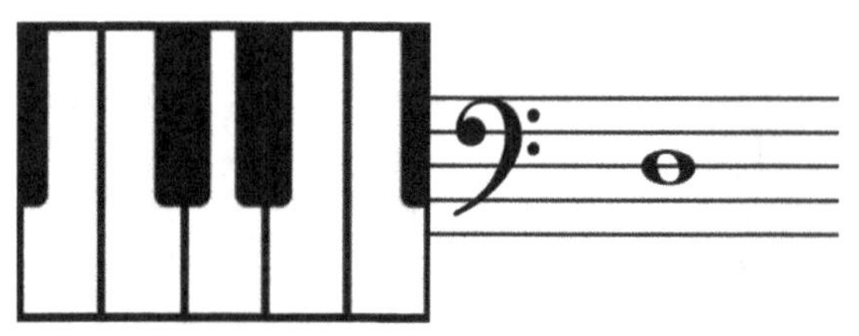
Note: _______

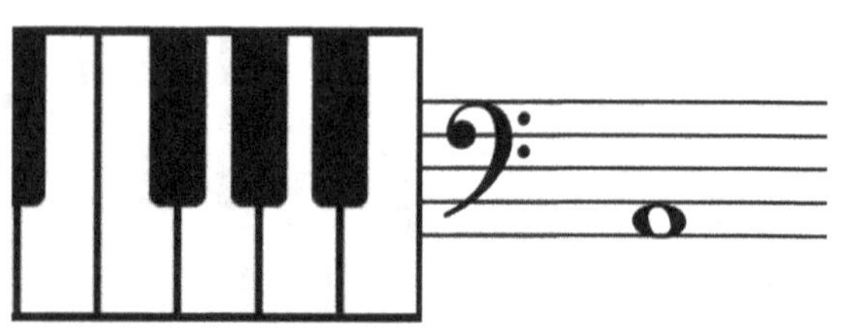
Note: _______

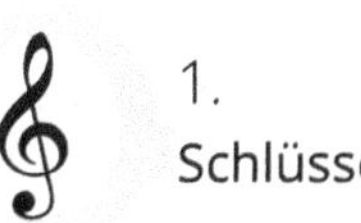 1. Schlüssel  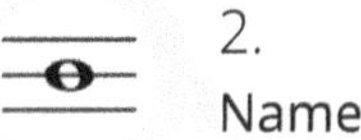 2. Name  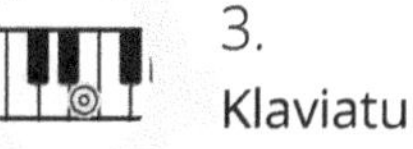 3. Klaviatur

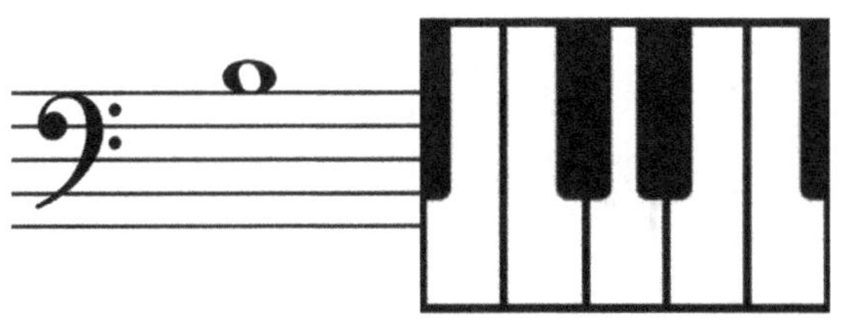

Note: ______

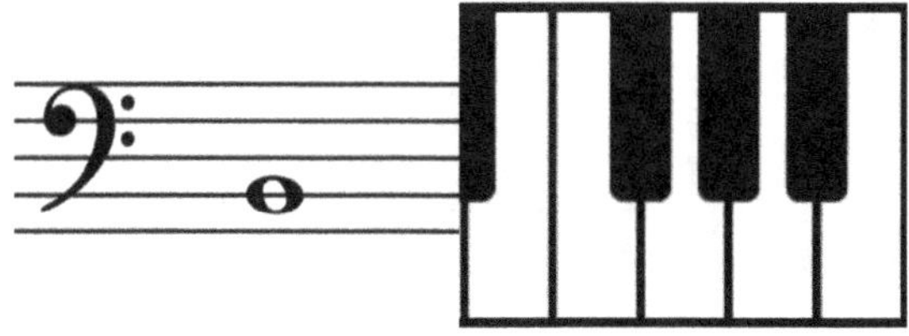

Note: ______

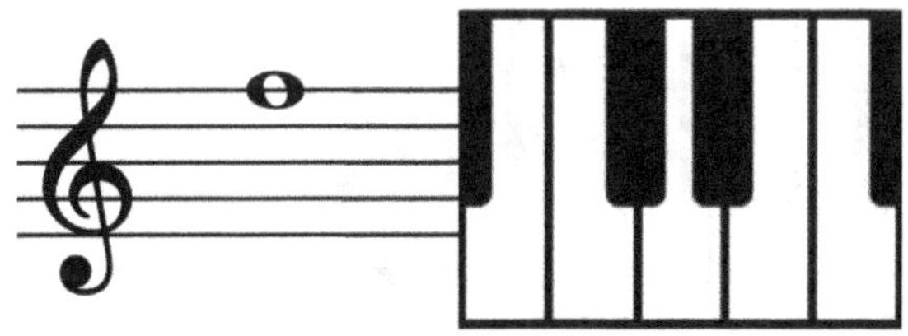

Note: ______

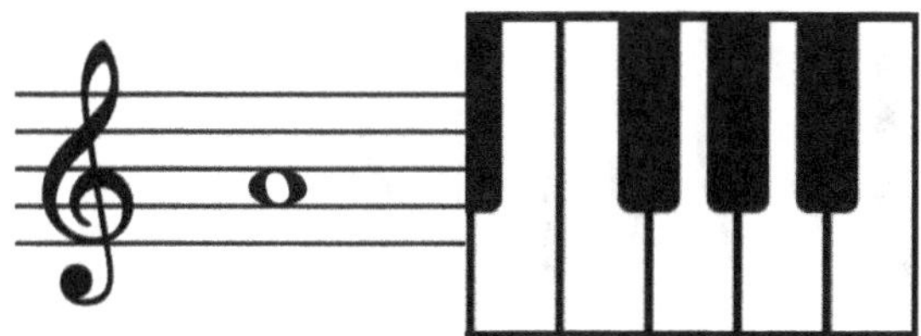

Note: ______

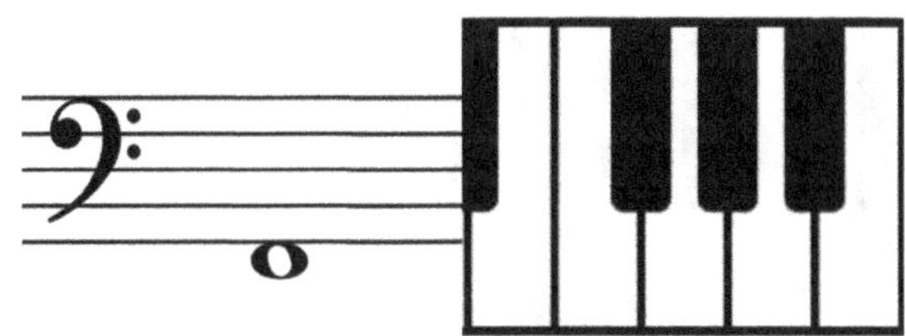

Note: ______

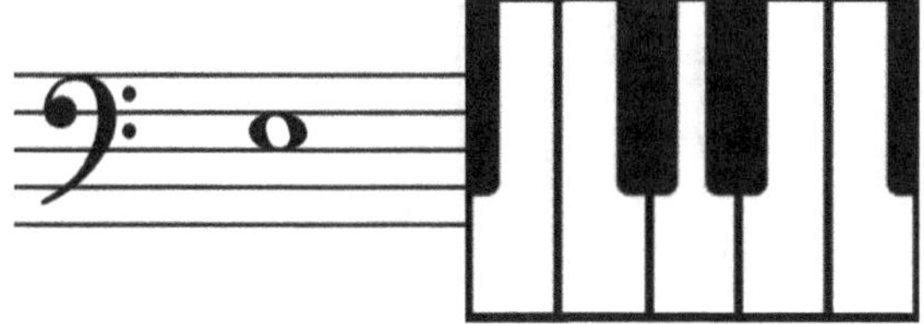

Note: ______

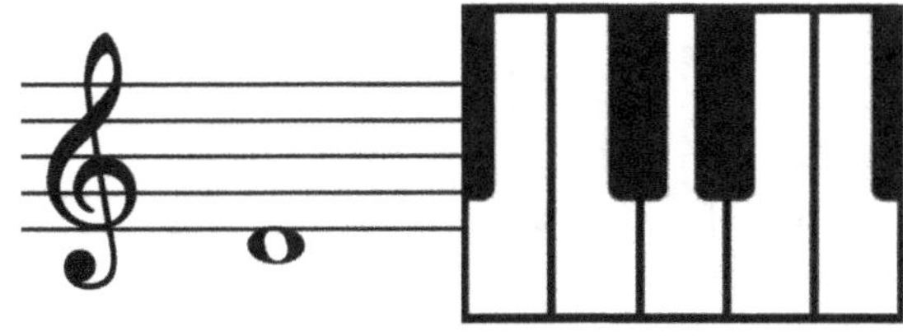

Note: ______

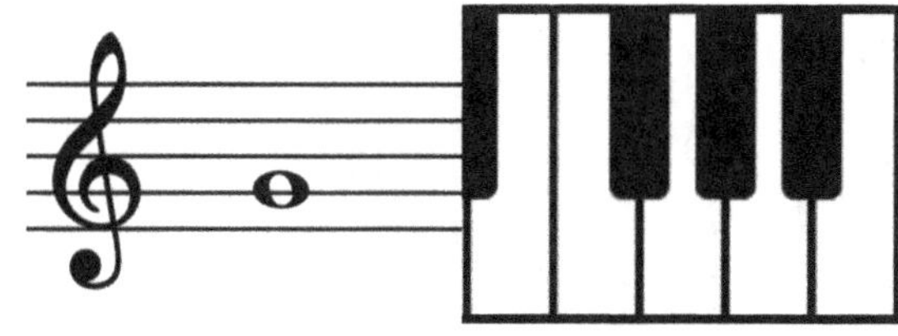

Note: ______

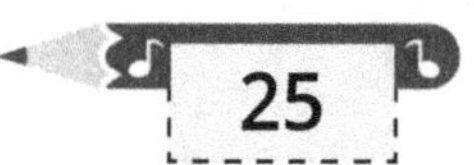



1. Schlüssel 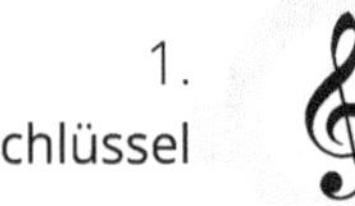  2. Name 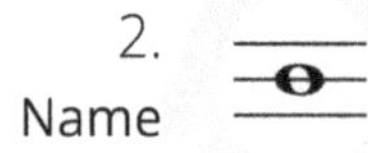  3. Klaviatur 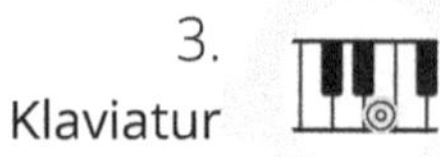

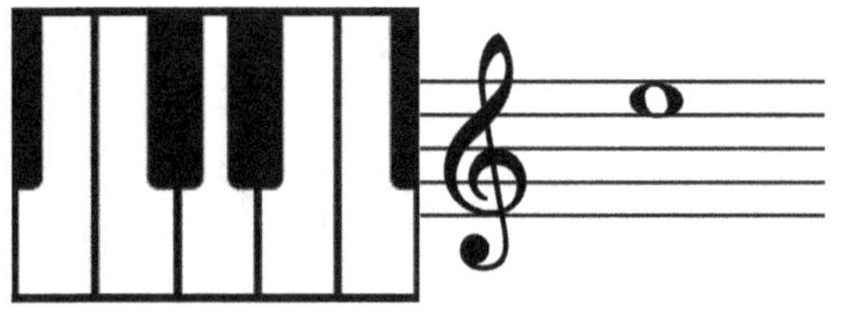

Note: _______

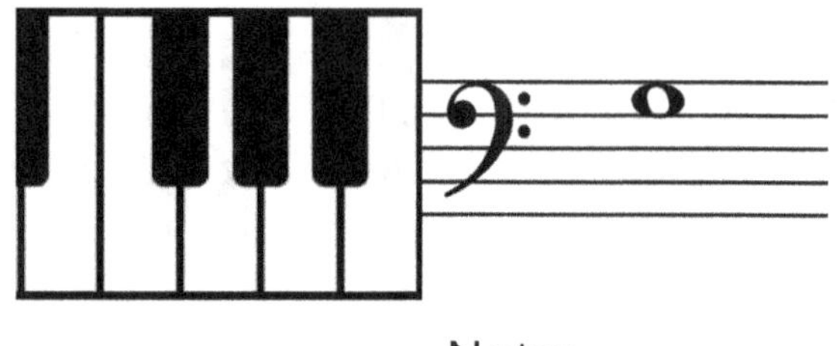

Note: _______

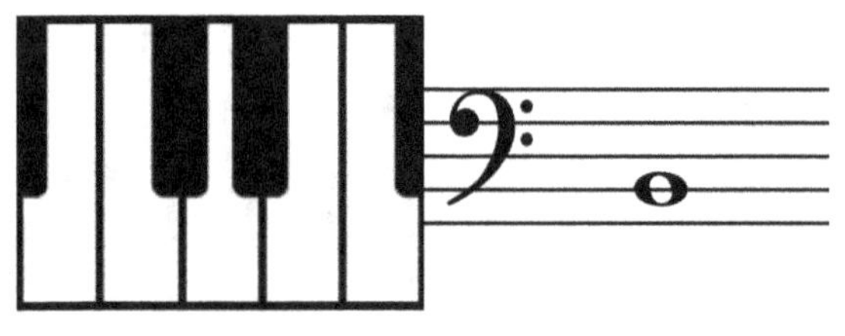

Note: _______

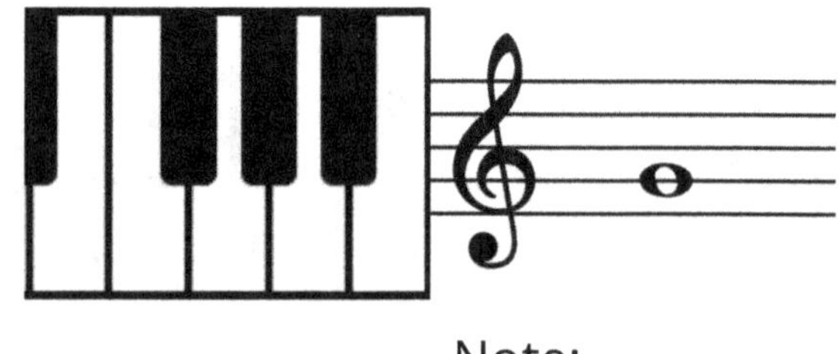

Note: _______

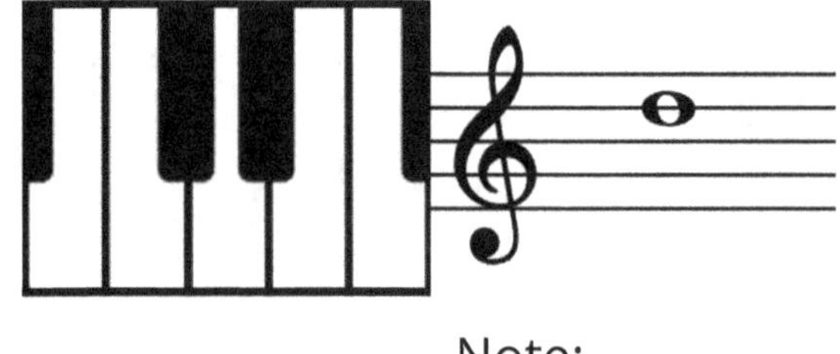

Note: _______

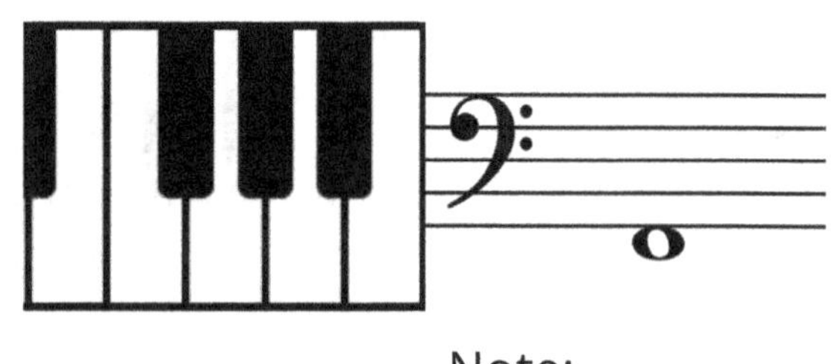

Note: _______

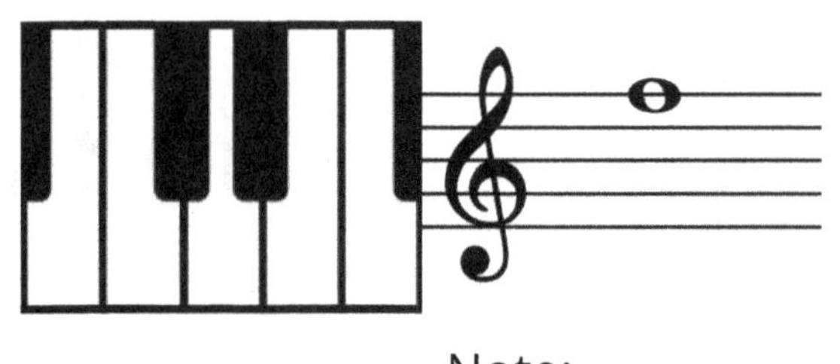

Note: _______

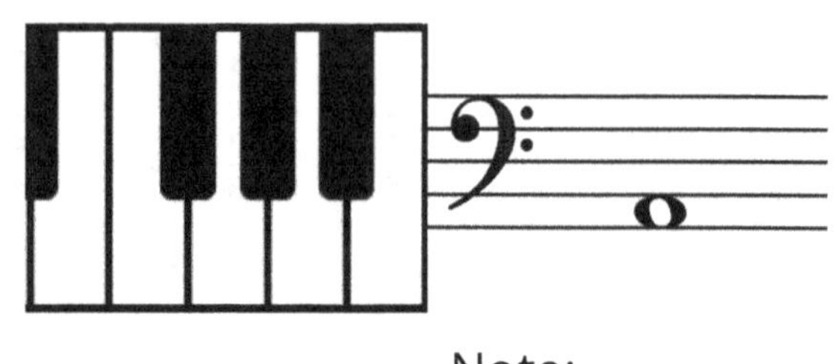

Note: _______

# Kapitel 3
## Vorzeichen

Aufbau mit Beispiel

Übungen im Notensystem

Übungen Klaviatur & Notensystem

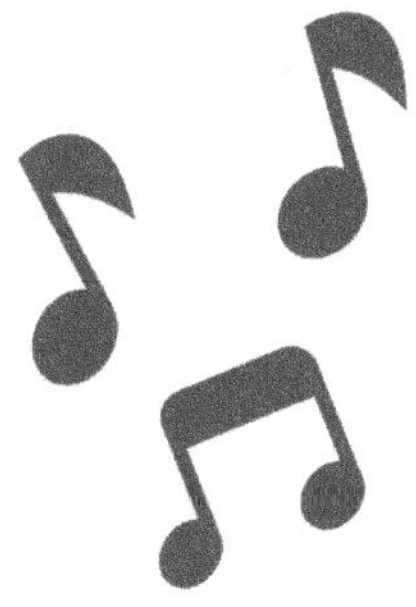

# Notensystem Vorzeichen-Übungen

**Drei einfache Schritte zum Lösen der Aufgaben:**

1. **Schlüssel:** Er zeigt Ihnen welche Note auf welcher Linie steht. Im Bassschlüssel ist '**A**' im untersten Zwischenraum. Im Violinschlüssel ist '**A**' einen Ganztonschritt darüber.

2. **Vorzeichen:** Welches Vorzeichen ist gegeben? Die Noten ändern sich dementsprechend und werden zu den Noten in der Tabelle (siehe unten). Diese zeigt die Relation der Noten zu einander.

3. **Name:** Auf welcher Linie oder Zwischenraum steht die Note? Wie ist der Name dieser Note?

**Die Abbildung erleichtert die Vorzeichenübungen:**

| Natürliche Noten | Kreuz-Noten # | b-Noten ♭ |
|---|---|---|
| C | Cis | Ces |
| D | Dis | Des |
| E | Eis | Es |
| F | Fis | Fes |
| G | Gis | Ges |
| A | Ais | As |
| H | His | B |

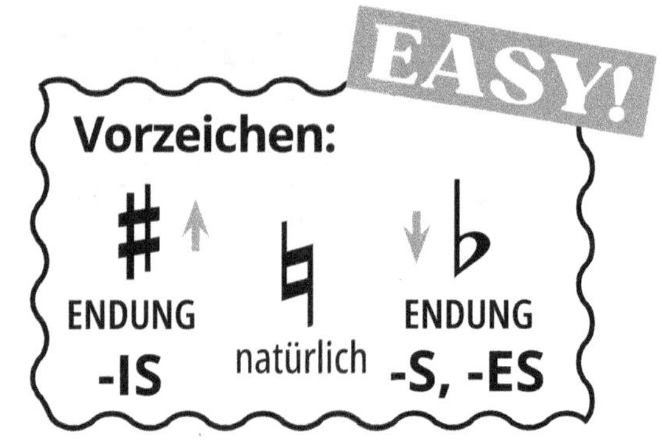


# Beispiel:

**Bassschlüssel**

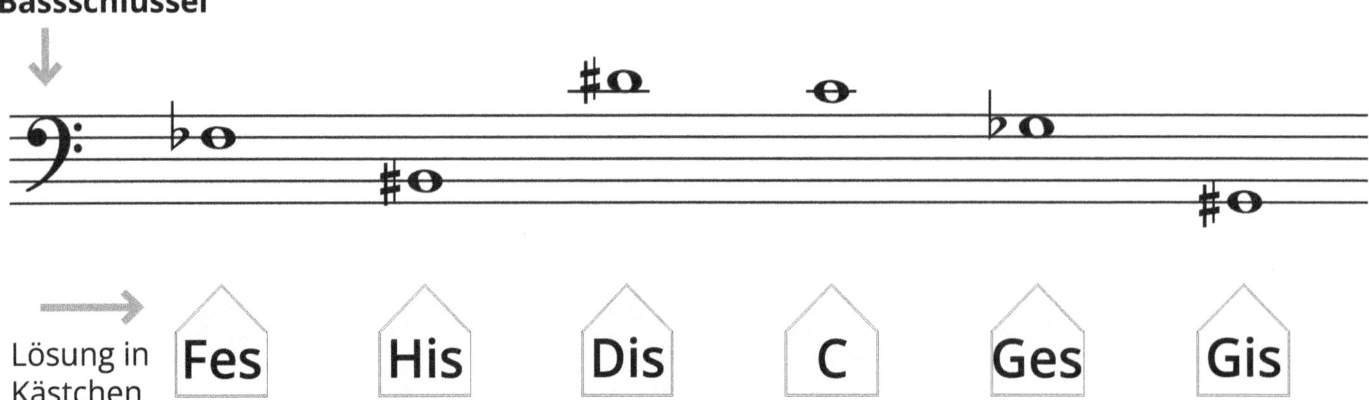

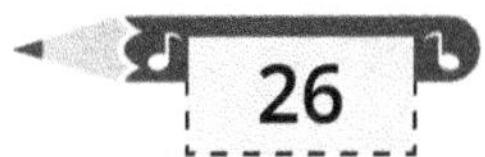



1.
Schlüssel

2.
Vorzeichen

3.
Name

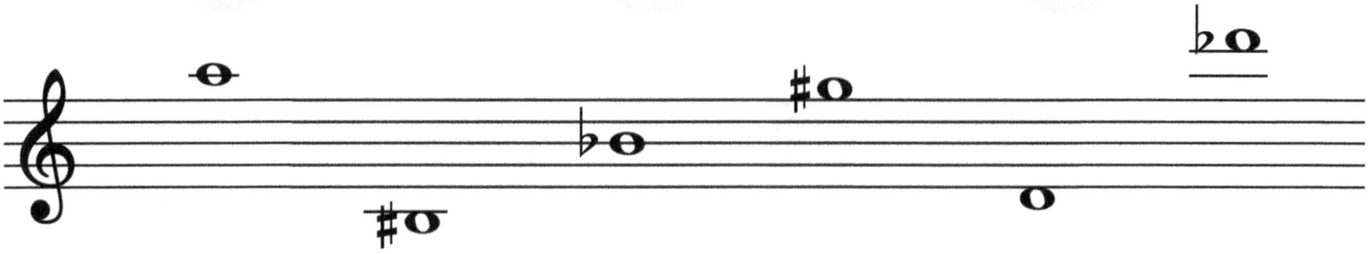

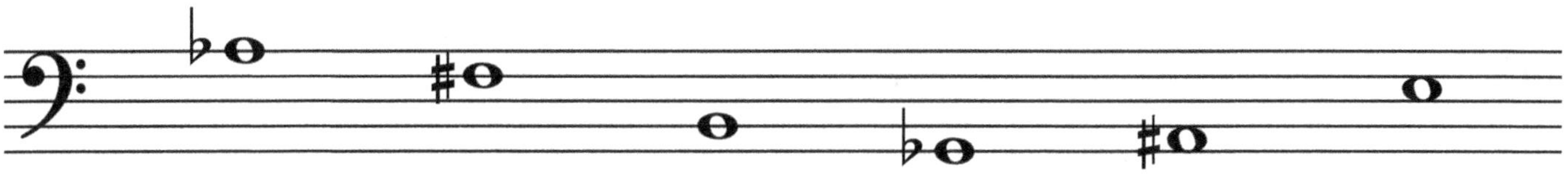

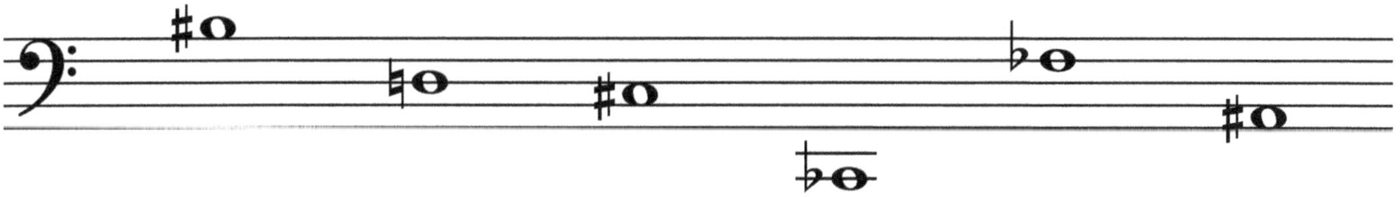

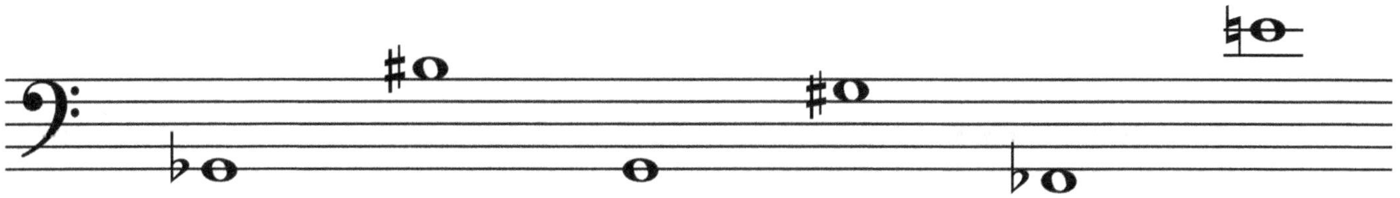

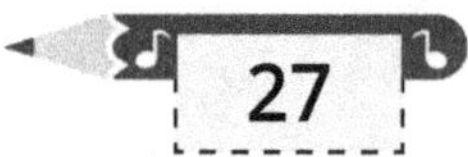



1. Schlüssel 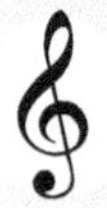    2. Vorzeichen 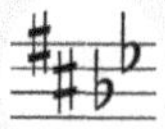    3. Name

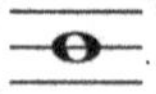

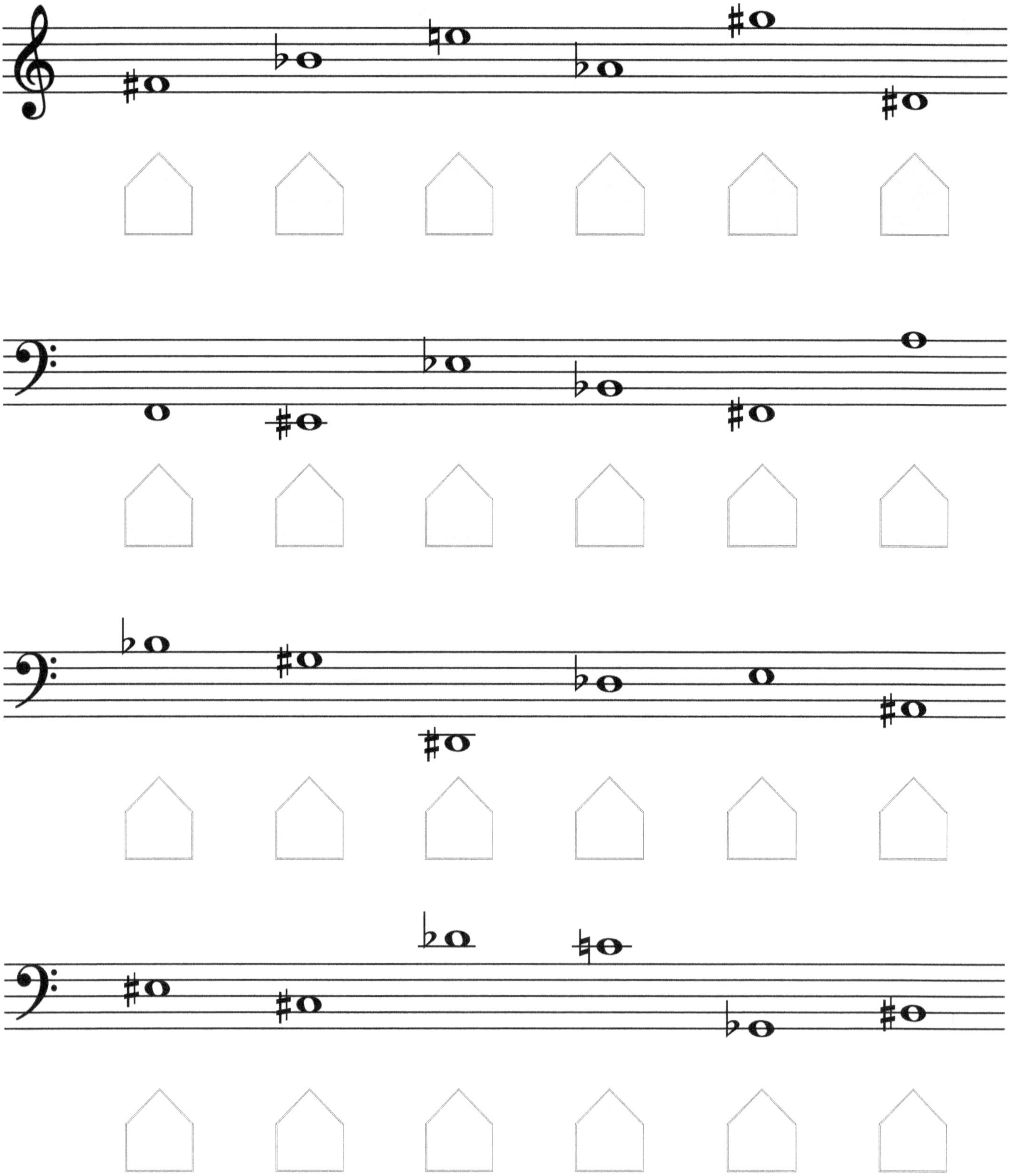

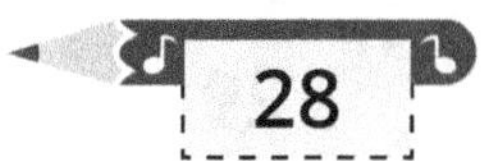

1.
Schlüssel

2.
Vorzeichen

3.
Name

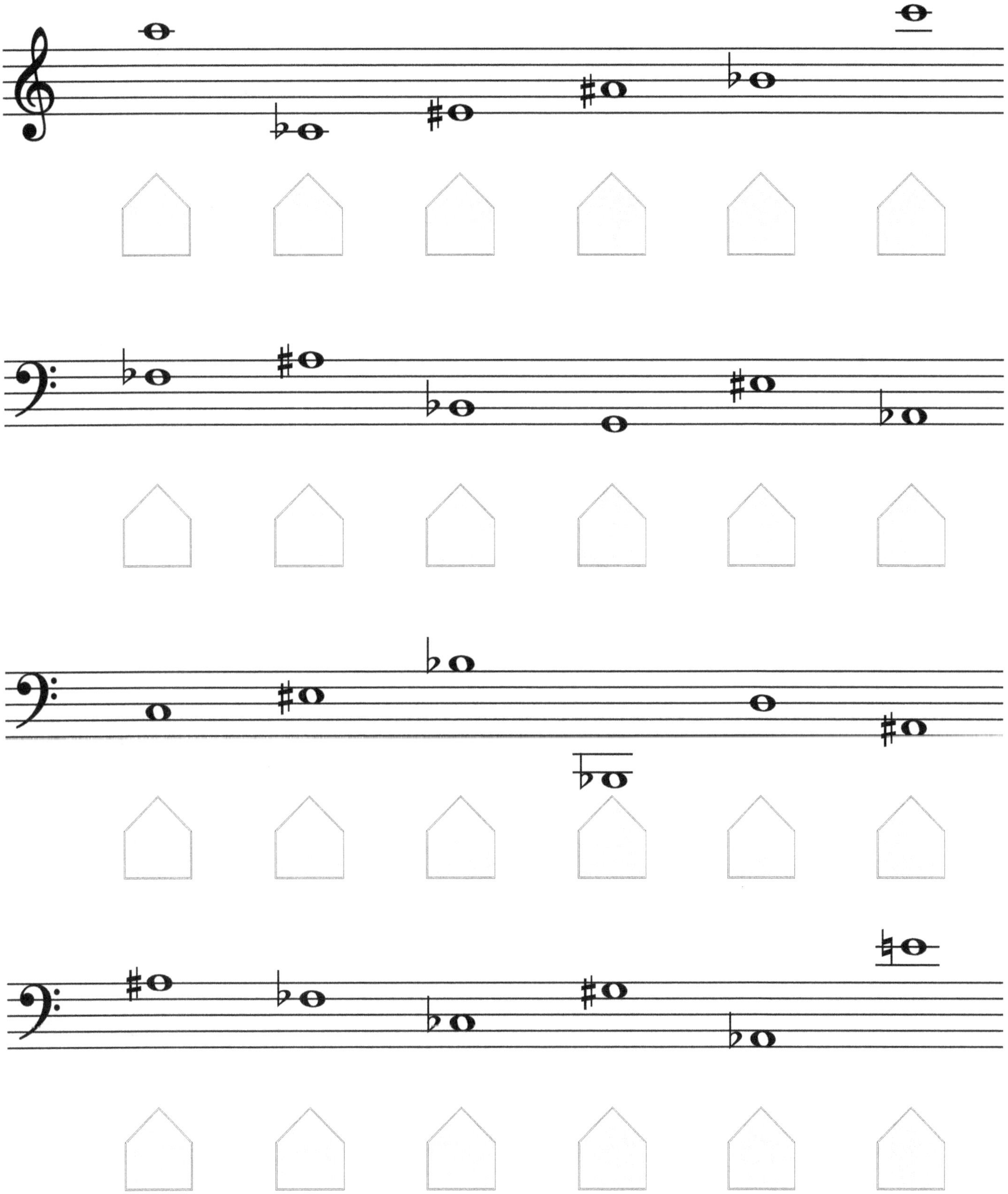

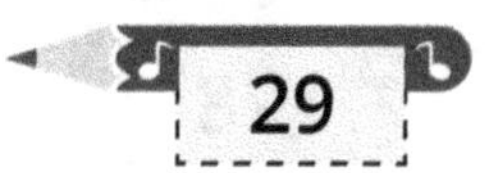



1. Schlüssel 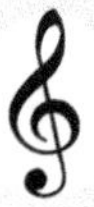    2. Vorzeichen 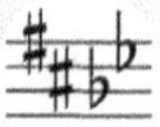    3. Name

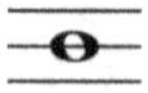

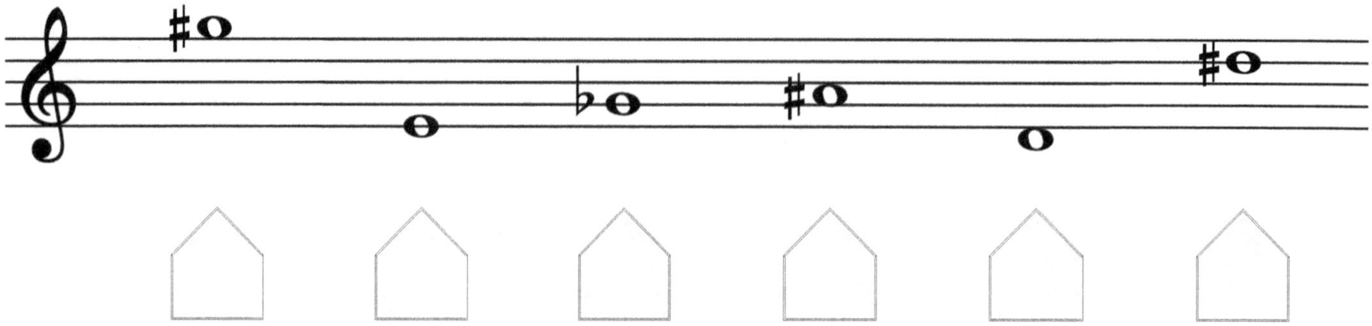

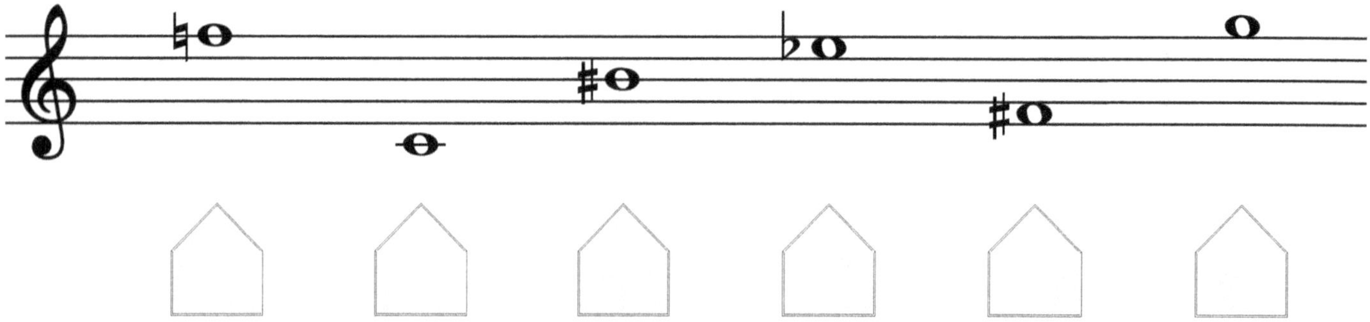

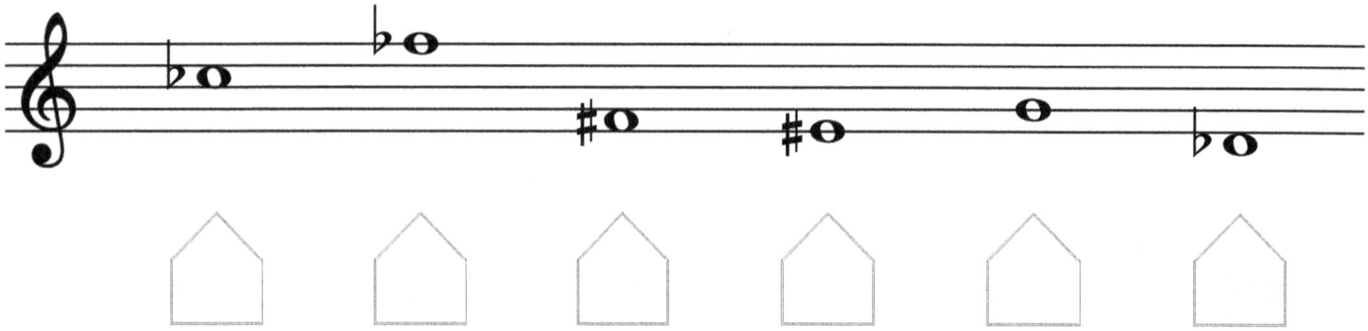

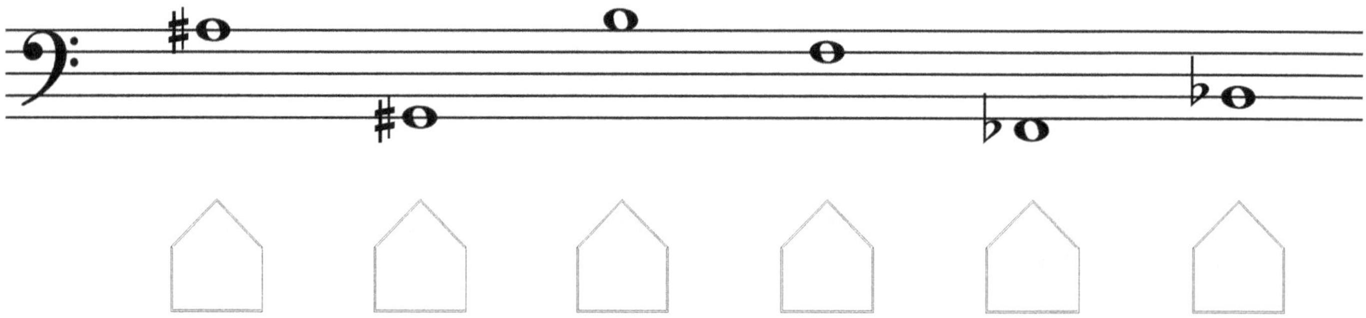

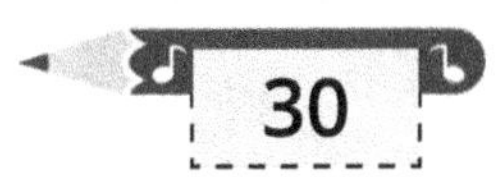


30
1. Schlüssel
2. Vorzeichen
3. Name

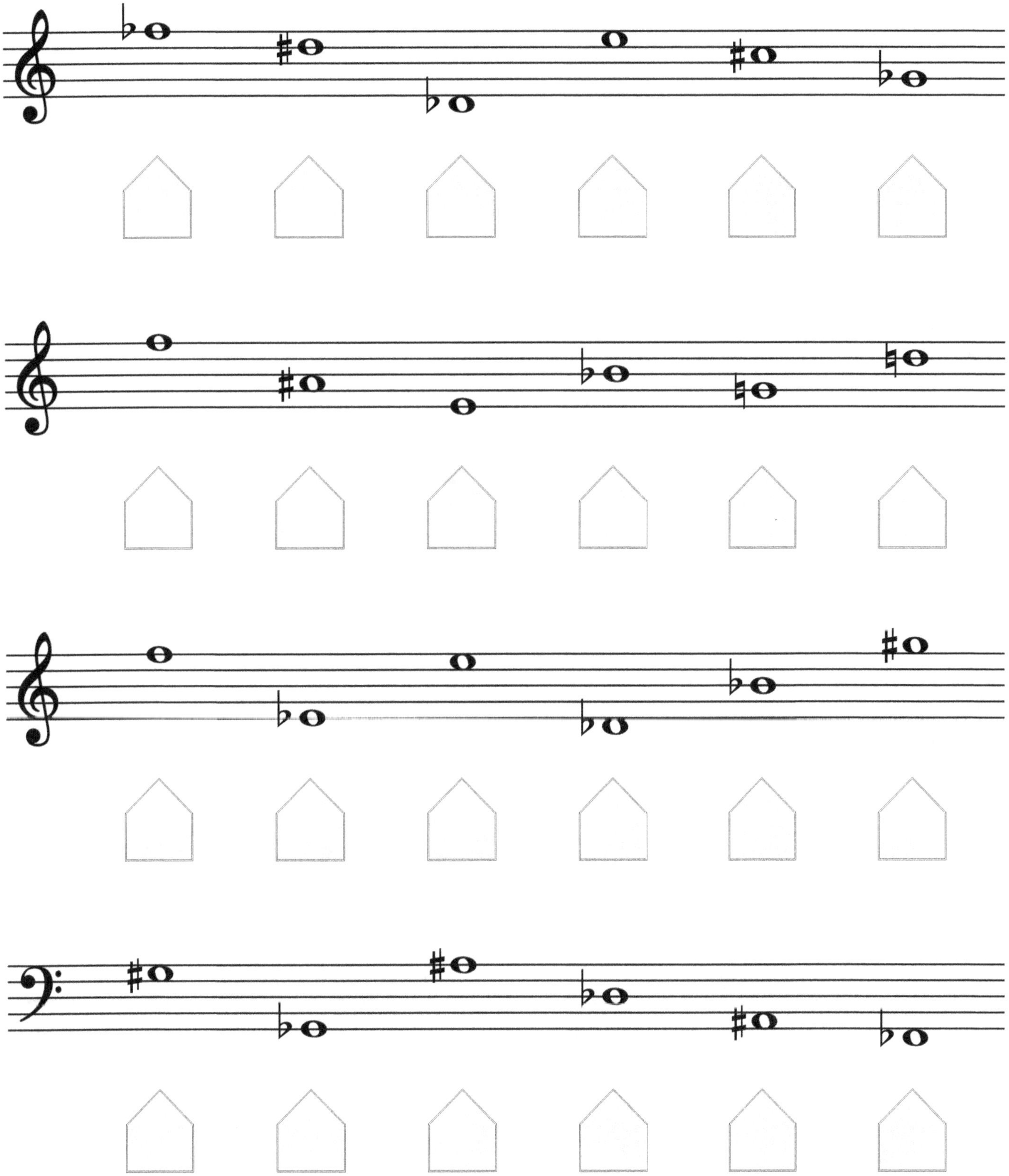

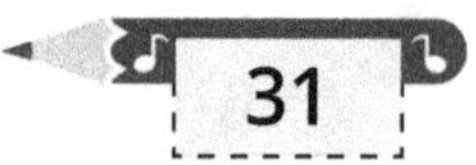


1. Schlüssel  2. Vorzeichen  3. Name

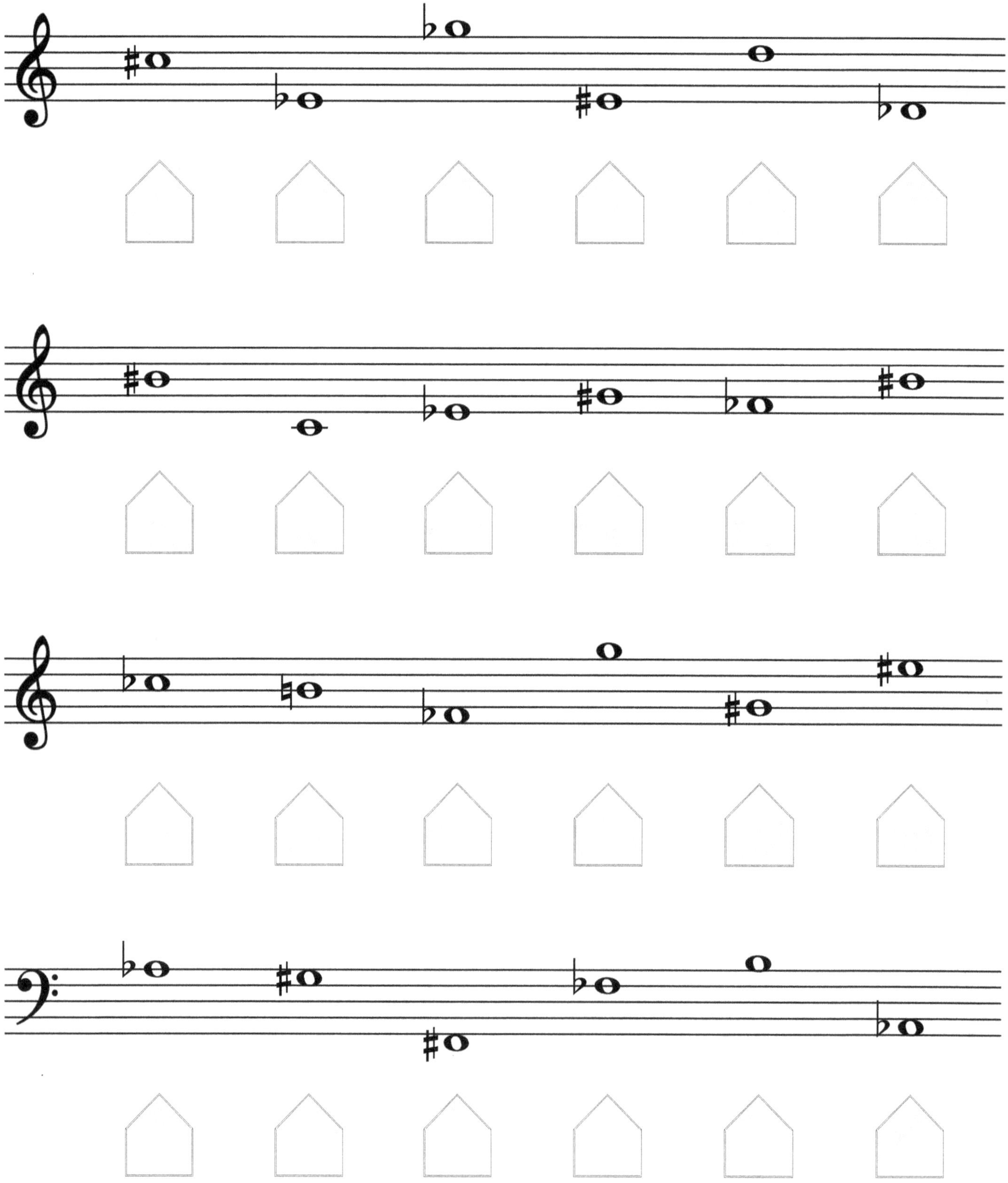

1. Schlüssel     2. Vorzeichen     3. Name

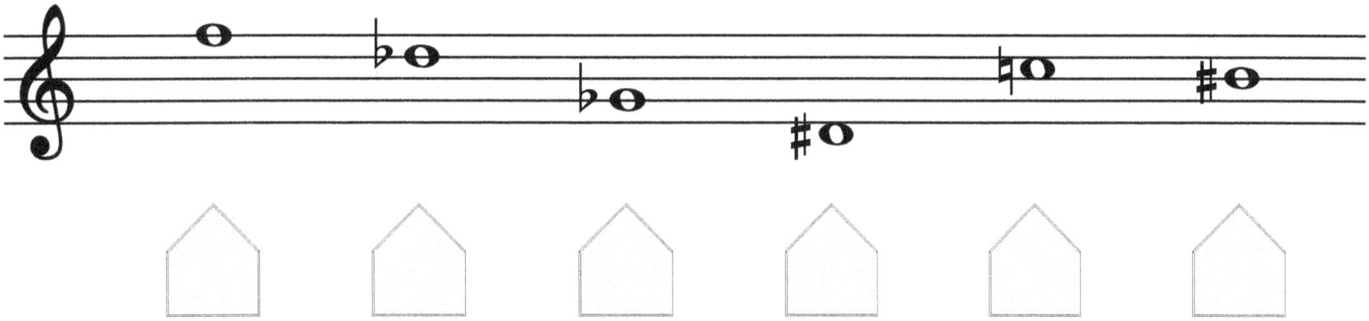

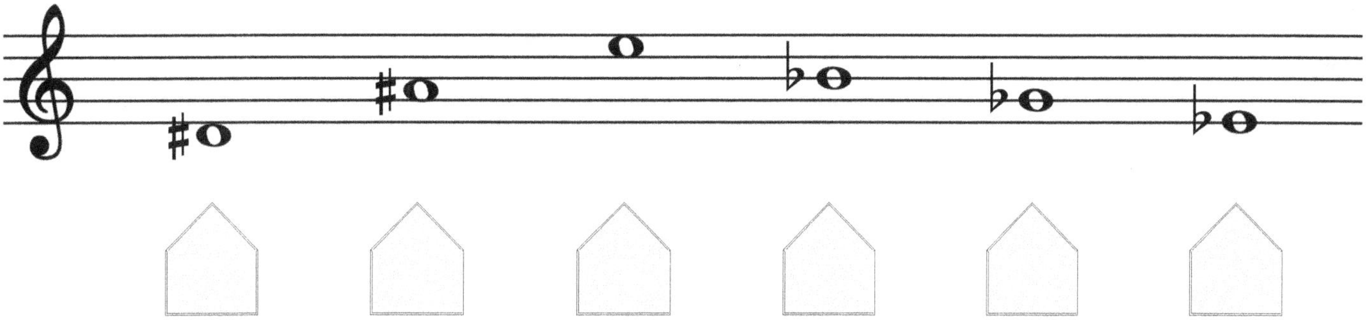

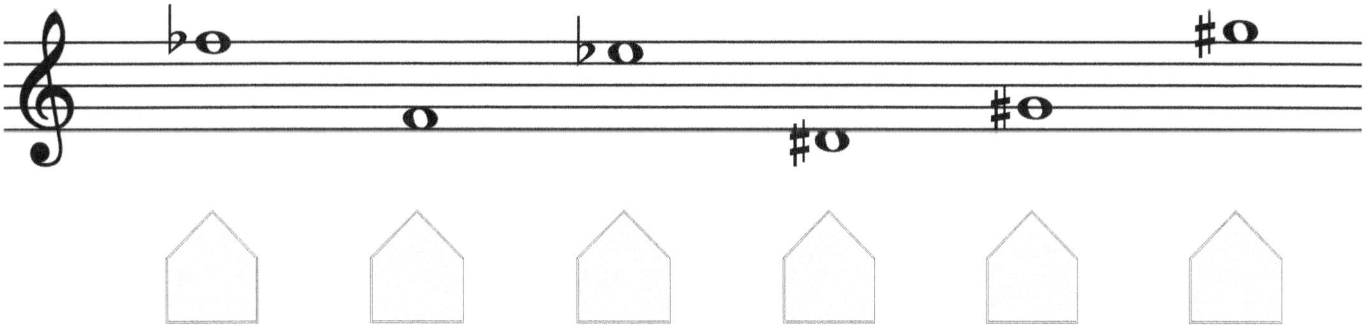

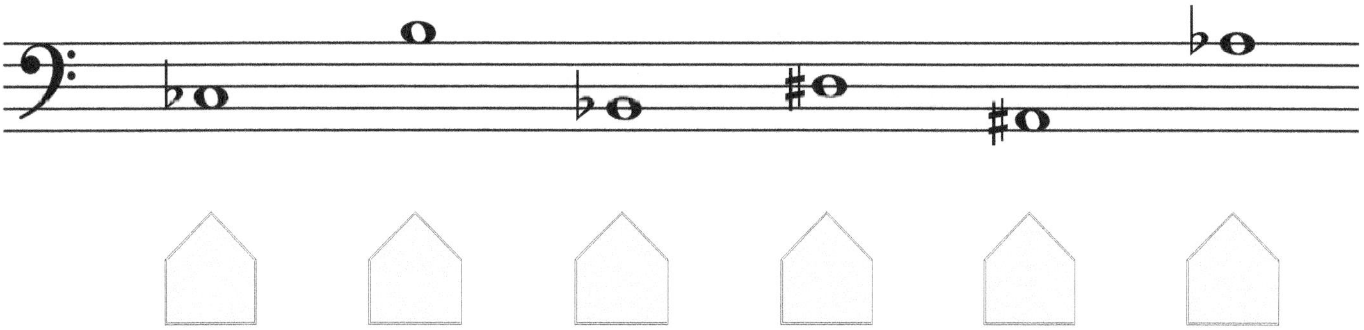

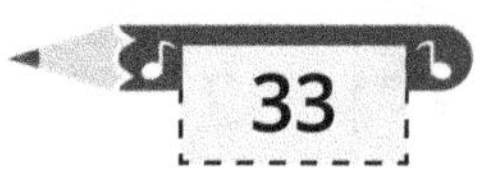

1. Schlüssel 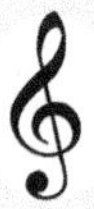    2. Vorzeichen 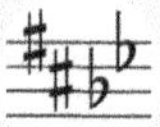    3. Name

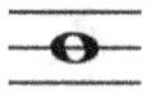

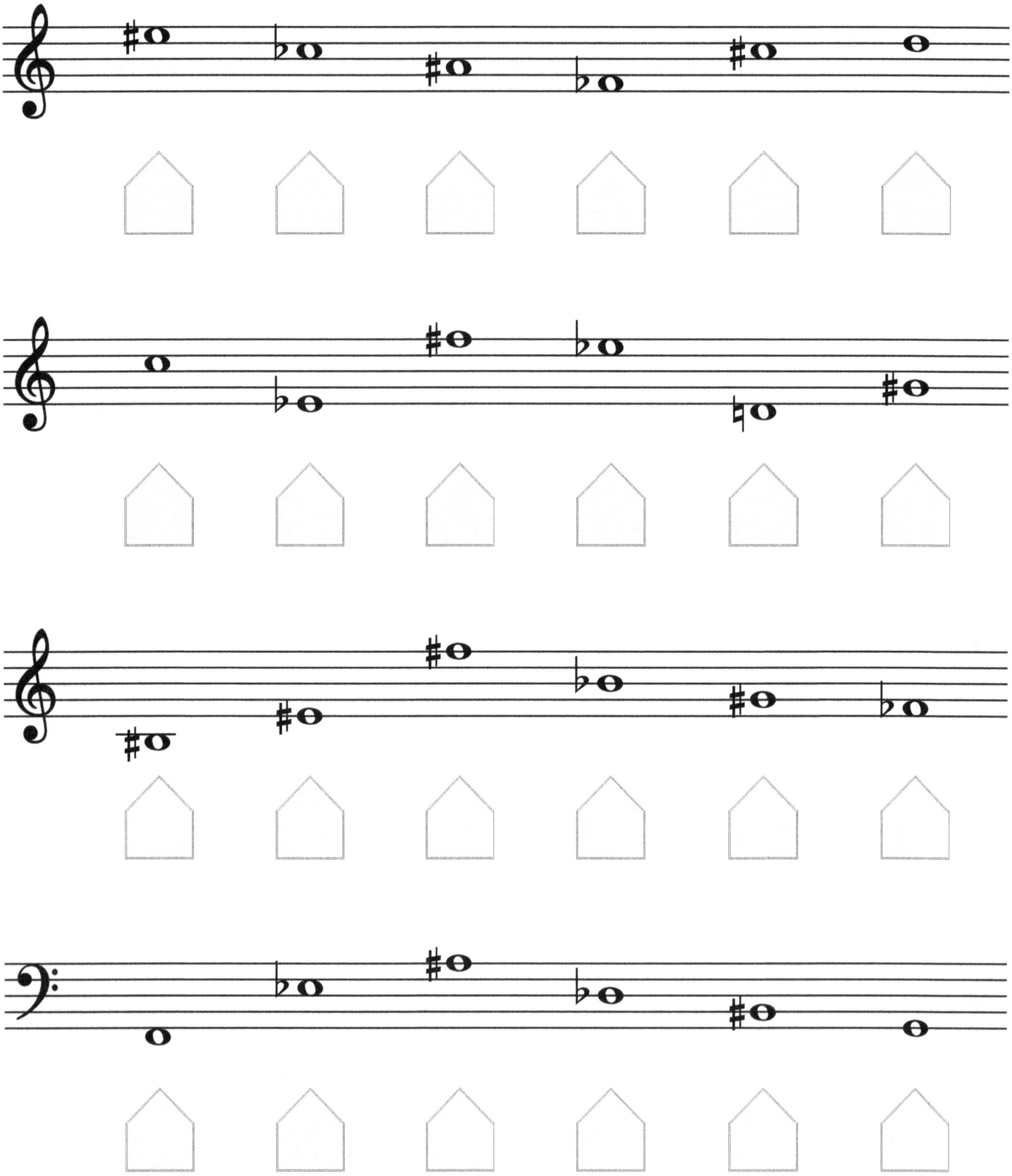

1. Schlüssel  2. Vorzeichen  3. Name

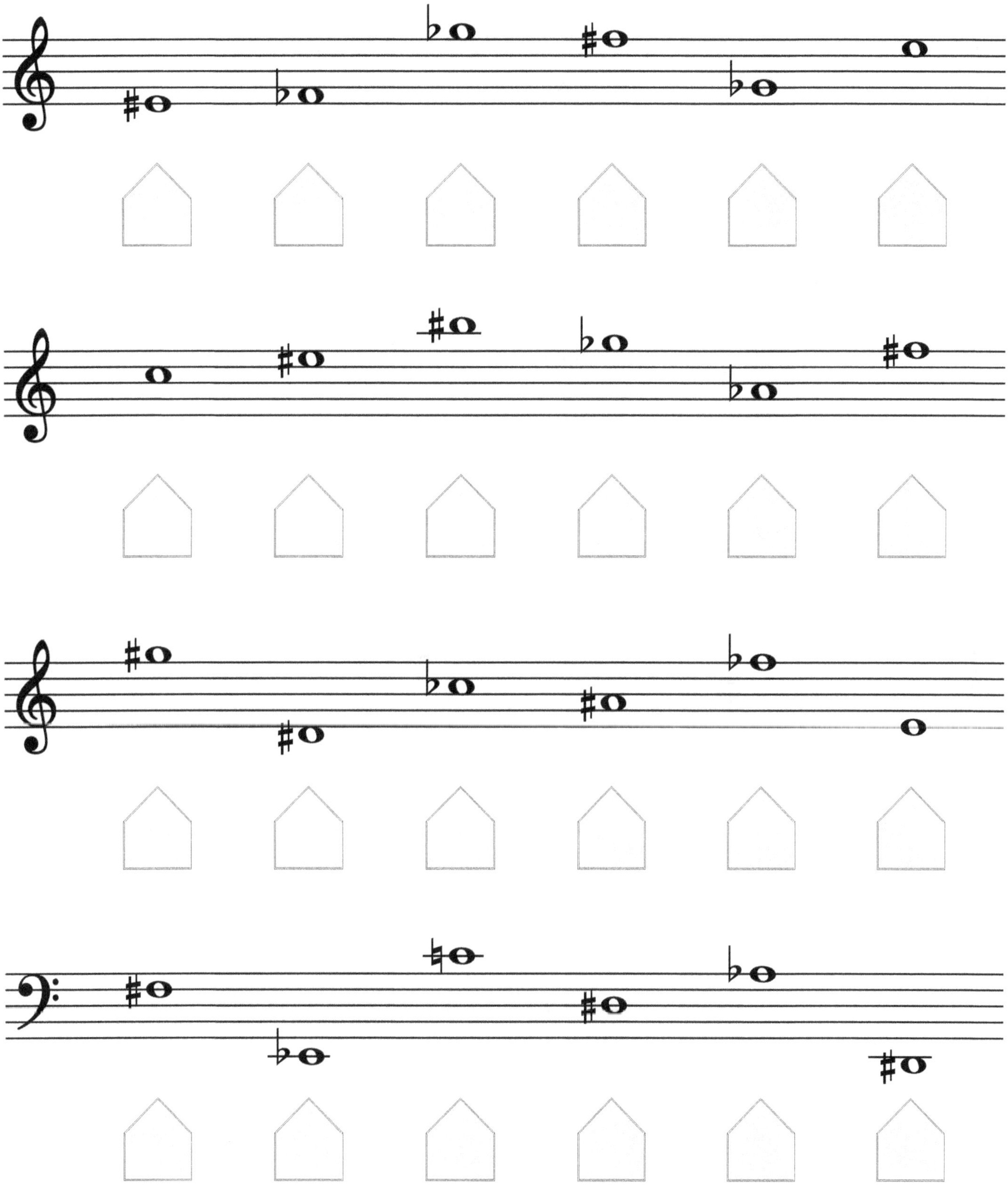

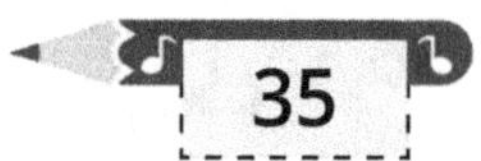



1. Schlüssel  2. Vorzeichen  3. Name

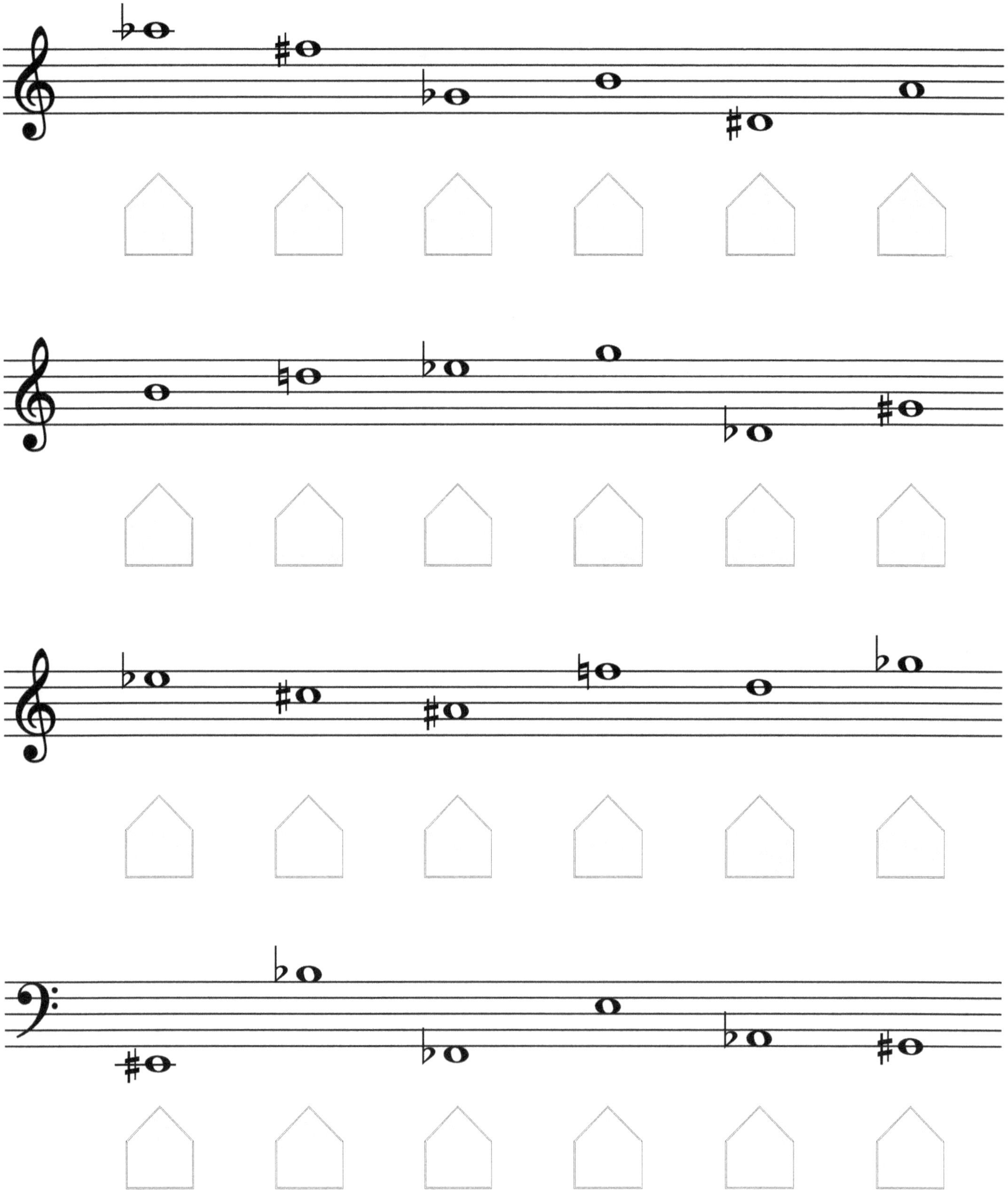

1. Schlüssel

2. Vorzeichen

3. Name

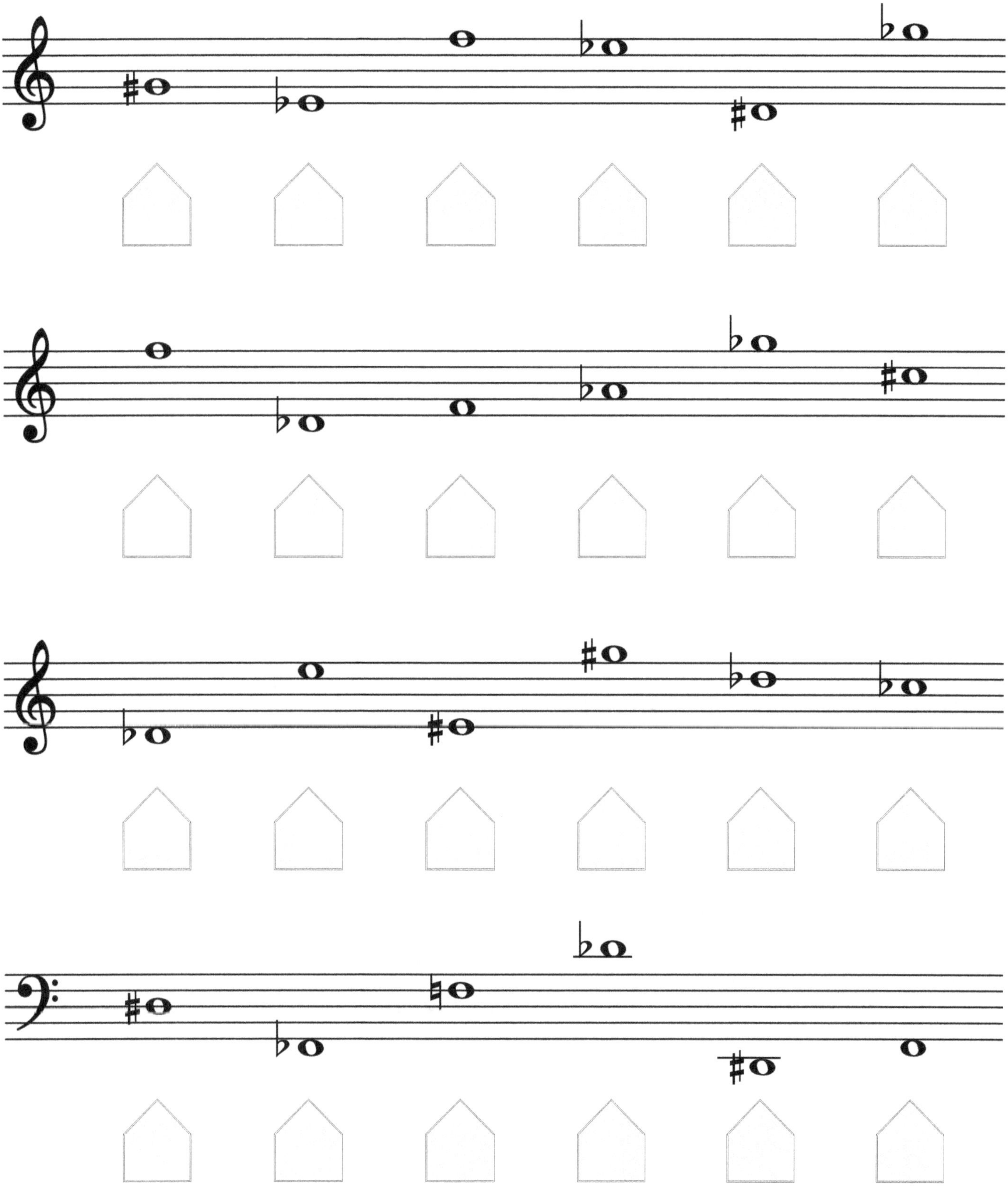

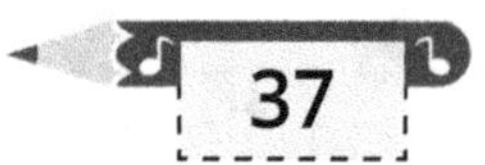


1. Schlüssel    2. Vorzeichen    3. Name

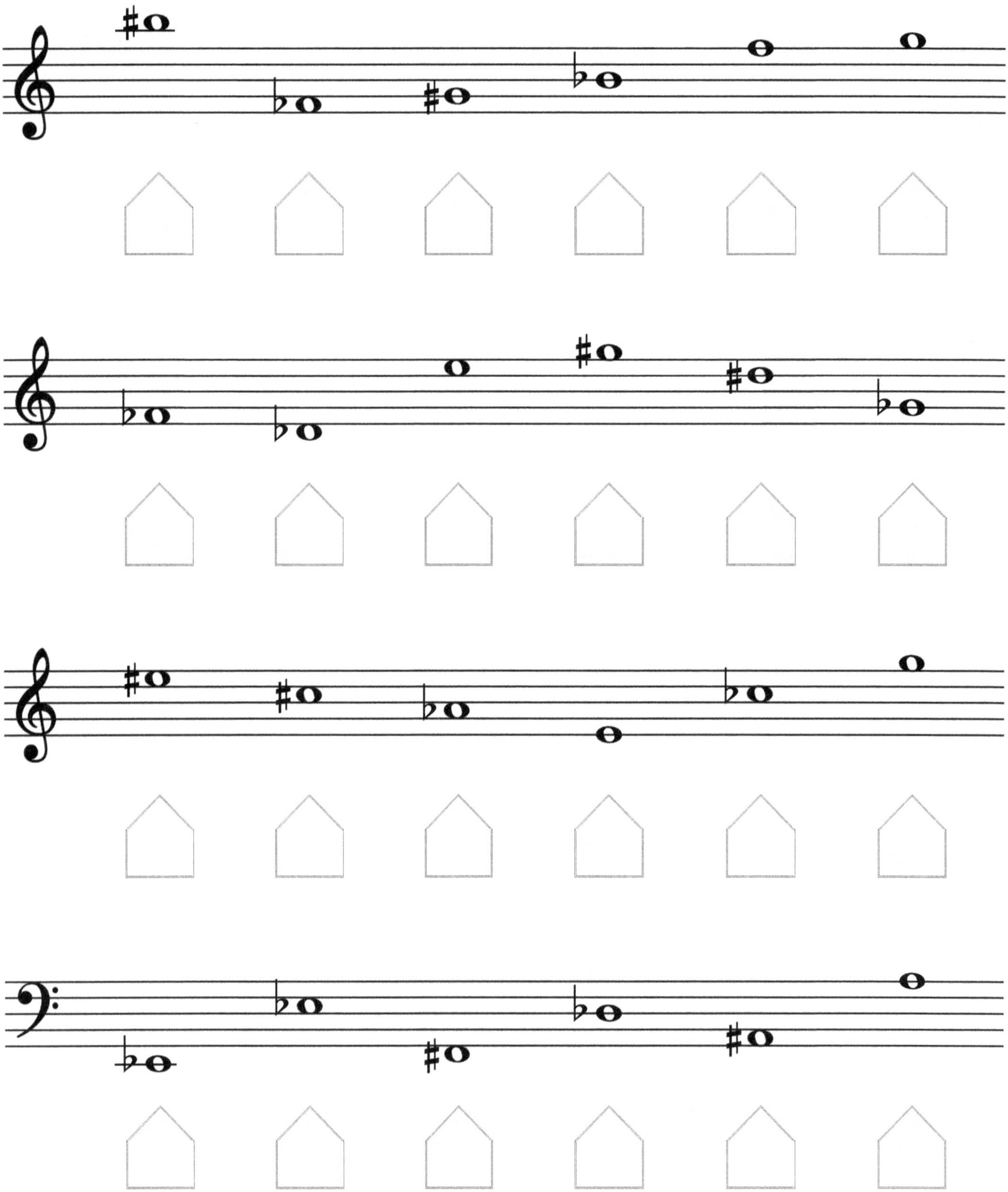

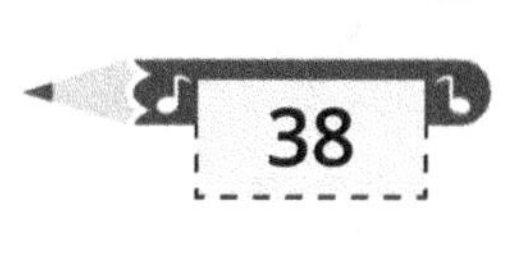

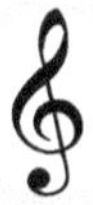

1. Schlüssel 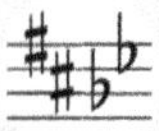    2. Vorzeichen 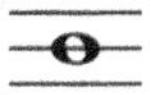    3. Name

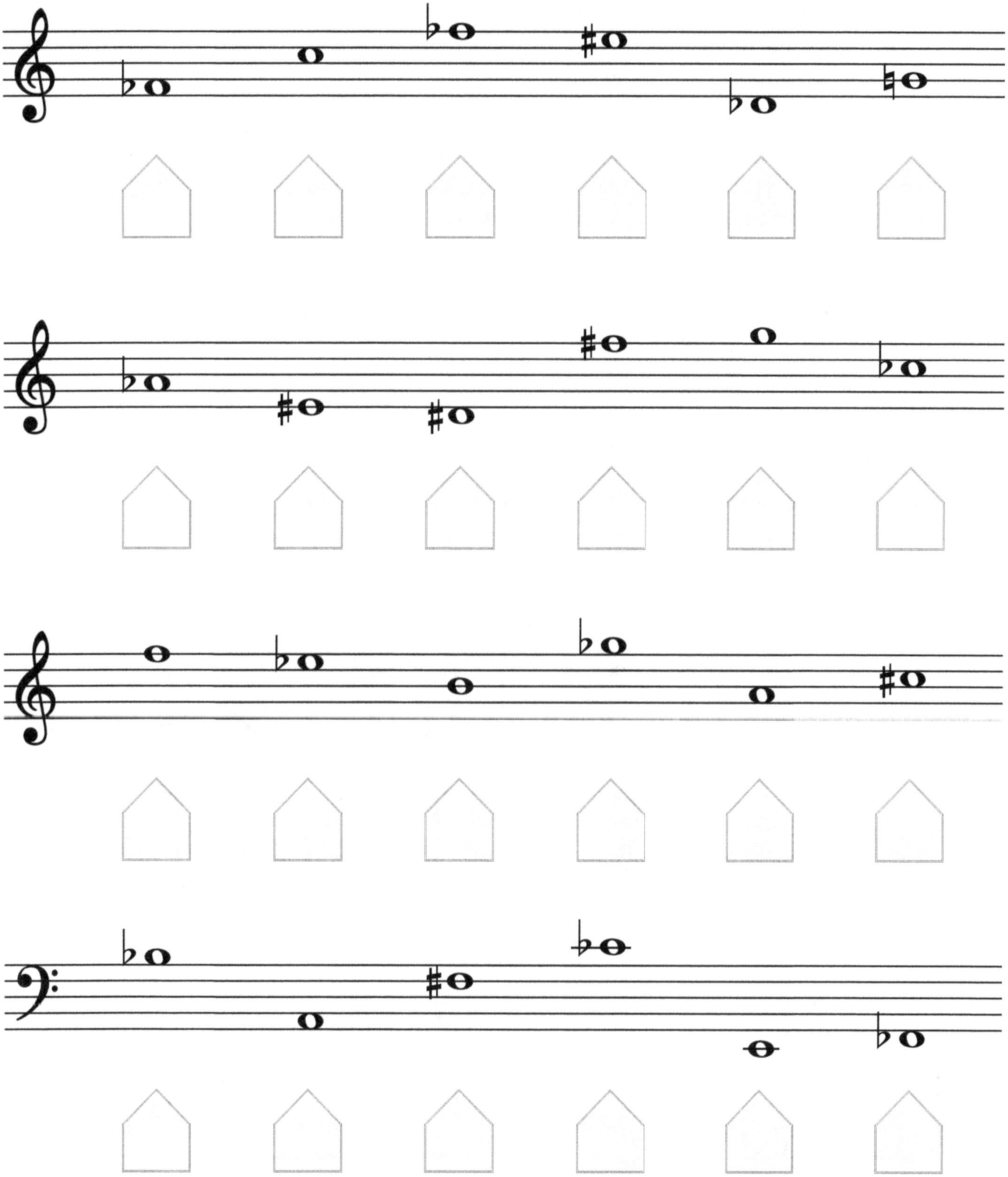

# Klaviatur Vorzeichen-Übungen

**Vier einfache Schritte zum Lösen der Aufgaben:**

1. **Schlüssel:** Er zeigt Ihnen welche Note auf welcher Linie steht. Im Bassschlüssel ist '**A**' im untersten Zwischenraum. Im Violinschlüssel ist '**A**' einen Ganztonschritt darüber.

2. **Vorzeichen:** Welches Vorzeichen ist gegeben? Die Noten ändern sich dementsprechend und werden zu den Noten in der Tabelle (siehe unten). Diese zeigt die Relation der Noten zu einander.

3. **Name:** Auf welcher Linie oder Zwischenraum steht die Note? Wie ist der Name dieser Note?

4. **Klaviatur:** Welche Taste entspricht der Note auf der Klaviatur. Der Abschnitt zeigt entweder 2 oder 3 schwarze Tasten, um die Navigation zu vereinfachen. Markiere die Note auf der Tastatur.

**Die Abbildungen dienen als Lernhilfe für die Übungen:**

| Natürliche Noten | Kreuz-Noten # | b-Noten ♭ |
|---|---|---|
| C | Cis | Ces |
| D | Dis | Des |
| E | Eis | Es |
| F | Fis | Fes |
| G | Gis | Ges |
| A | Ais | As |
| H | His | B |

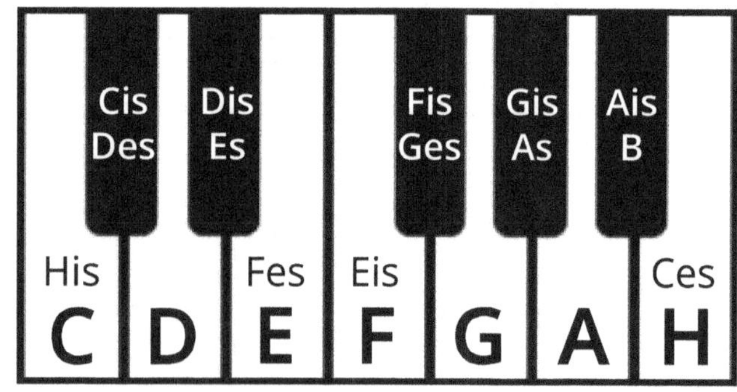


# Beispiel:

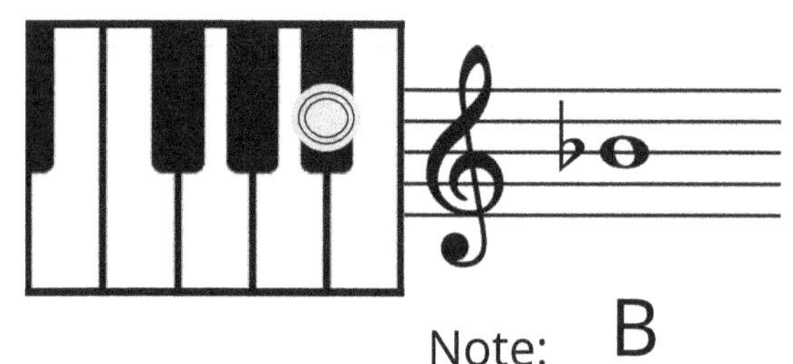

Note: __B__

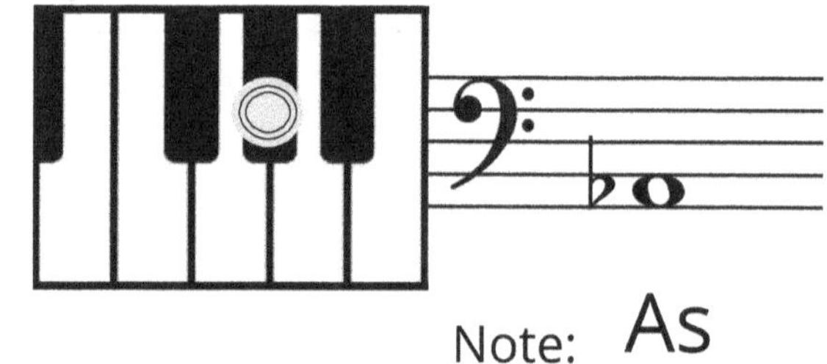

Note: __As__

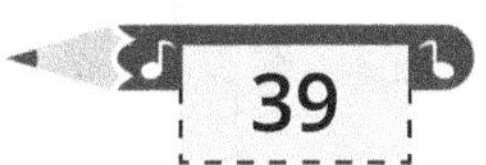

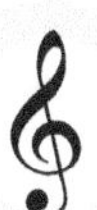 1. Schlüssel  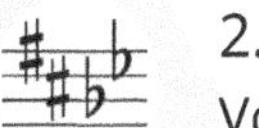 2. Vorzeichen  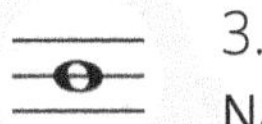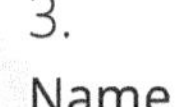 3. Name  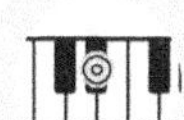 4. Klaviatur

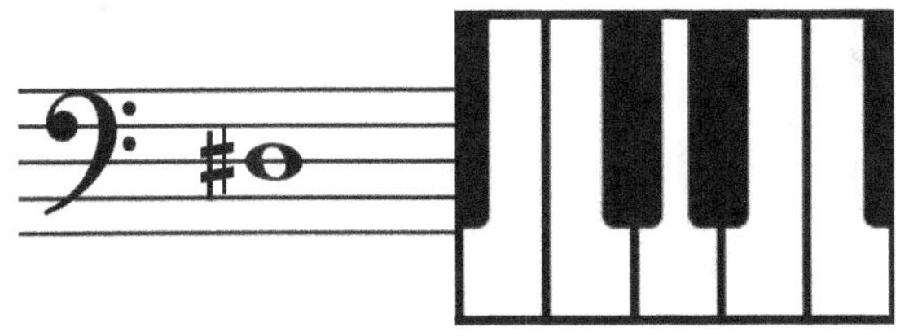

Note: ______

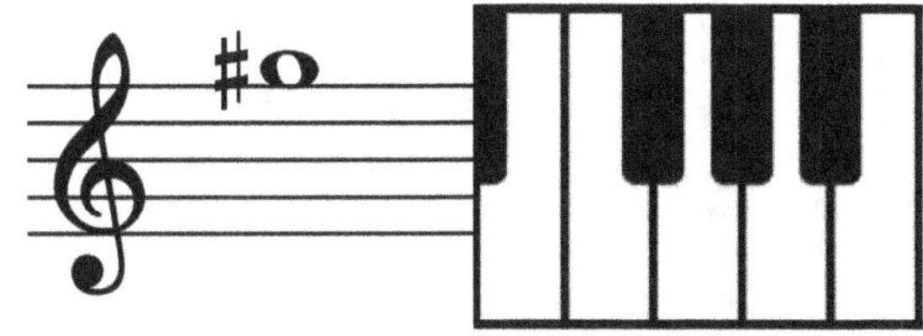

Note: ______

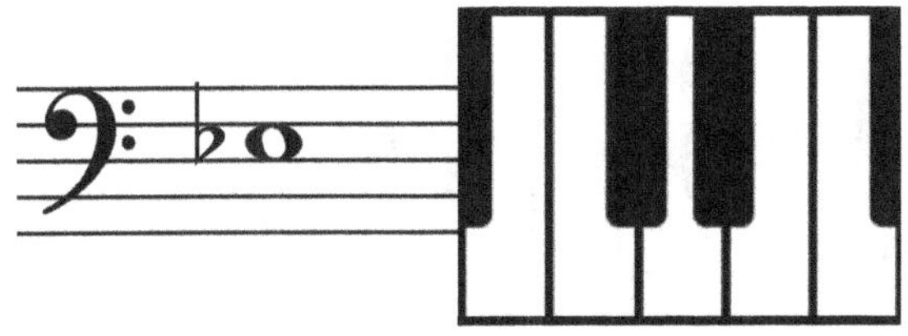

Note: ______

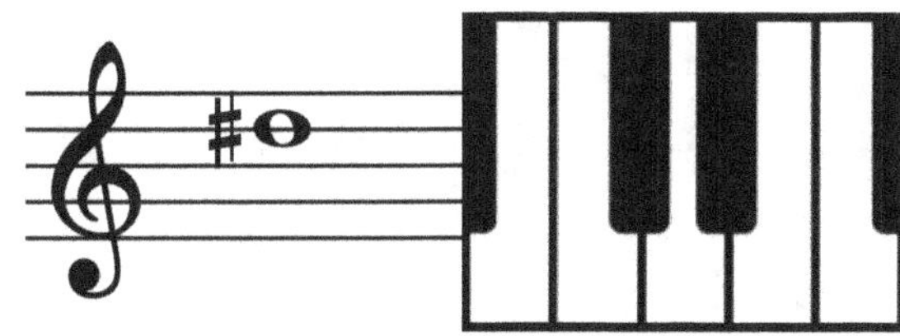

Note: ______

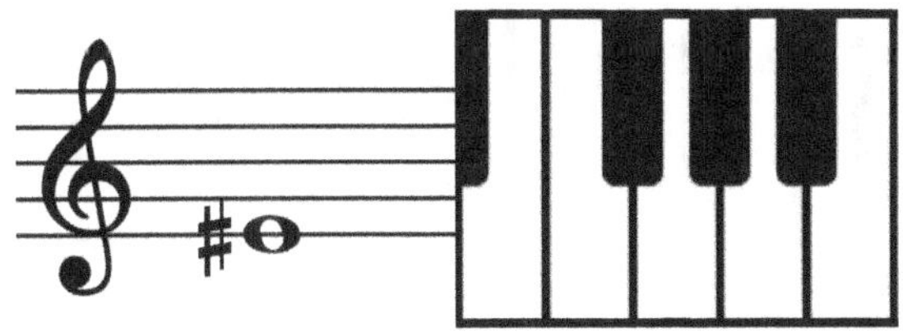

Note: ______

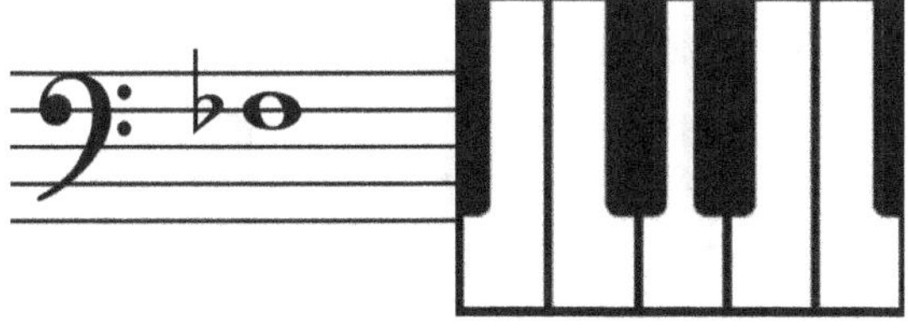

Note: ______

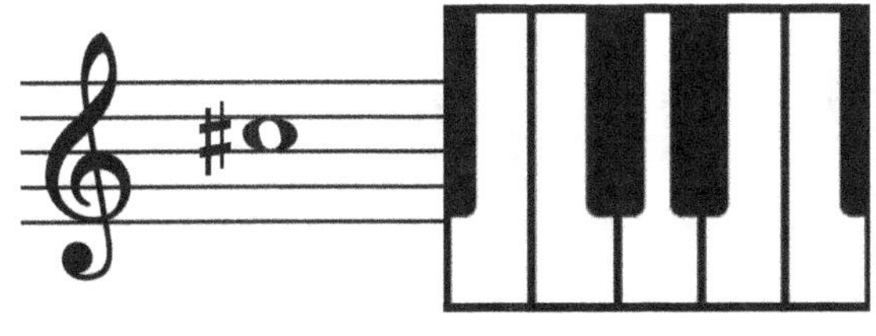

Note: ______

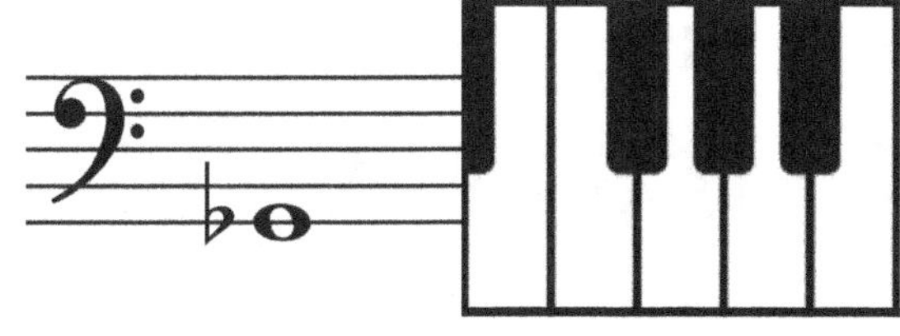

Note: ______

1. Schlüssel 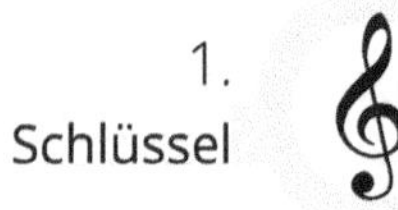  2. Vorzeichen 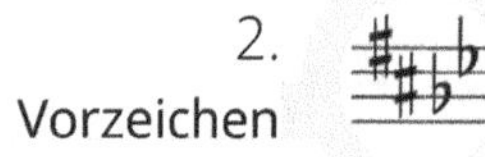  3. Name 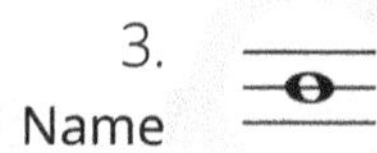  4. Klaviatur 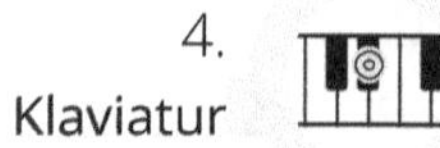

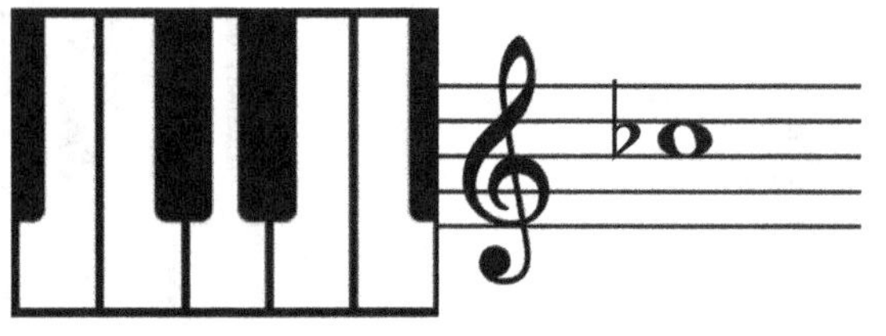

Note: _______

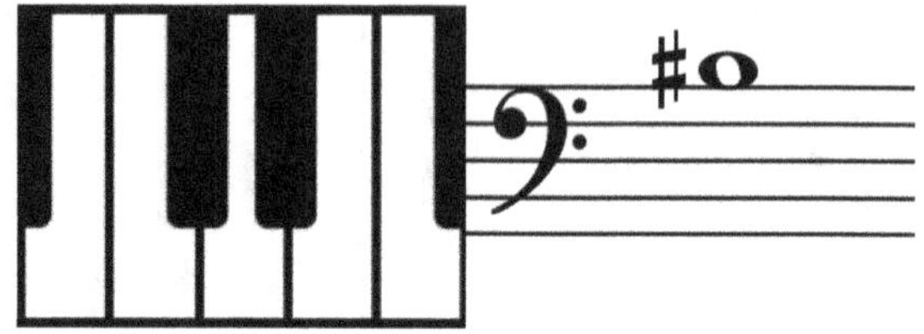

Note: _______

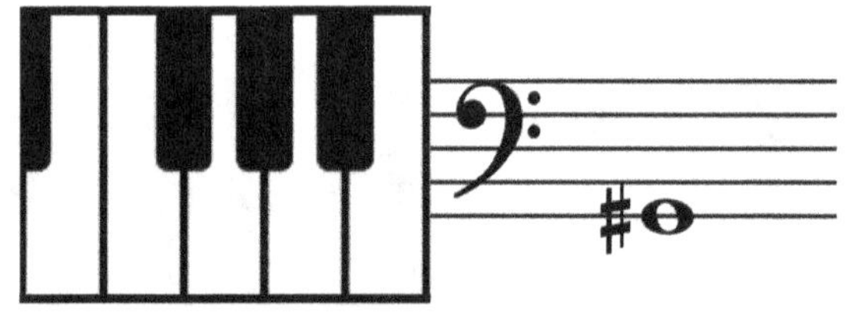

Note: _______

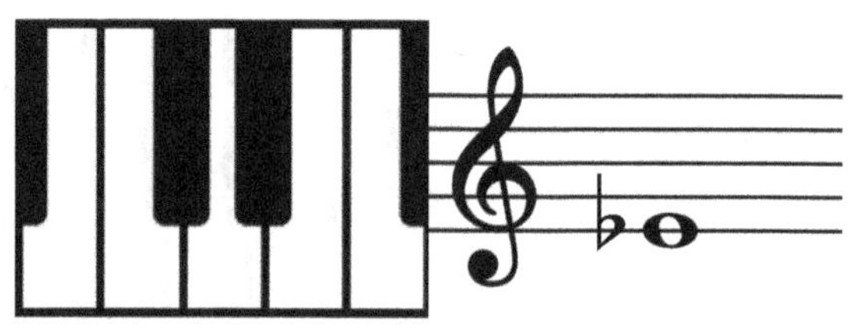

Note: _______

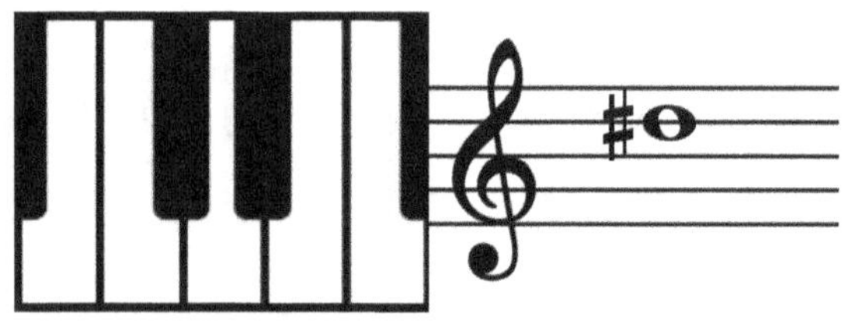

Note: _______

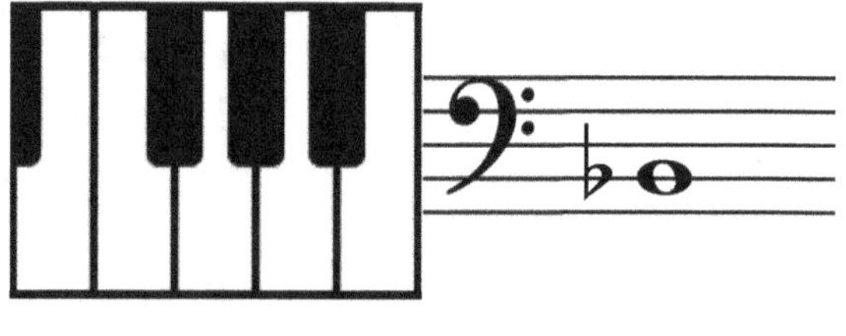

Note: _______

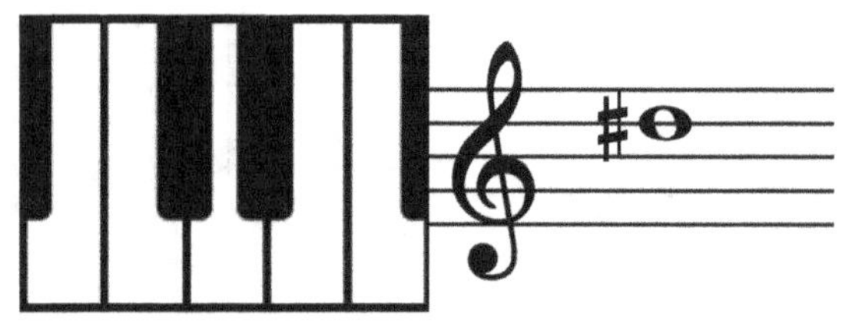

Note: _______

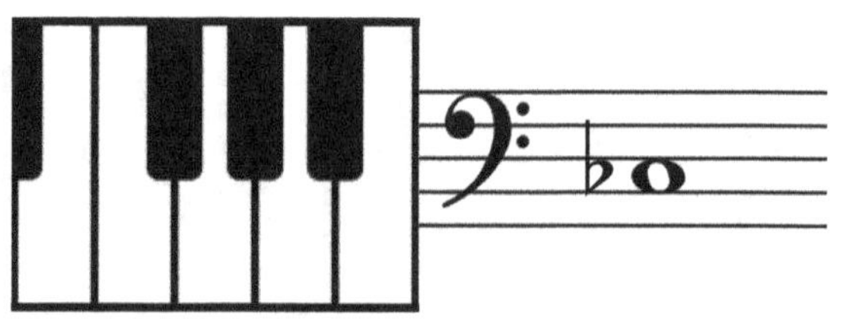

Note: _______

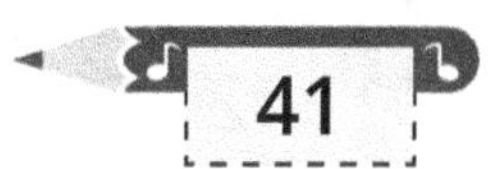

| 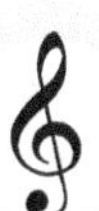 1.<br>Schlüssel | 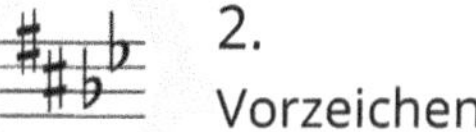 2.<br>Vorzeichen | 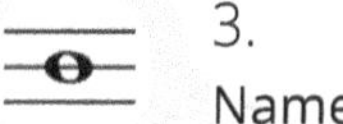 3.<br>Name | 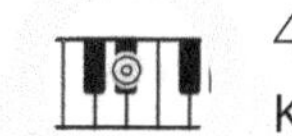 4.<br>Klaviatur |
| --- | --- | --- | --- |

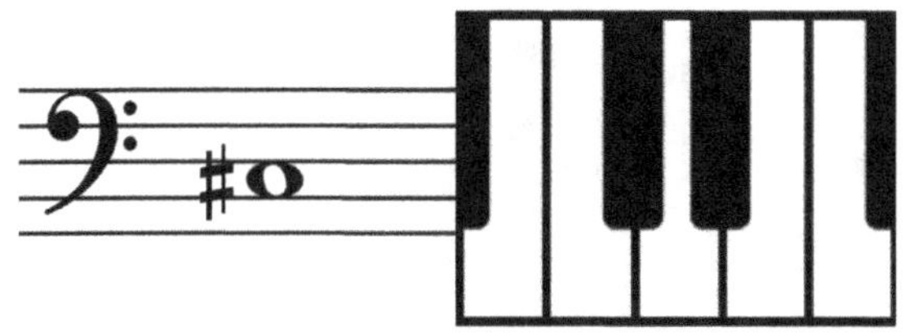

Note: _______

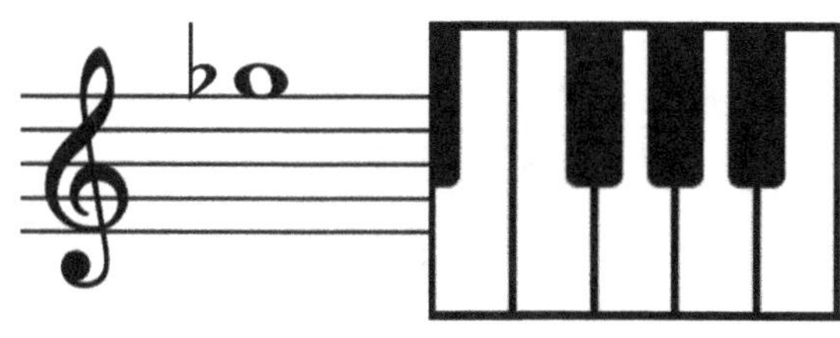

Note: _______

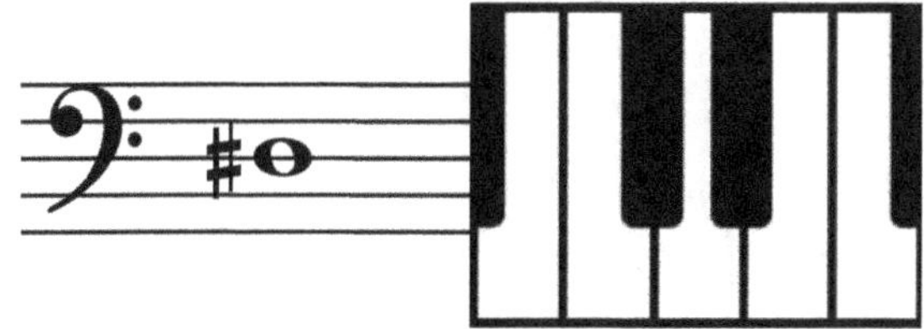

Note: _______

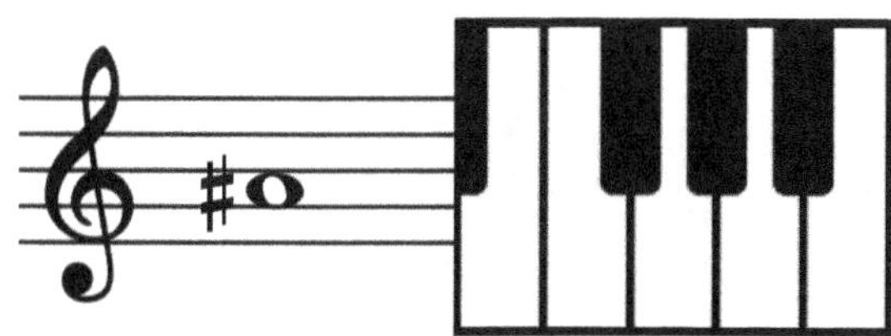

Note: _______

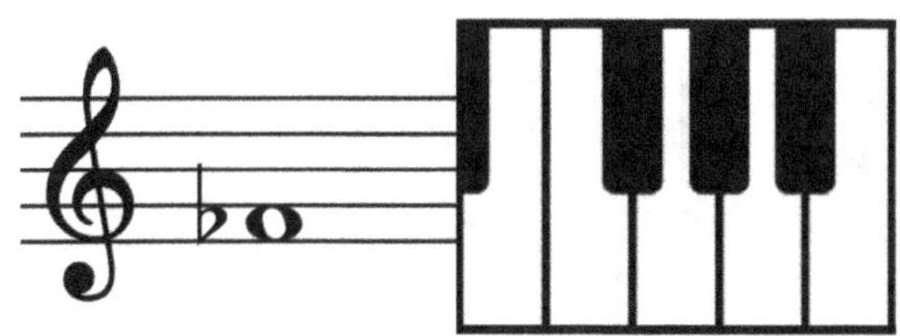

Note: _______

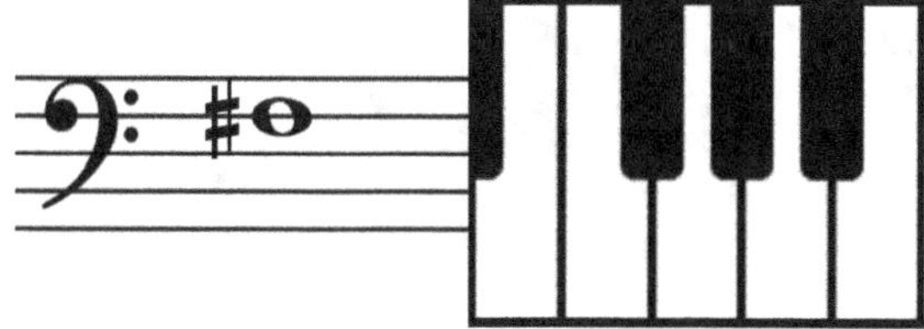

Note: _______

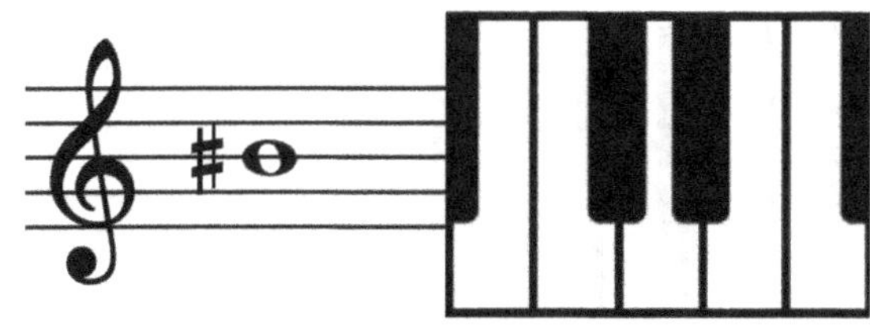

Note: _______

Note: _______

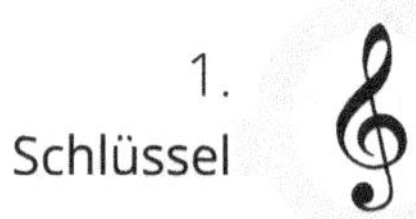 1. Schlüssel 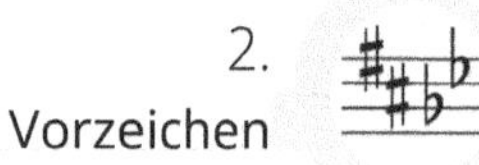 2. Vorzeichen 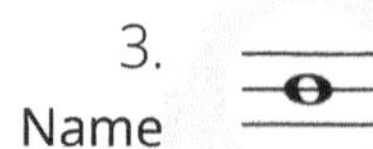 3. Name 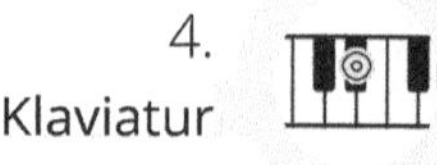 4. Klaviatur

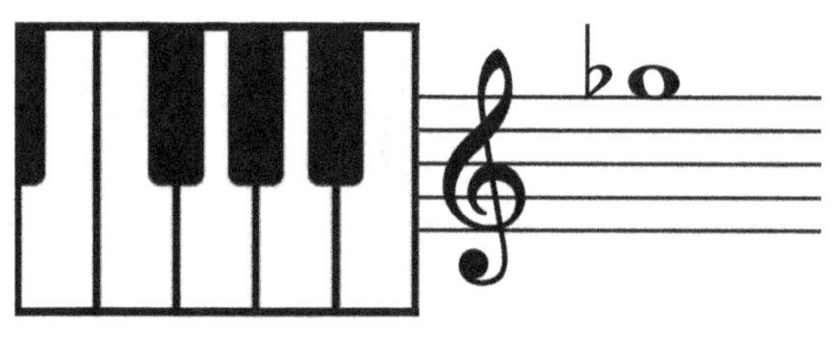

Note: _____

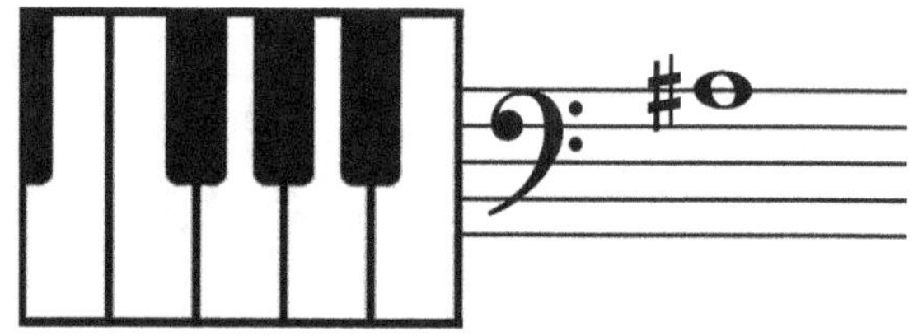

Note: _____

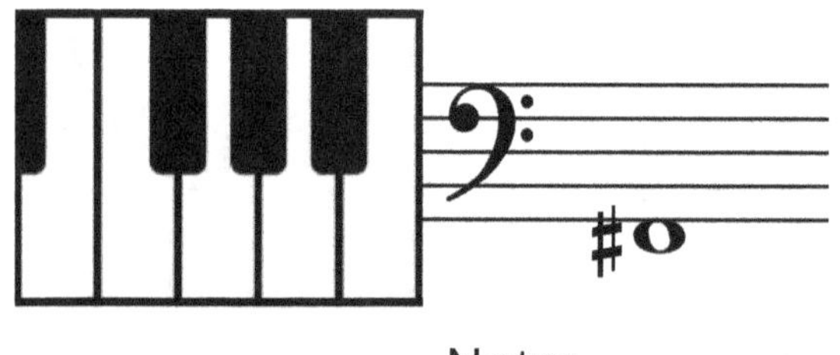

Note: _____

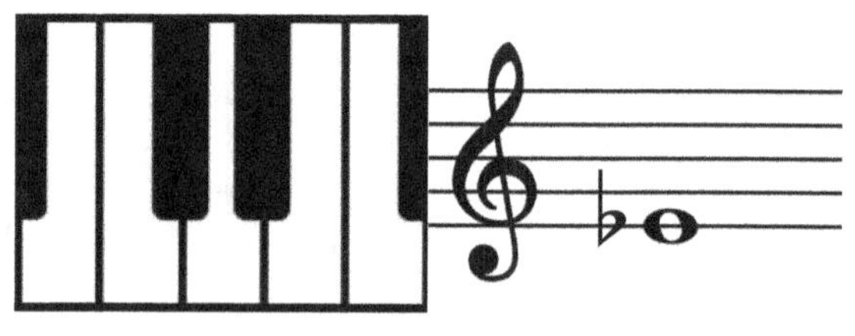

Note: _____

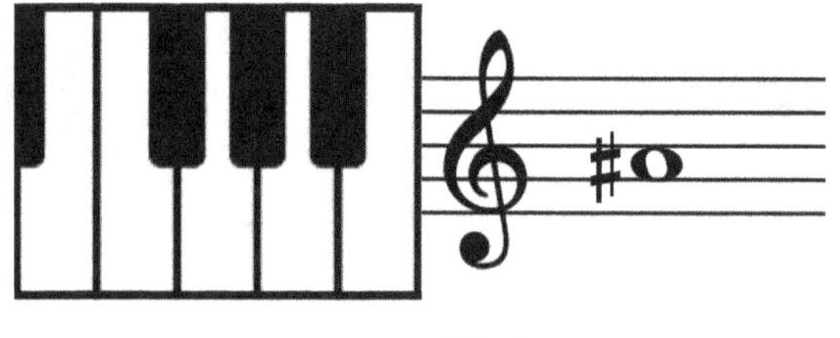

Note: _____

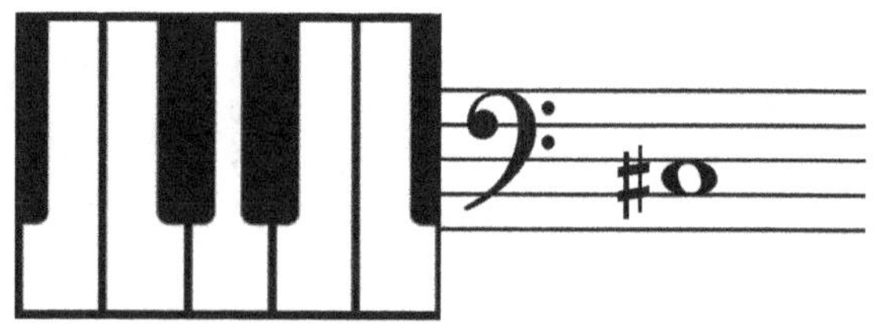

Note: _____

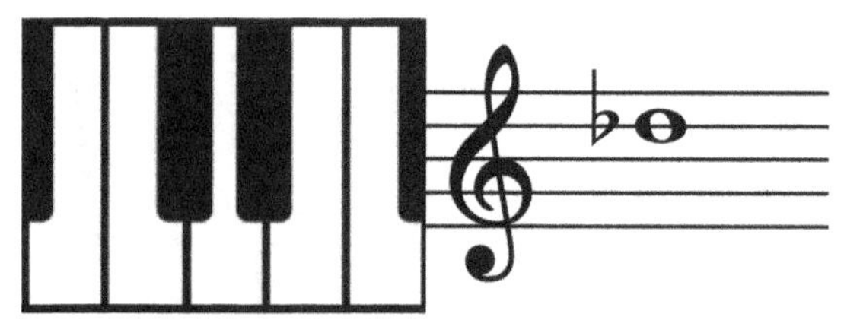

Note: _____

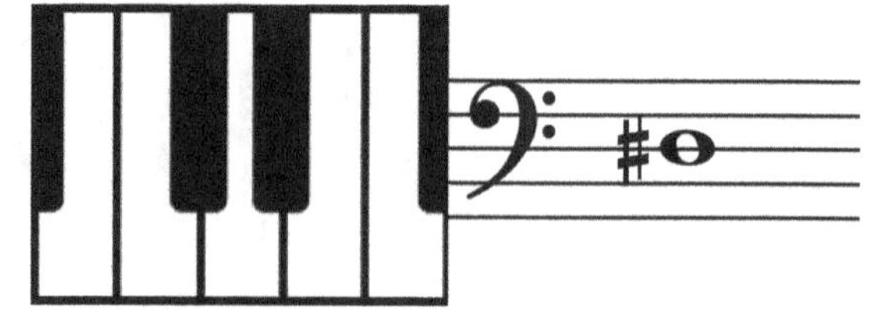

Note: _____

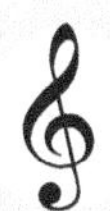 1. Schlüssel   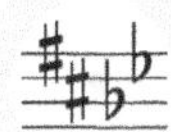 2. Vorzeichen   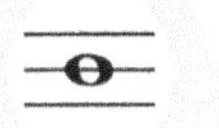 3. Name   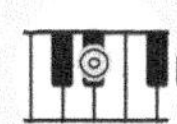 4. Klaviatur

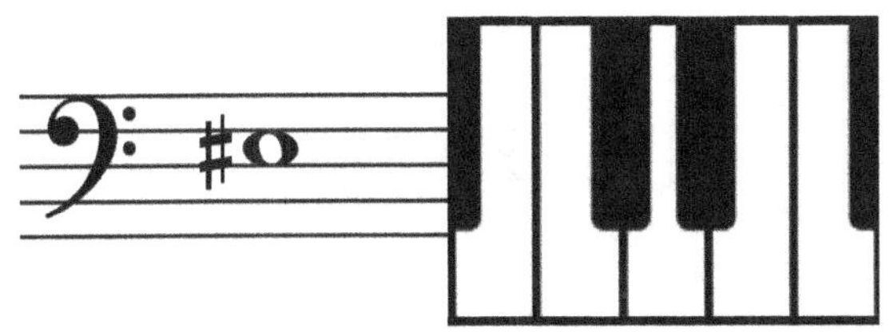

Note: _______

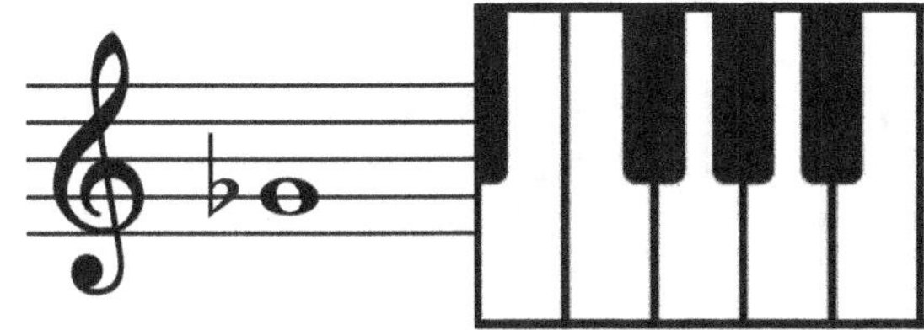

Note: _______

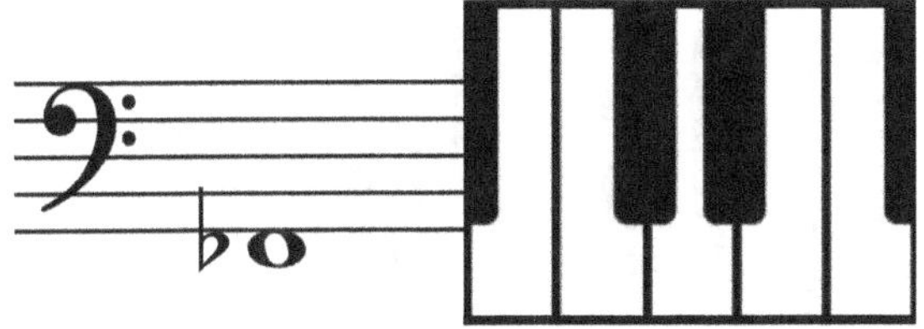

Note: _______

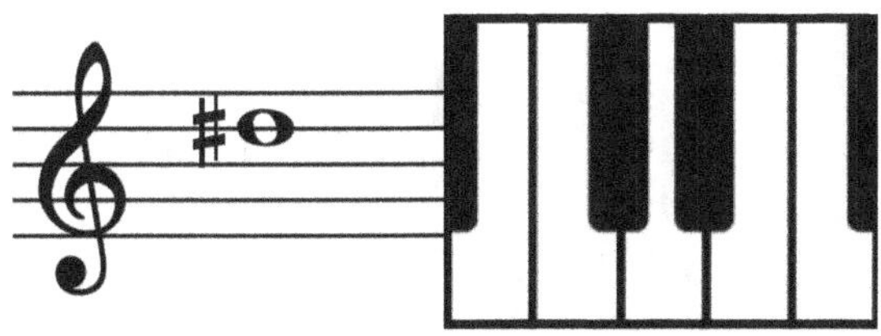

Note: _______

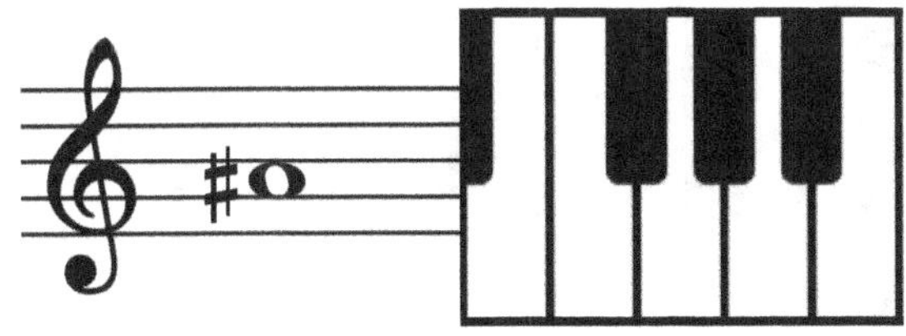

Note: _______

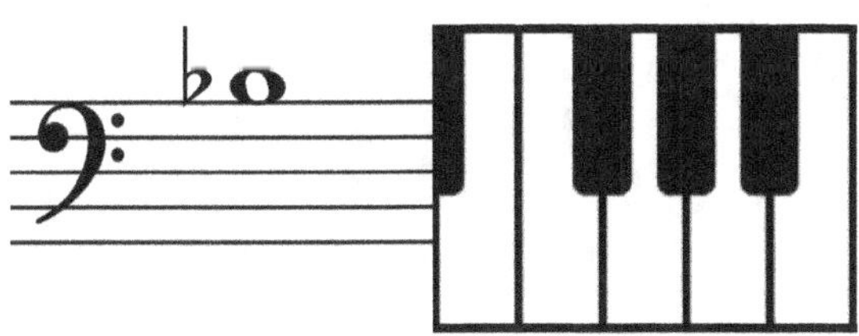

Note: _______

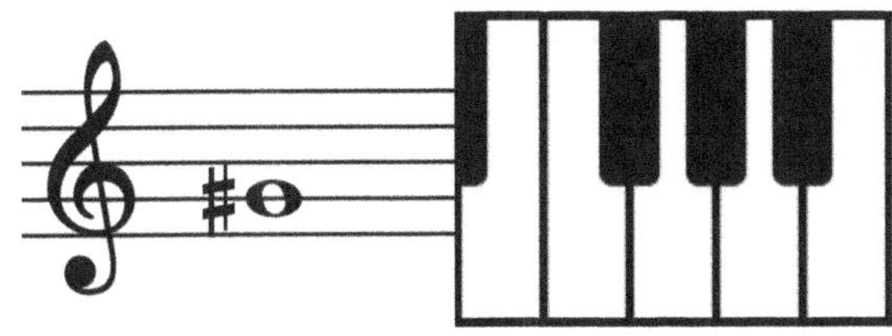

Note: _______

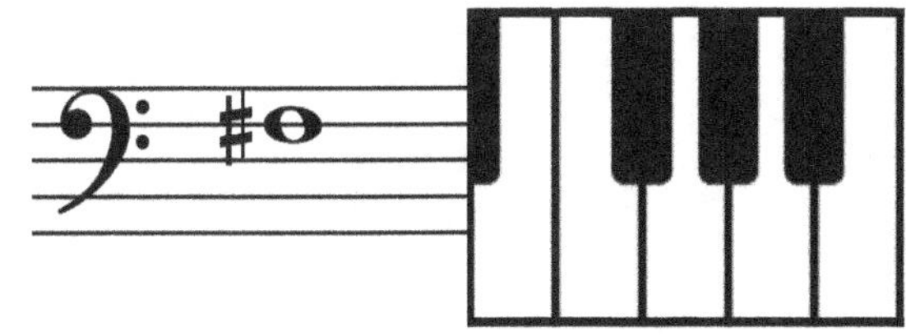

Note: _______

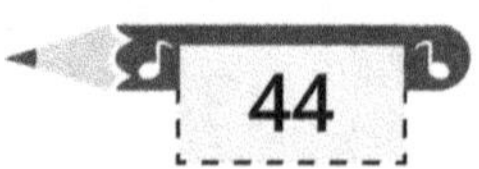

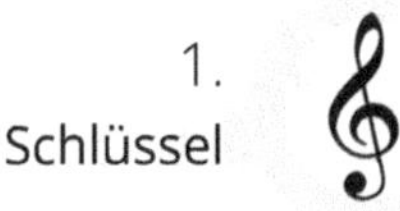 1.
Schlüssel

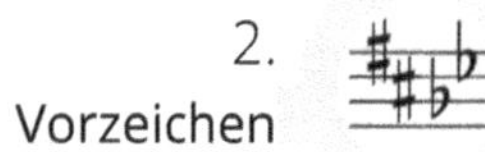 2.
Vorzeichen

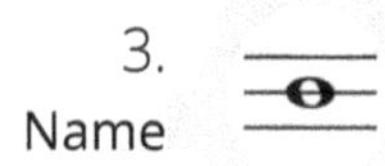 3.
Name

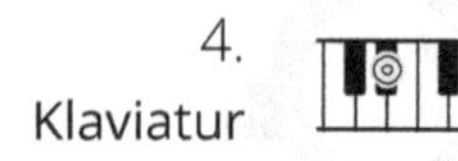 4.
Klaviatur

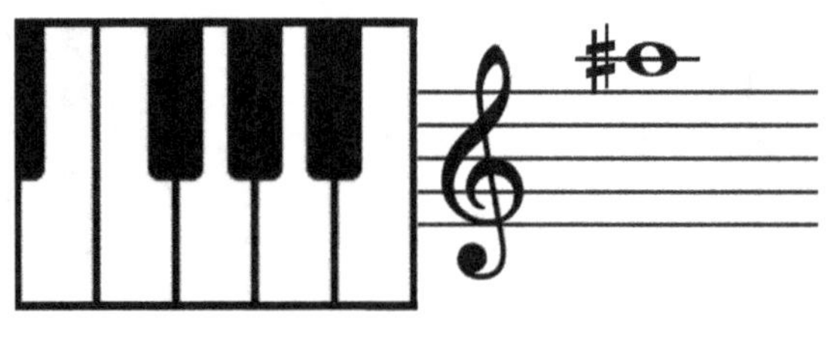

Note: _______

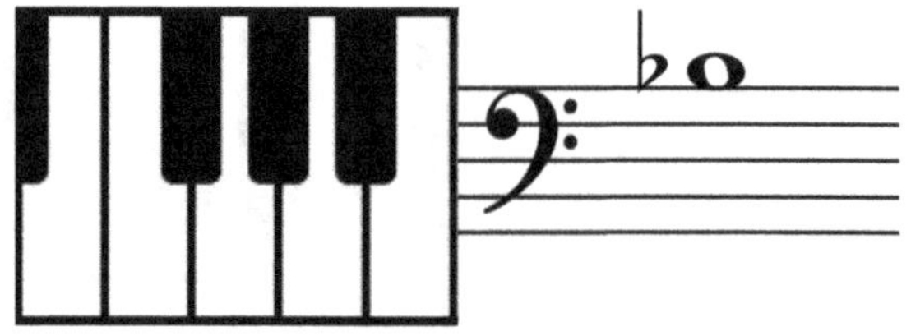

Note: _______

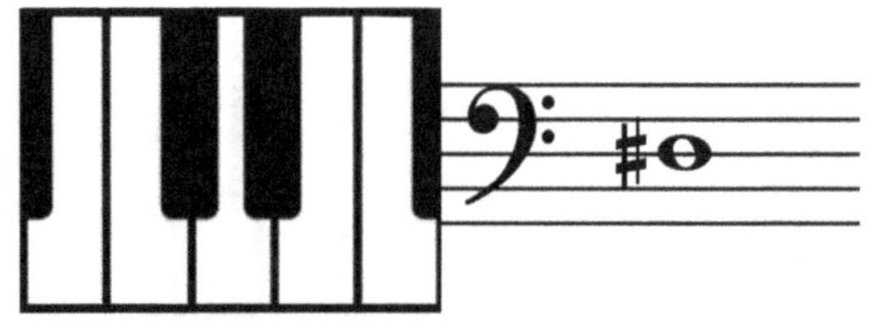

Note: _______

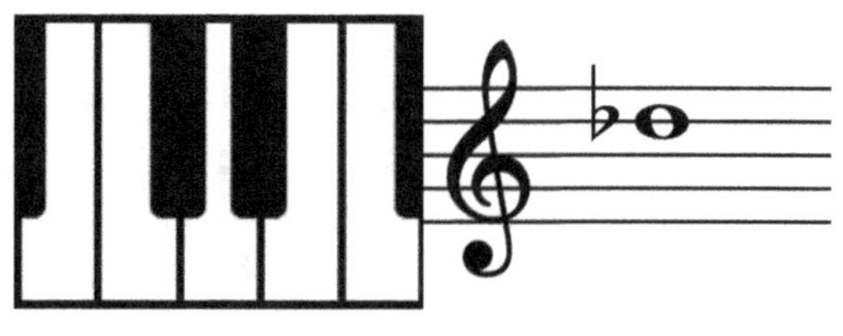

Note: _______

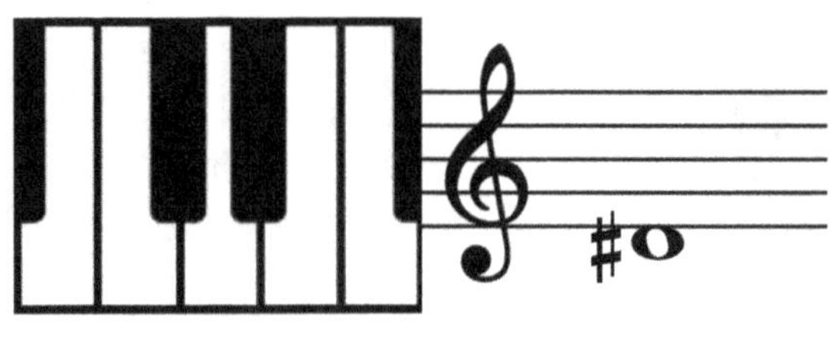

Note: _______

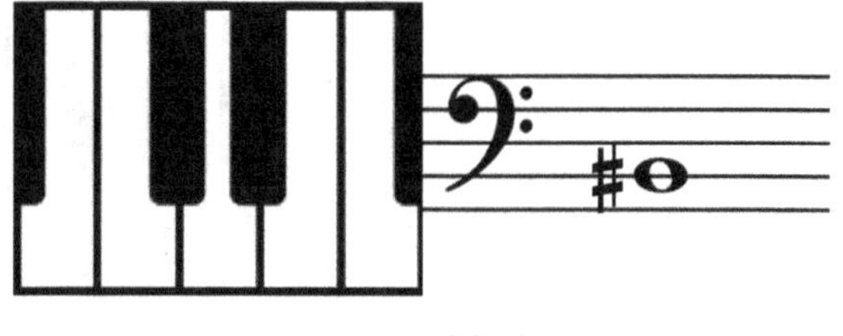

Note: _______

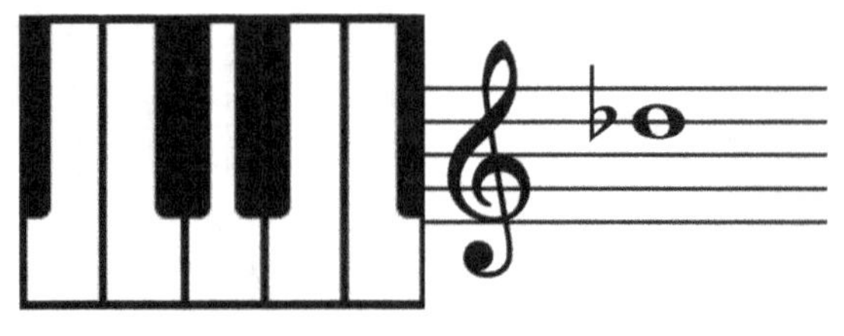

Note: _______

Note: _______

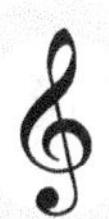 1.
Schlüssel

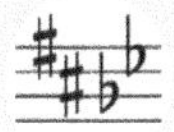 2.
Vorzeichen

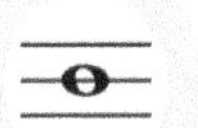 3.
Name

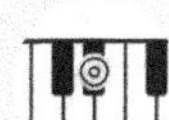 4.
Klaviatur

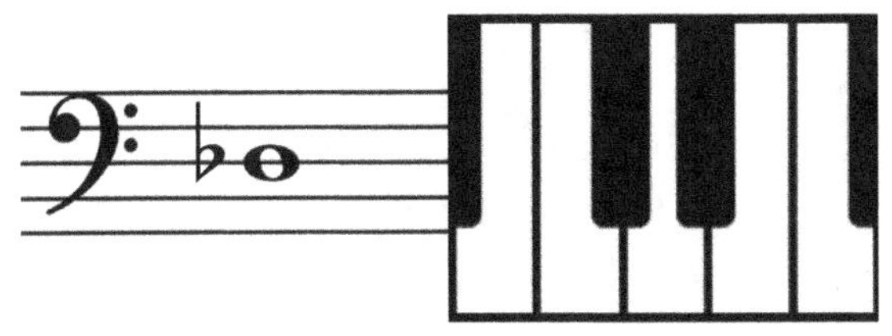

Note: _______

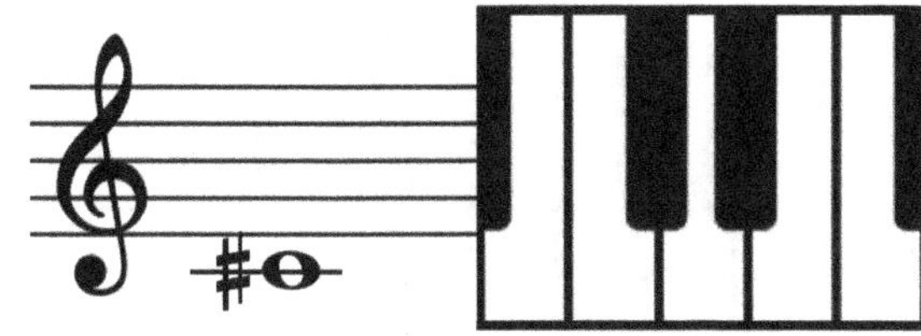

Note: _______

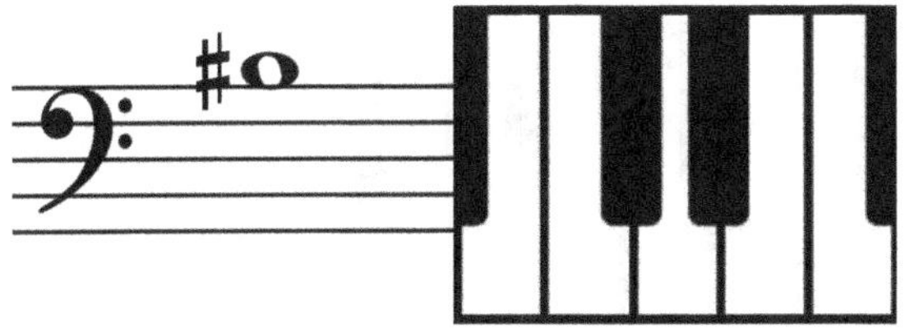

Note: _______

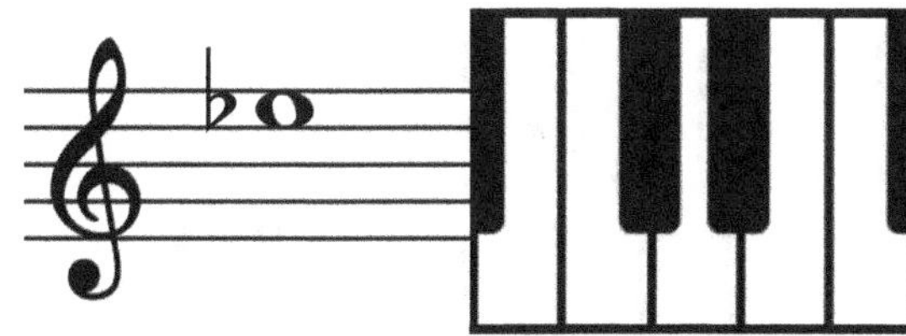

Note: _______

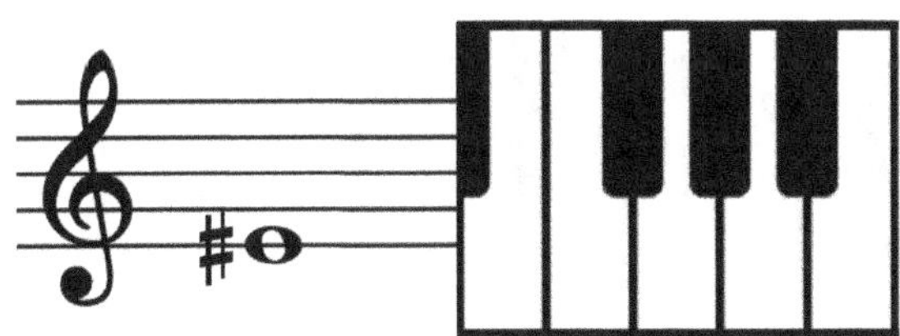

Note: _______

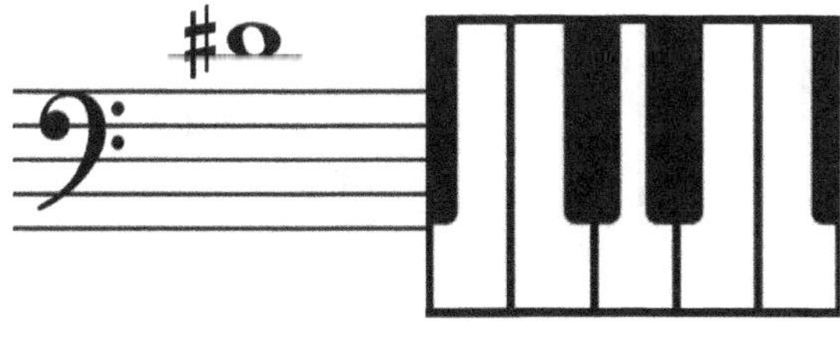

Note: _______

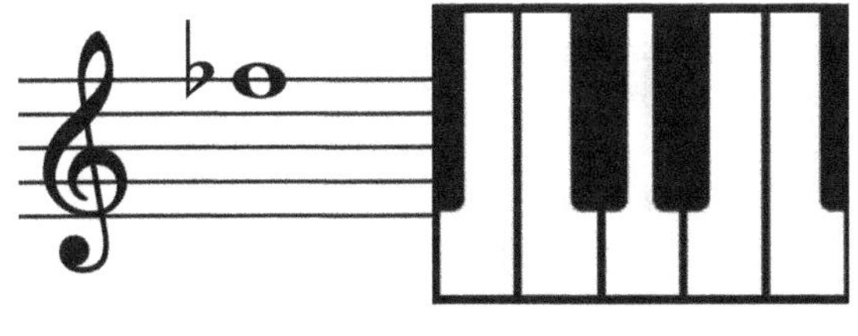

Note: _______

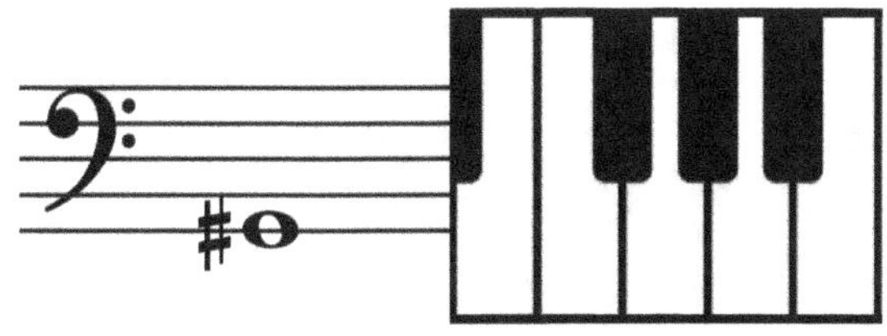

Note: _______

1. Schlüssel    2. Vorzeichen    3. Name    4. Klaviatur

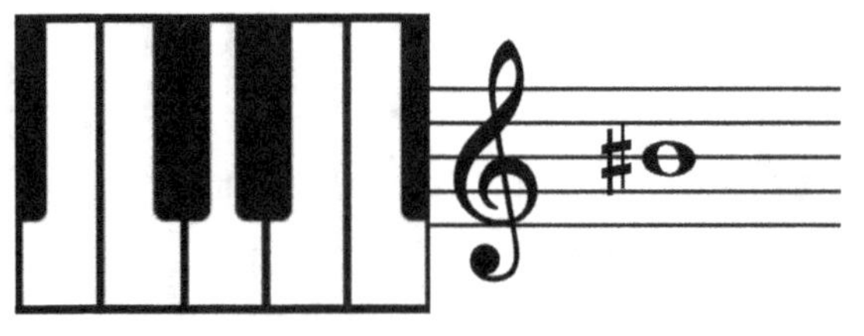

Note: _______

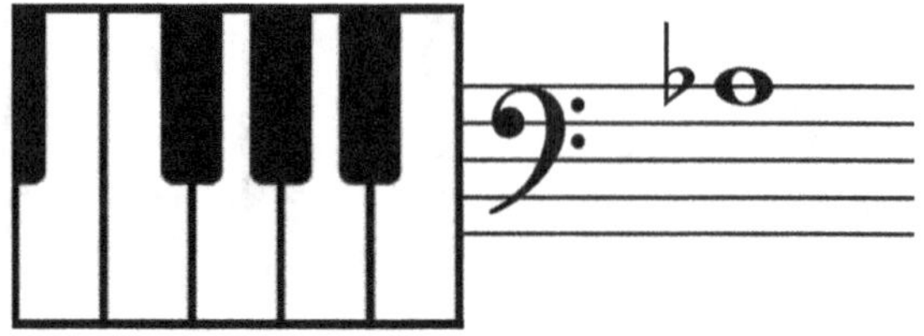

Note: _______

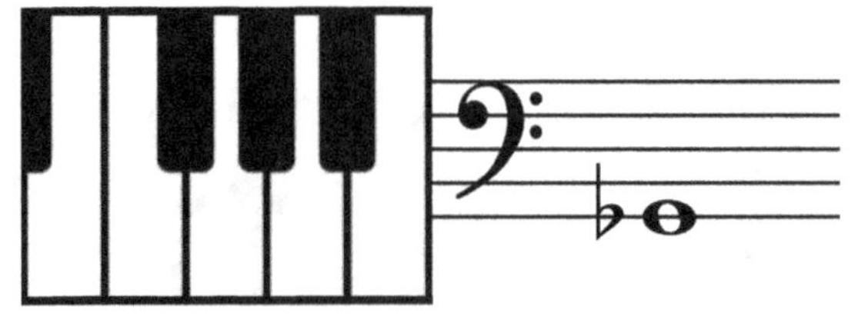

Note: _______

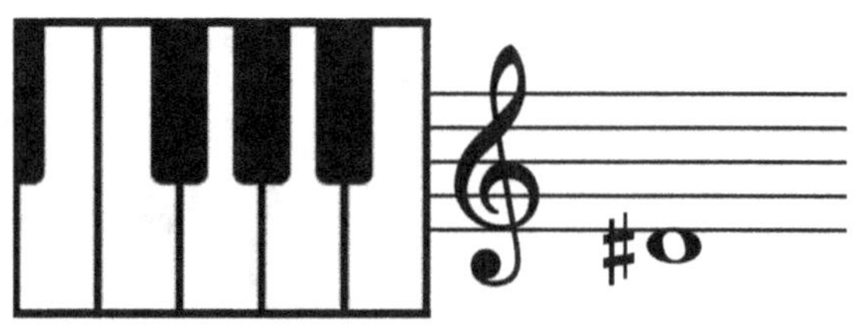

Note: _______

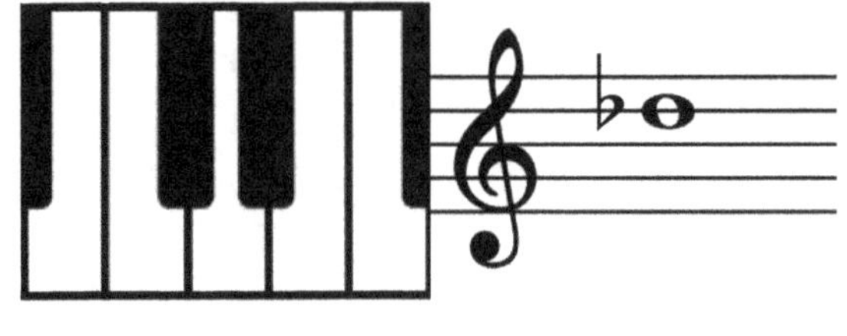

Note: _______

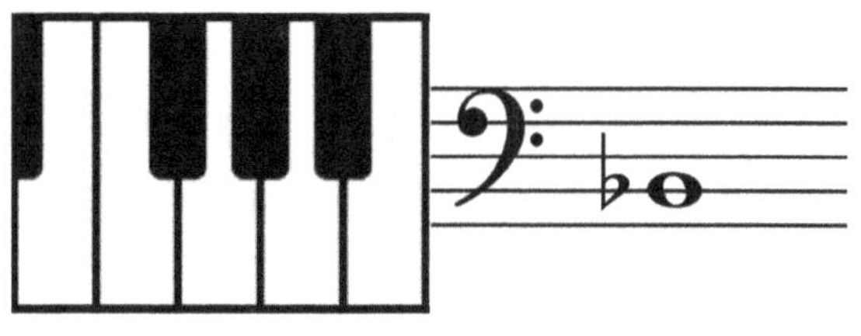

Note: _______

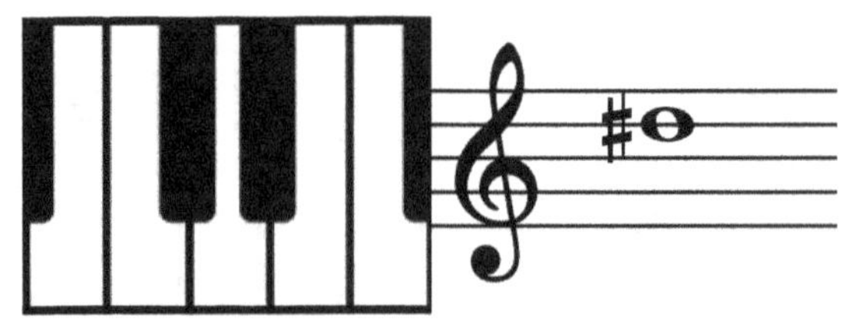

Note: _______

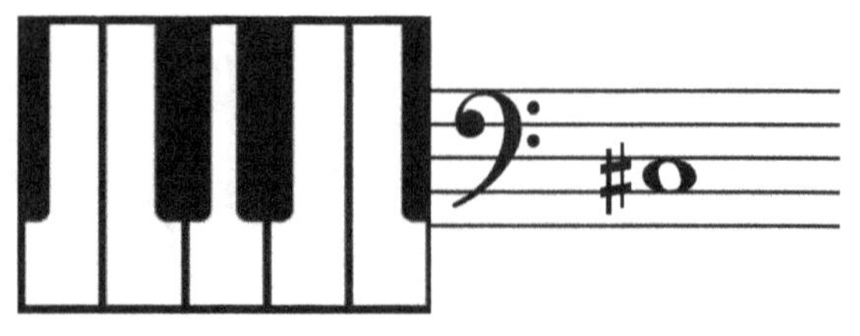

Note: _______

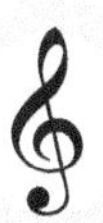 1. Schlüssel　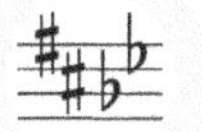 2. Vorzeichen　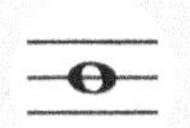 3. Name　 4. Klaviatur

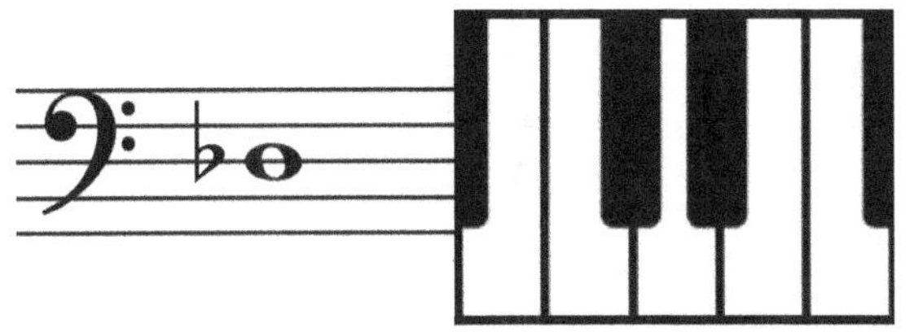

Note: _______

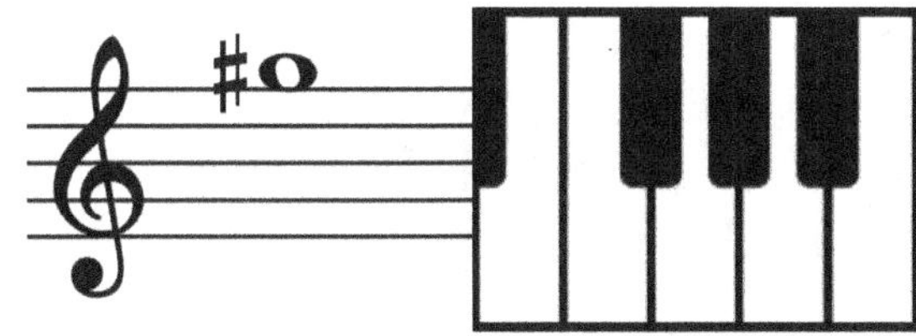

Note: _______

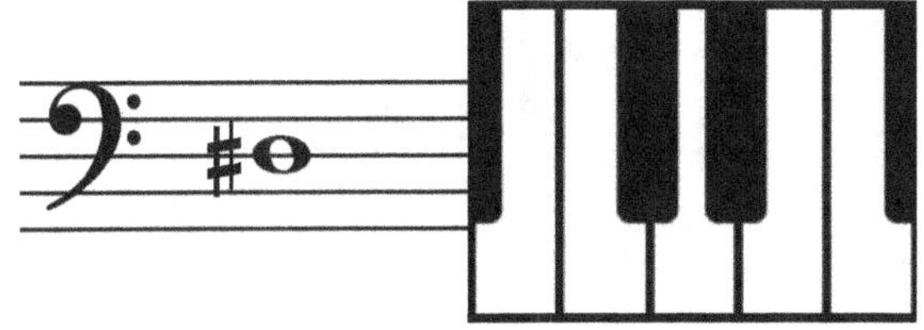

Note: _______

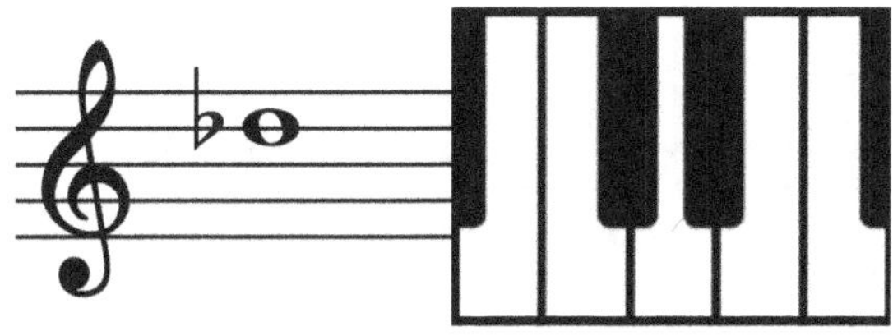

Note: _______

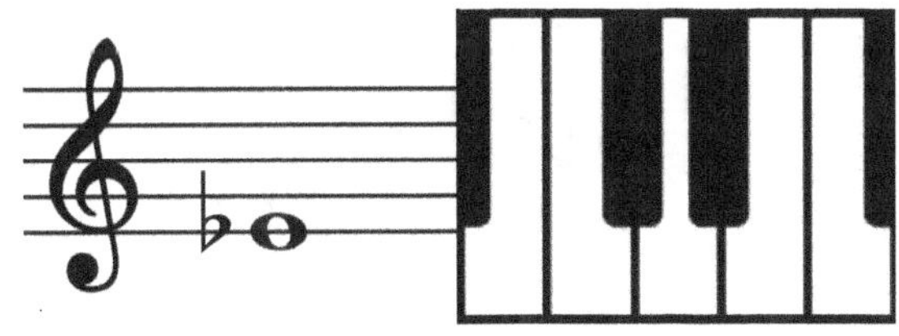

Note: _______

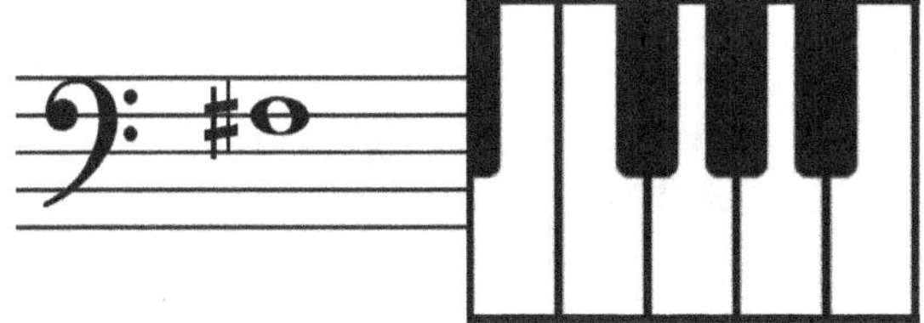

Note: _______

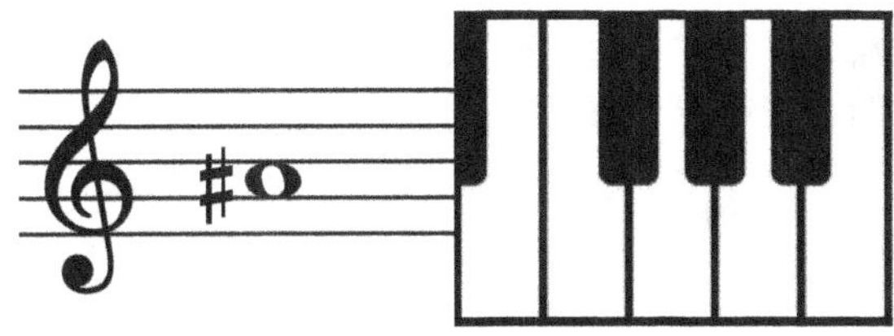

Note: _______

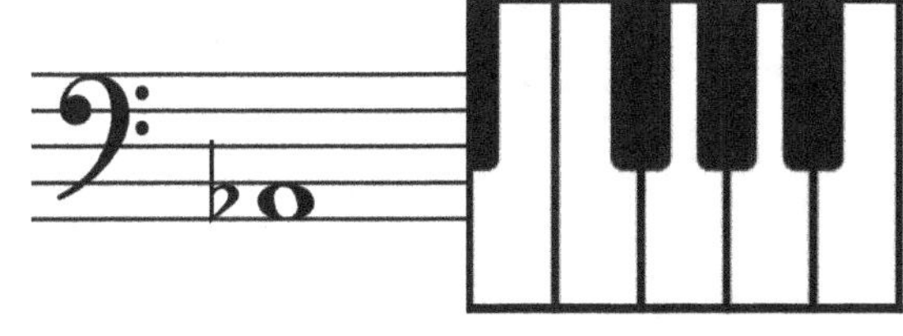

Note: _______

1. Schlüssel    2. Vorzeichen    3. Name    4. Klaviatur

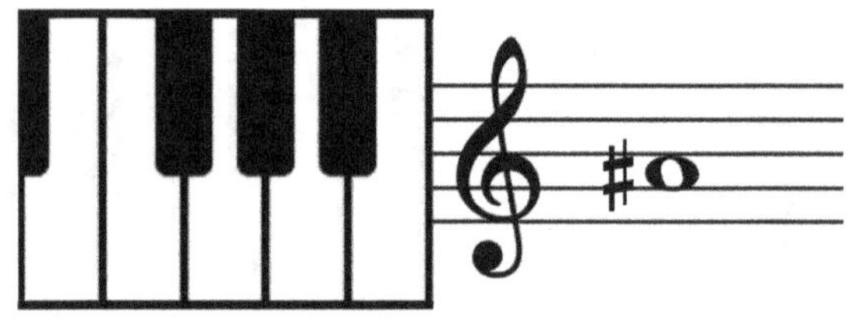

Note: _______

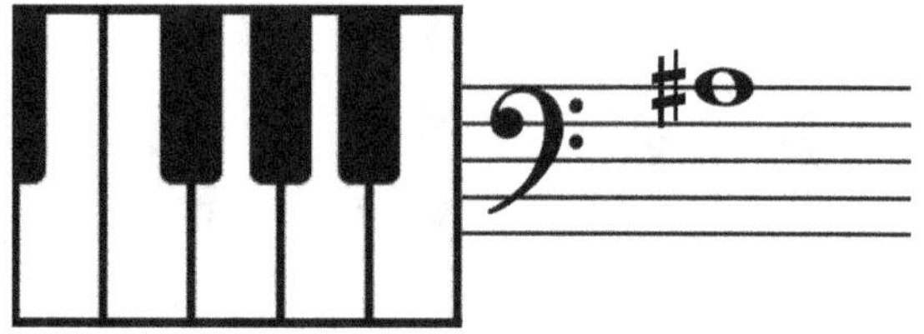

Note: _______

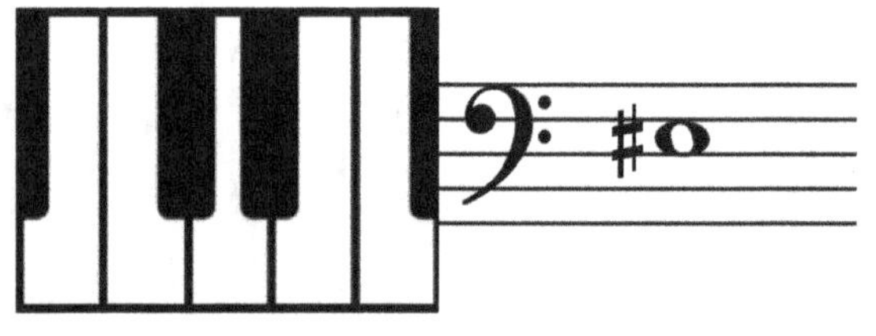

Note: _______

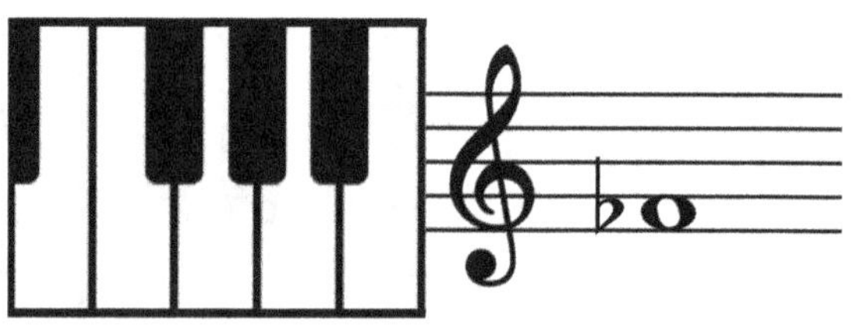

Note: _______

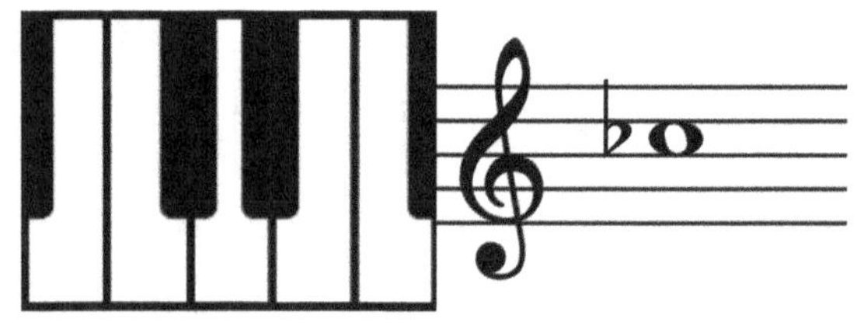

Note: _______

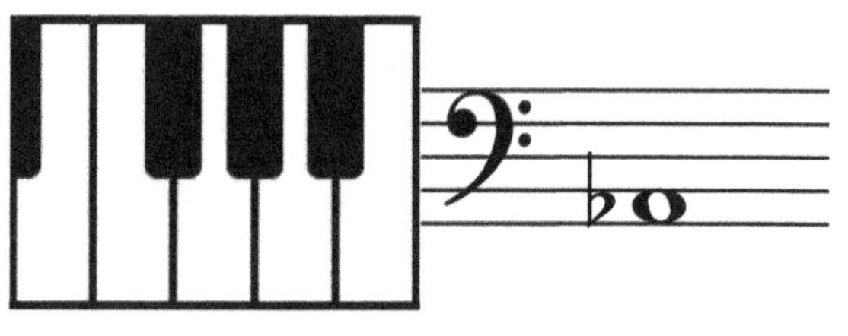

Note: _______

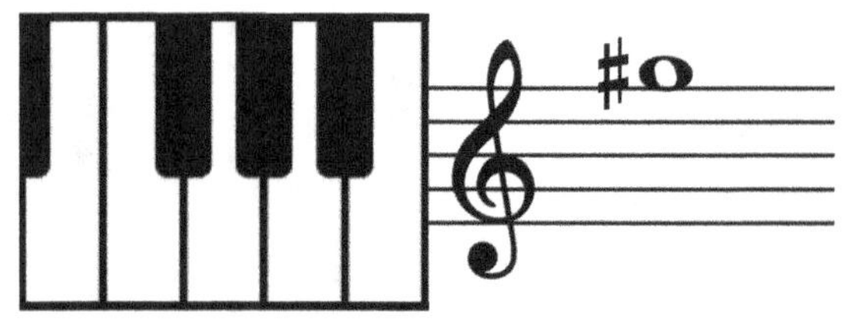

Note: _______

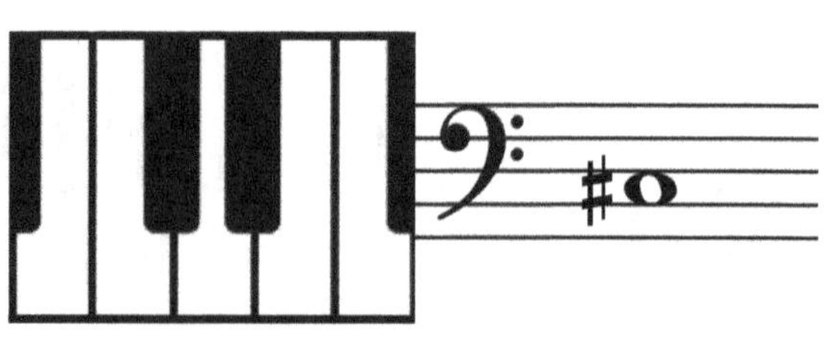

Note: _______

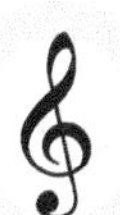 1. Schlüssel  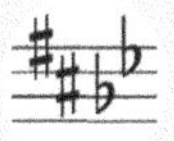 2. Vorzeichen  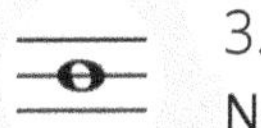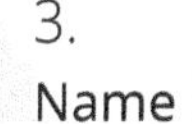 3. Name  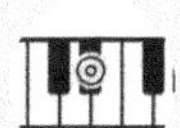 4. Klaviatur

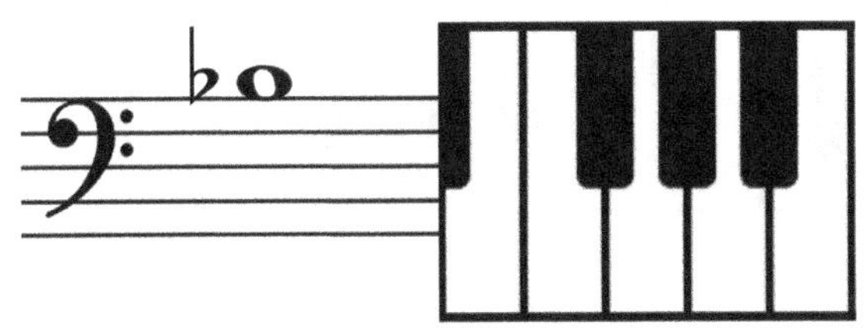

Note: _______

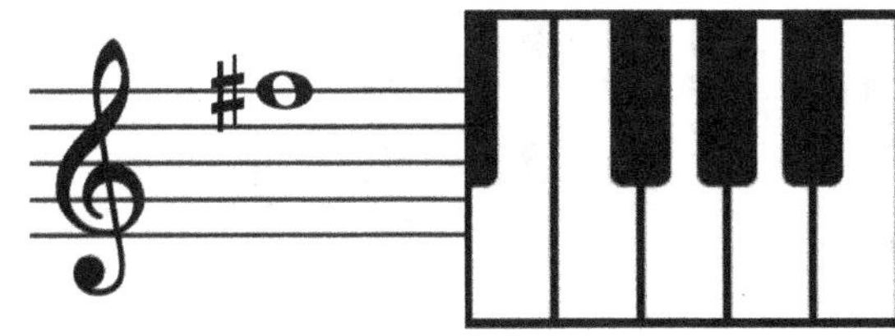

Note: _______

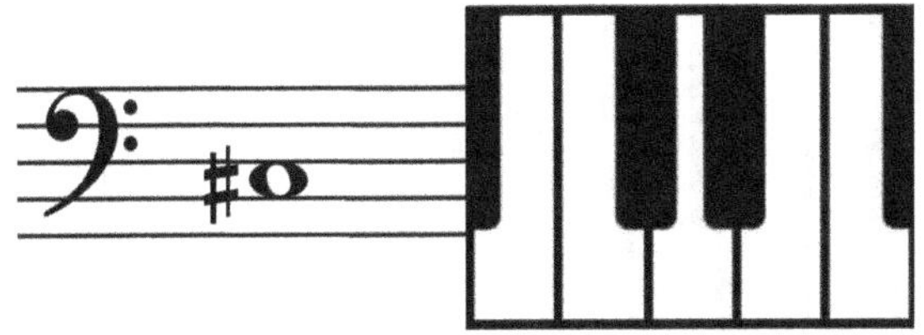

Note: _______

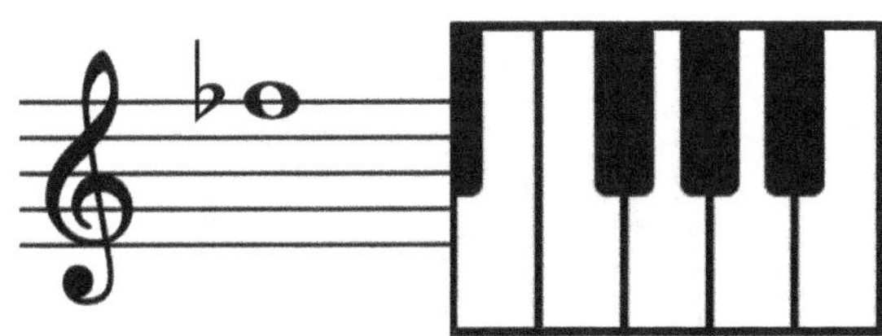

Note: _______

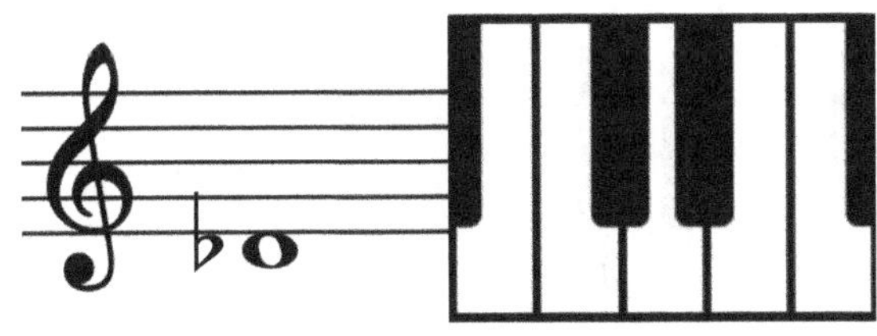

Note: _______

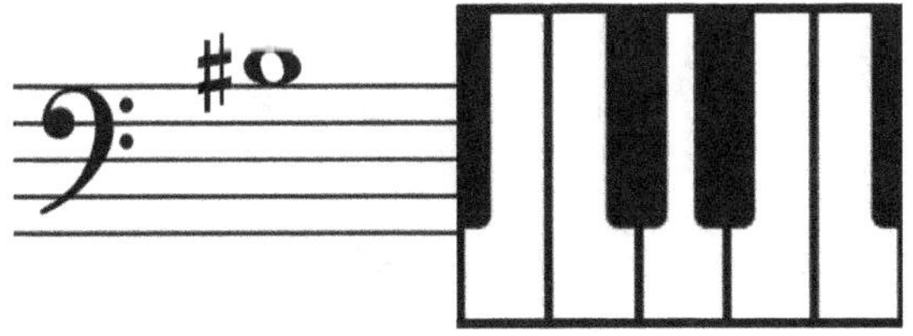

Note: _______

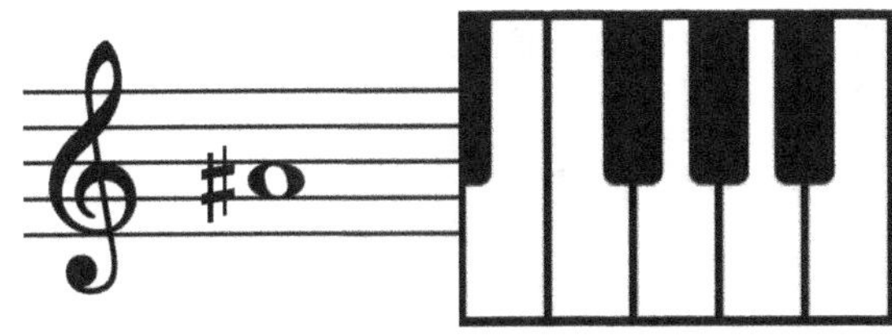

Note: _______

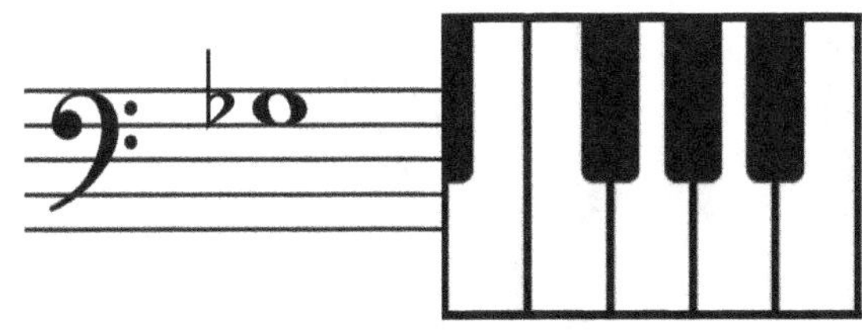

Note: _______

1. Schlüssel 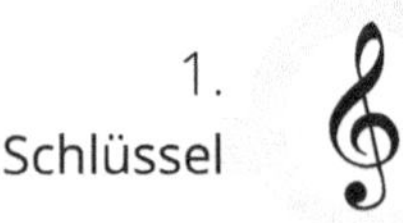  2. Vorzeichen 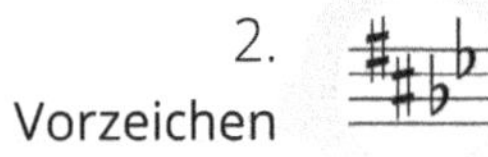  3. Name 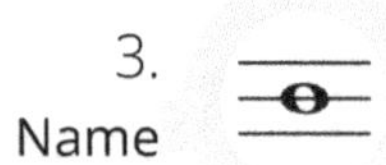  4. Klaviatur 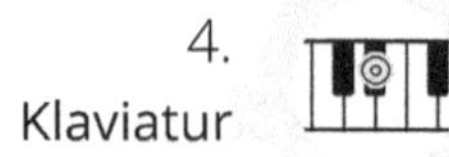

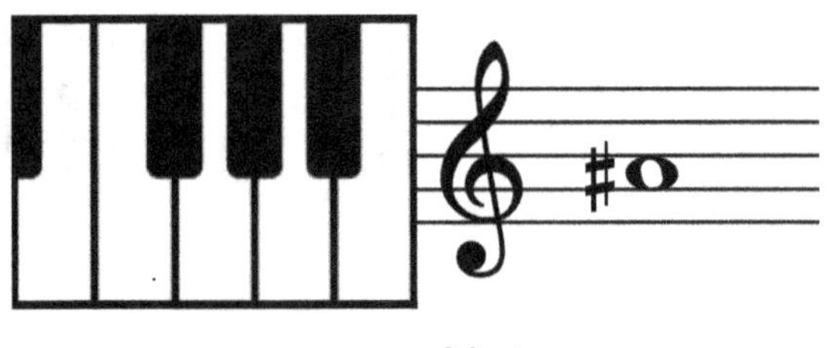

Note: _______

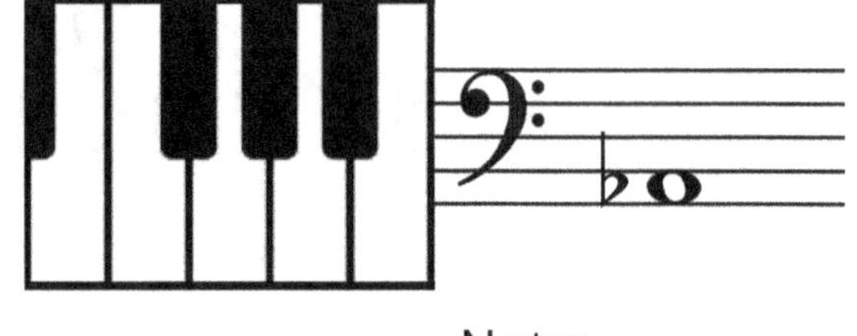

Note: _______

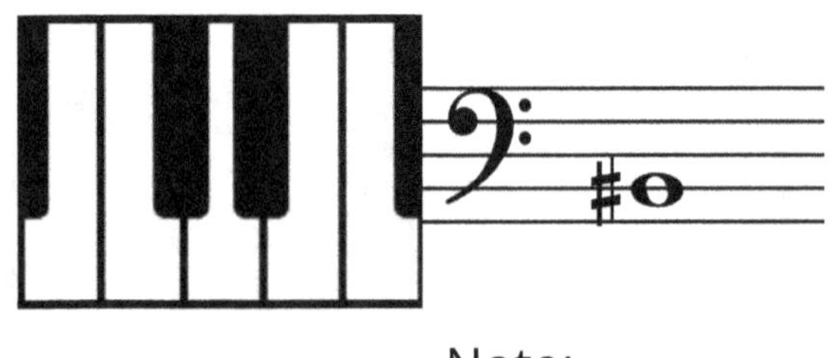

Note: _______

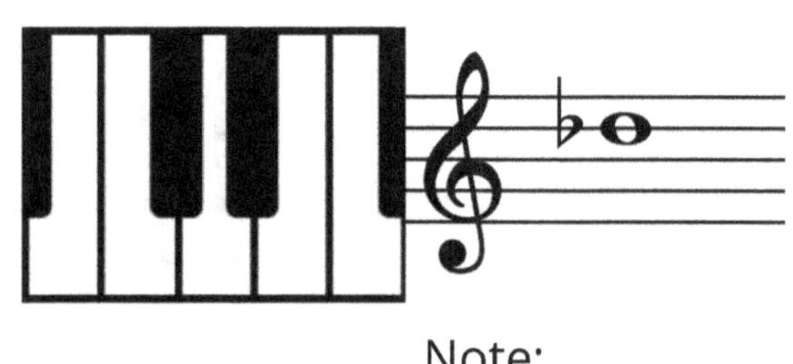

Note: _______

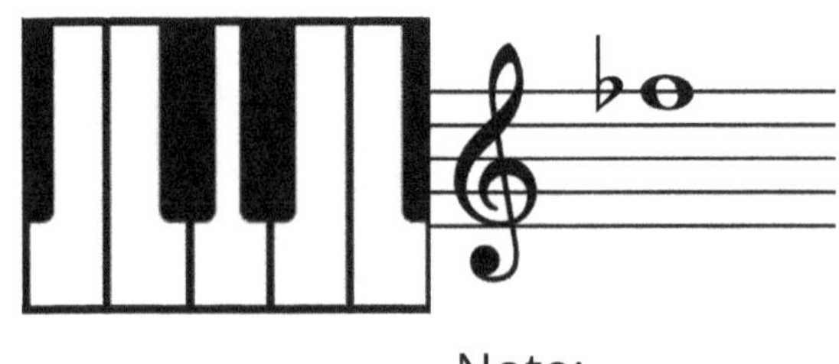

Note: _______

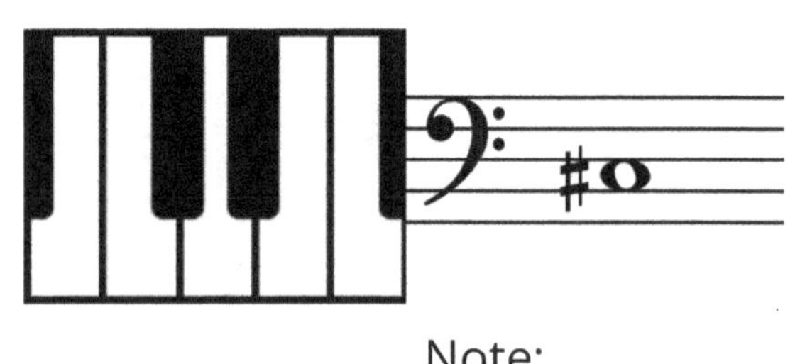

Note: _______

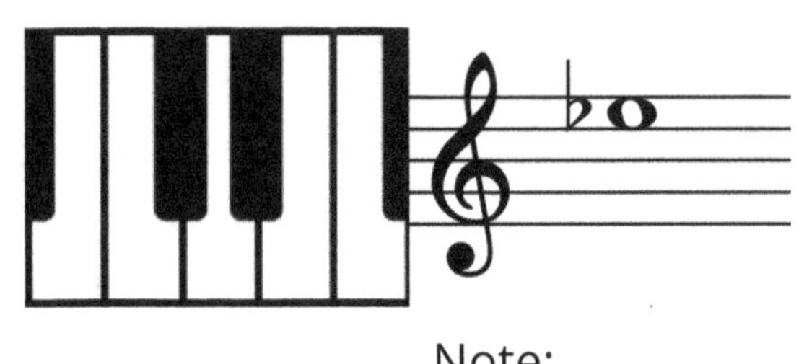

Note: _______

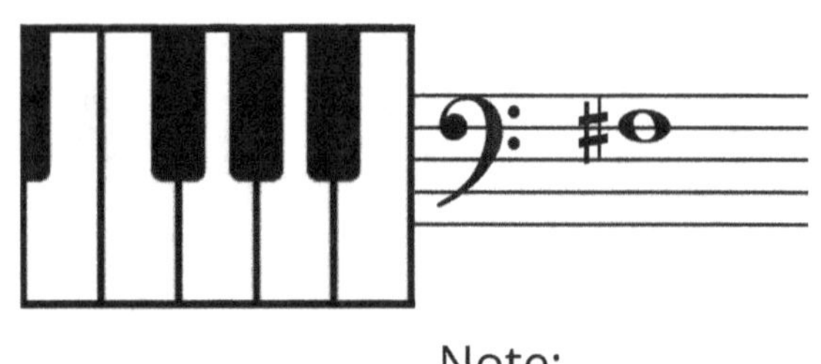

Note: _______

# Kapitel 4
## Tonarten

Aufbau mit Beispiel

Übungen im Notensystem

Übungen Klaviatur & Notensystem

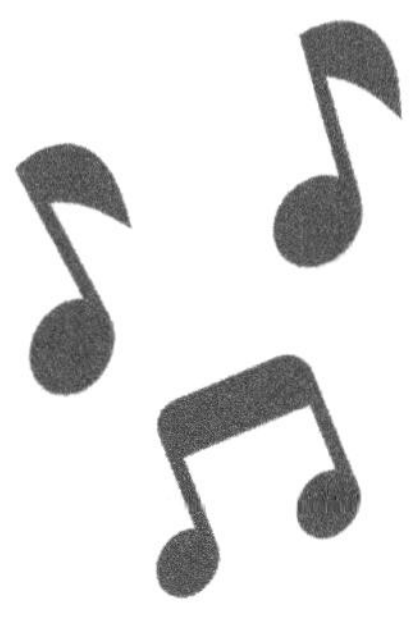

# Tonart-Übungen

**Drei einfache Schritte zum Lösen der Aufgaben:**

1. **Schlüssel:** Er zeigt Ihnen welche Note auf welcher Linie steht. Im Bassschlüssel ist '**A**' im untersten Zwischenraum. Im Violinschlüssel ist '**A**' einen Ganztonschritt darüber.

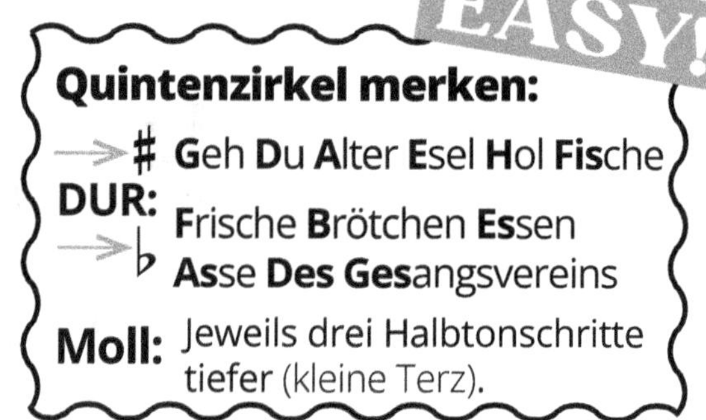


2. **Tonart:** Die Vorzeichen bestimmen die Tonart. Die Tonarten folgen dem Quintenzirkel und die Vorzeichen besitzen ihre eigene Reihenfolge.

3. **Name:** Auf welcher Linie oder Zwischenraum steht die Note? Wie ist der Name dieser Note?

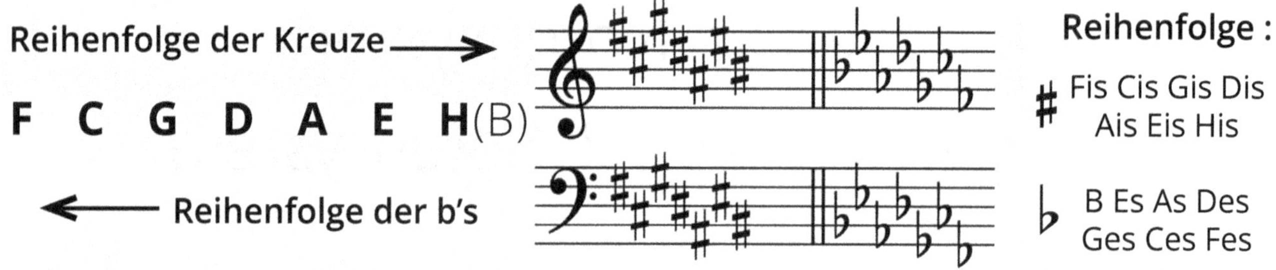


Die Reihenfolge der Kreuze und b's ist in Violin- und Bassschlüssel dieselbe. Die Reihenfolge der Kreuze ist umgekehrt zur Reihenfolge der b's. Die Vorzeichen werden auf den jeweiligen Linien und Zwischenräumen des Schlüssels geschrieben.

## Beispiel:

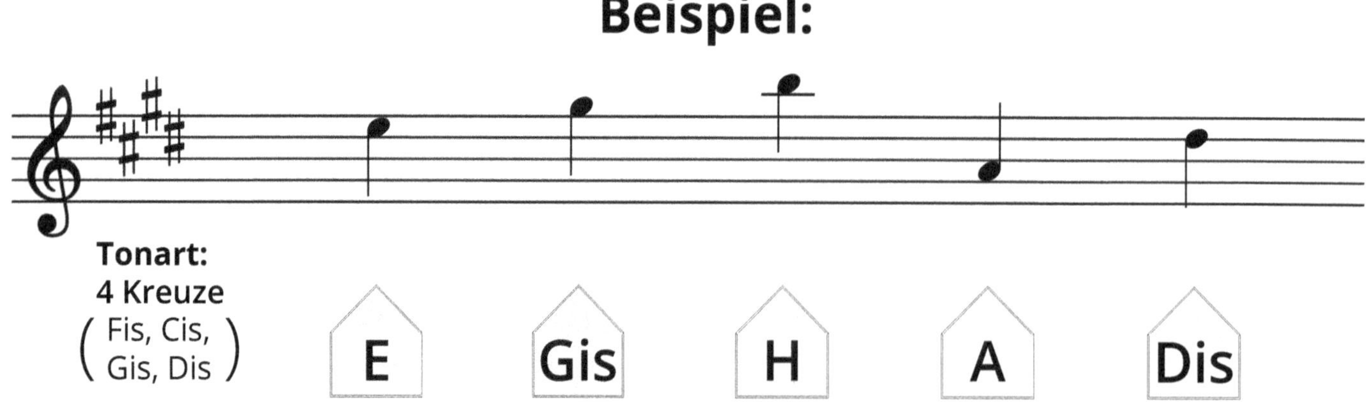

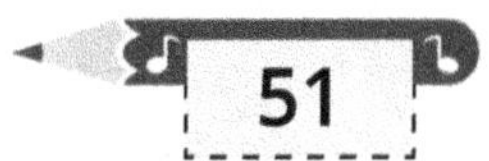



1. Schlüssel
2. Tonart
3. Name

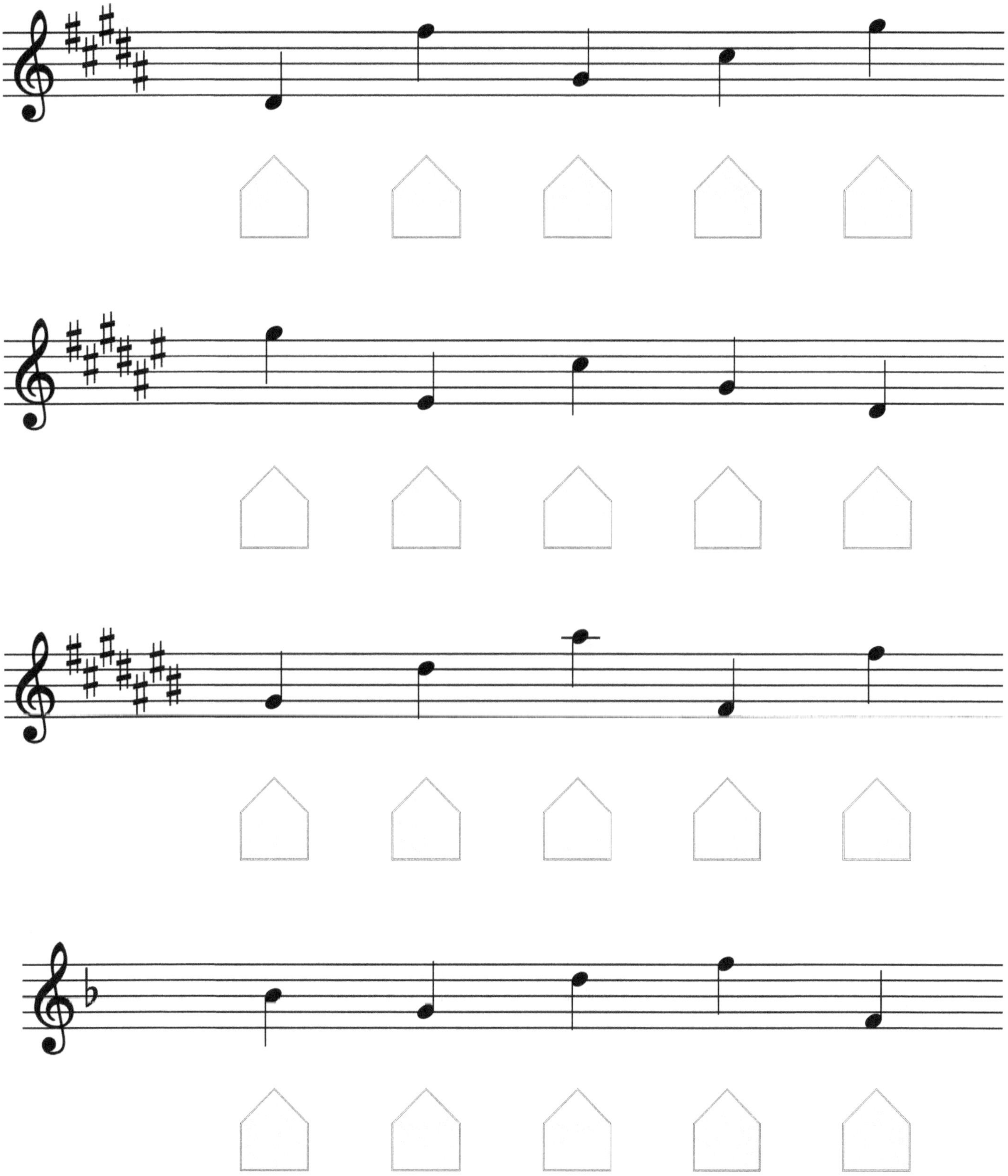

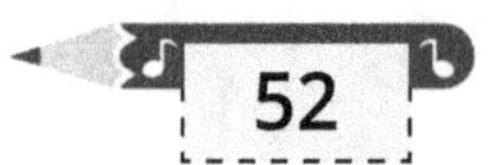



1. Schlüssel    2. Tonart    3. Name

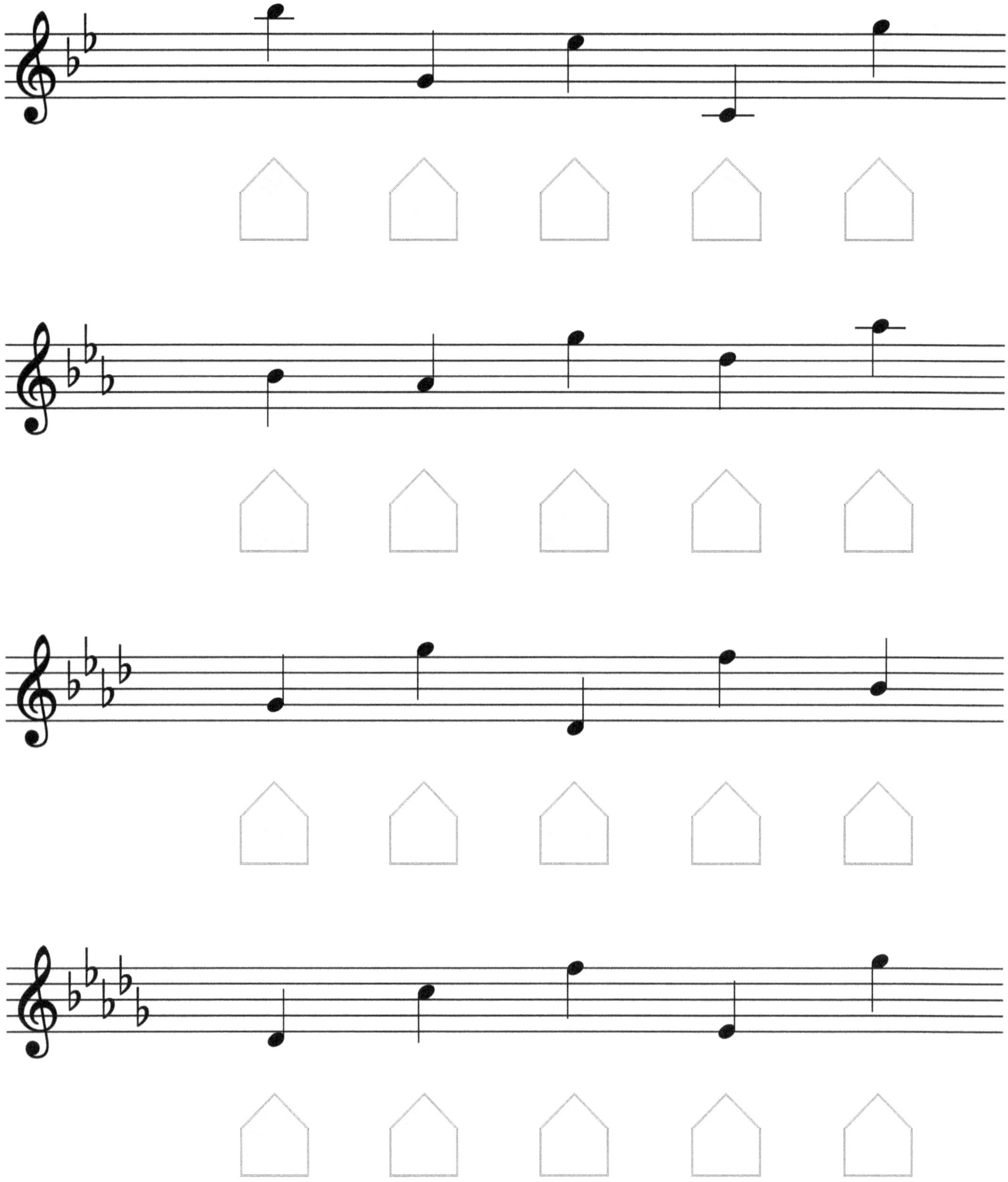

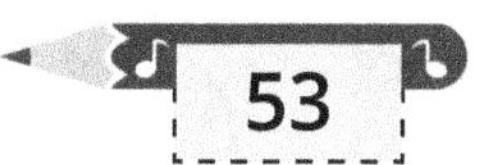


| 1. | 2. | 3. |
|---|---|---|
| Schlüssel | Tonart | Name |

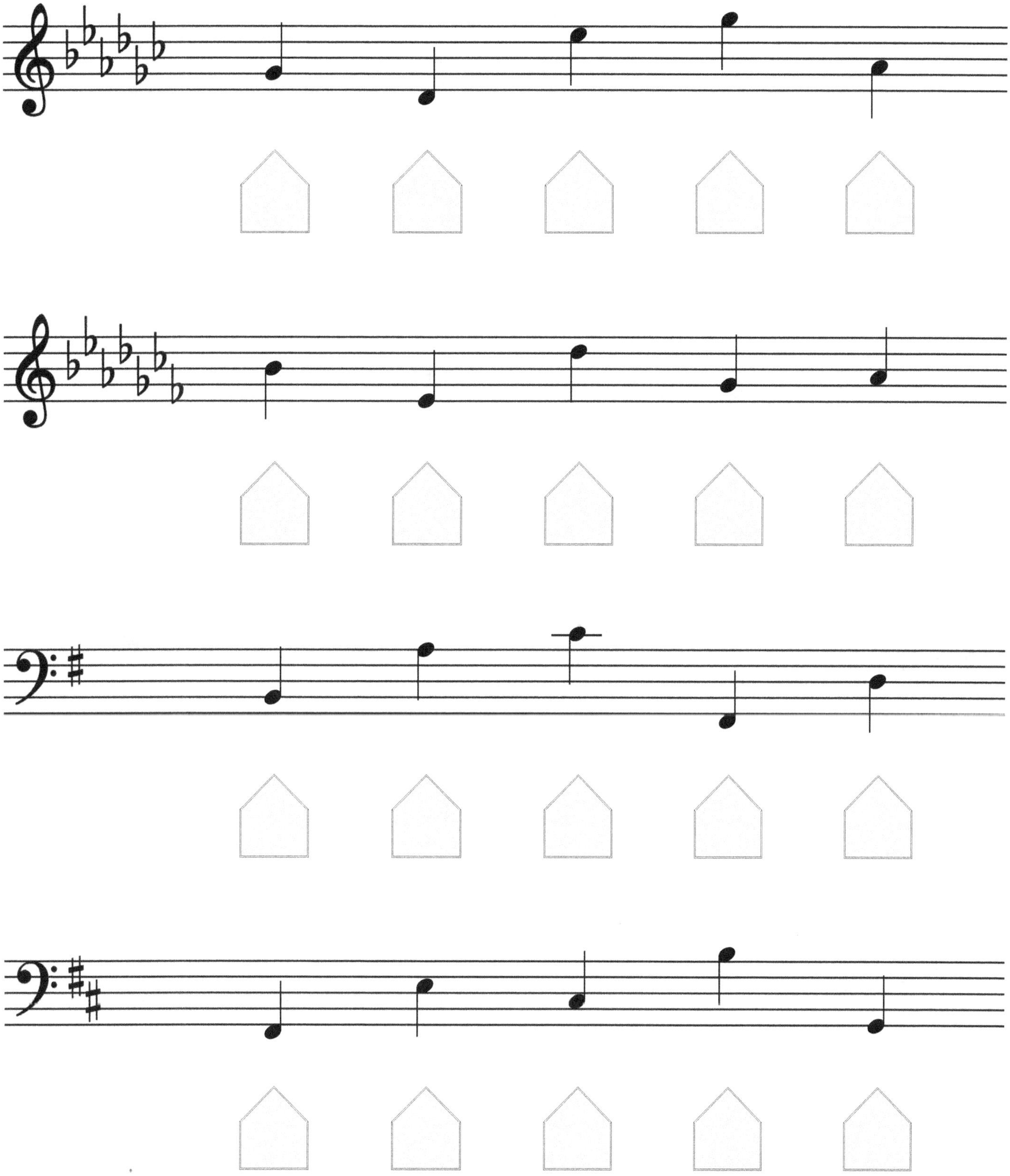

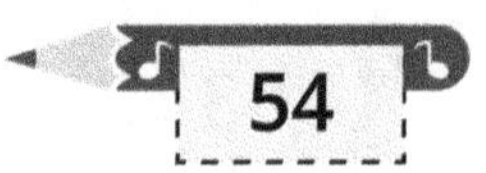


1. Schlüssel 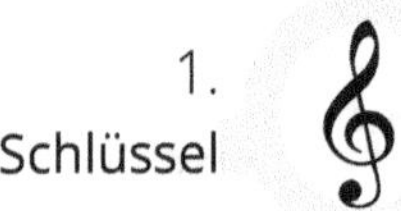  2. Tonart 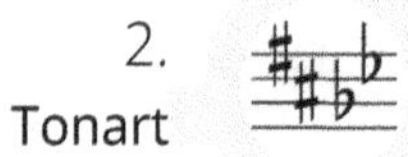  3. Name 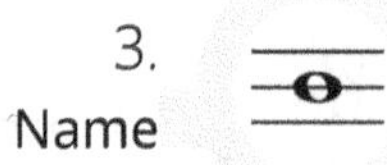

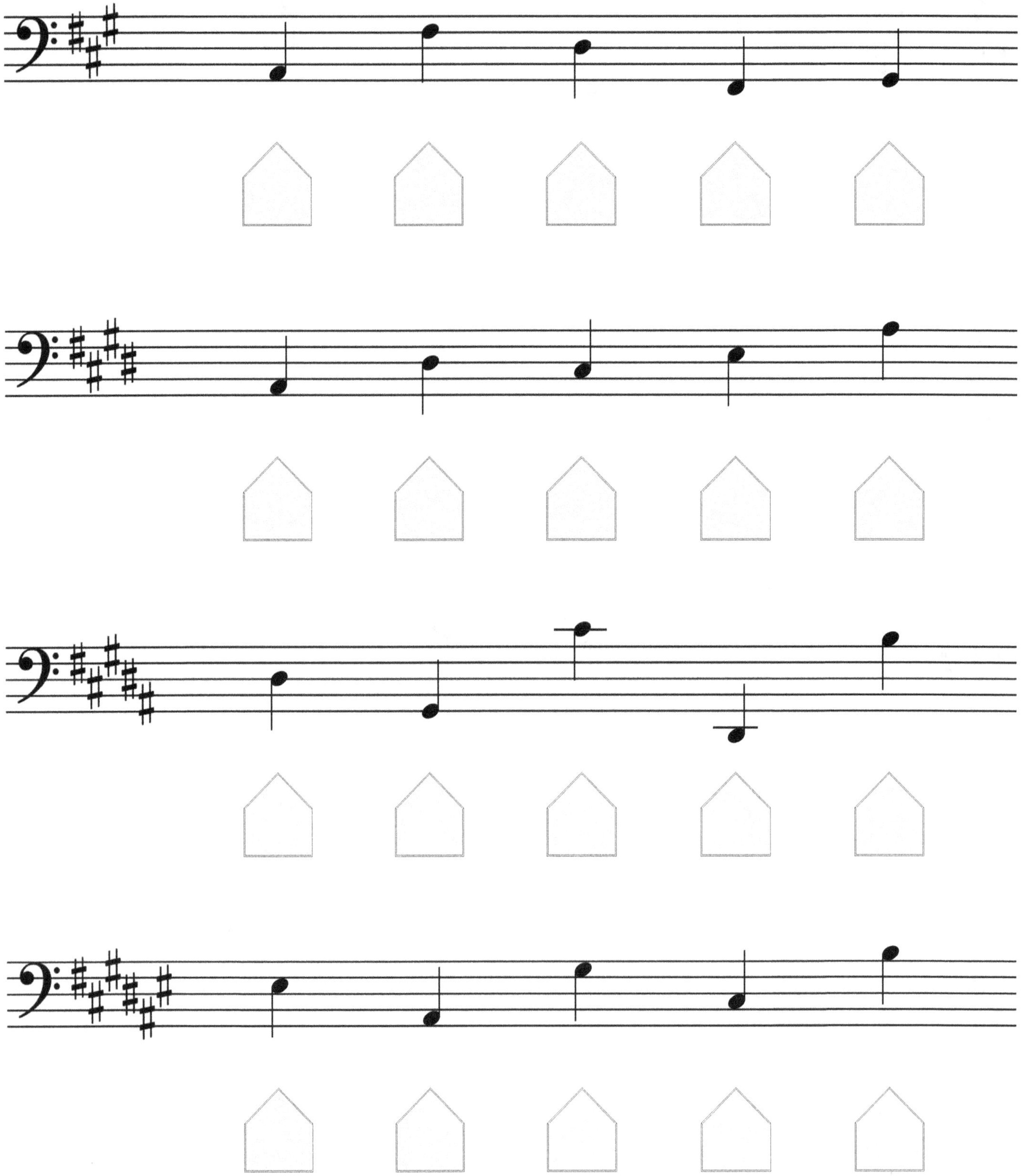

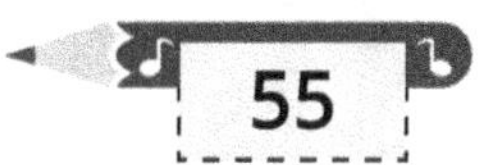



1. Schlüssel
2. Tonart
3. Name

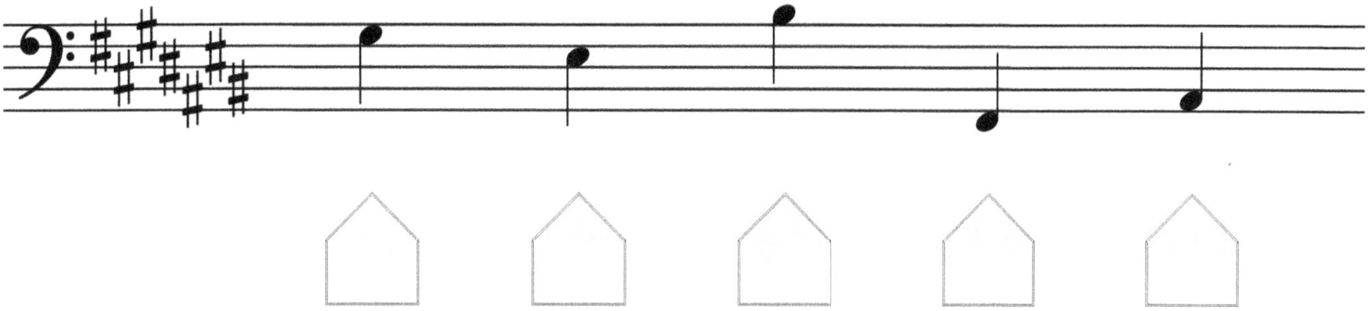

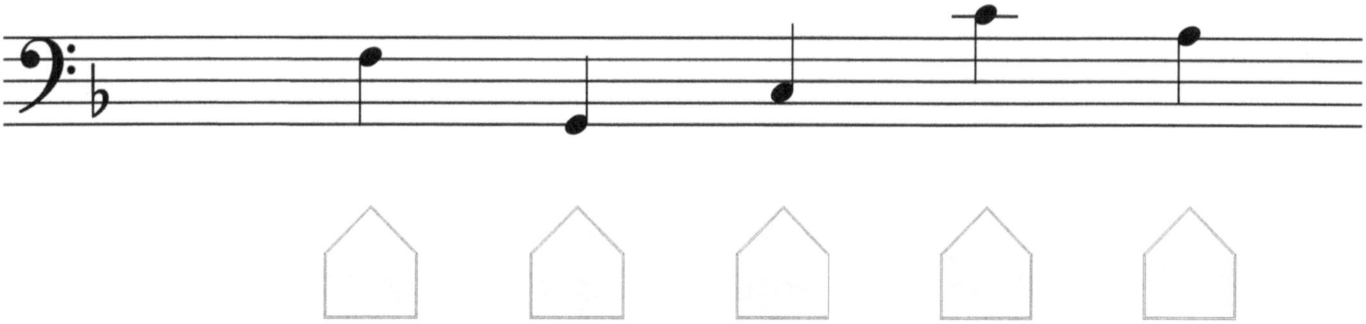

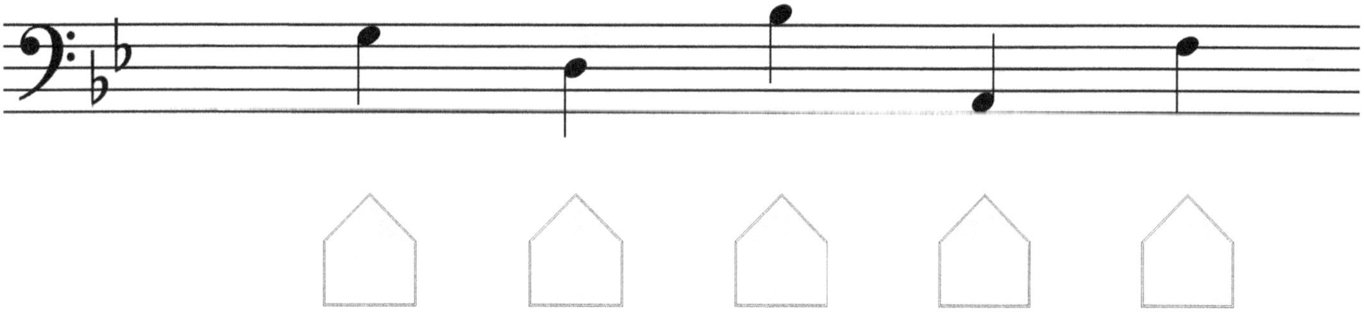

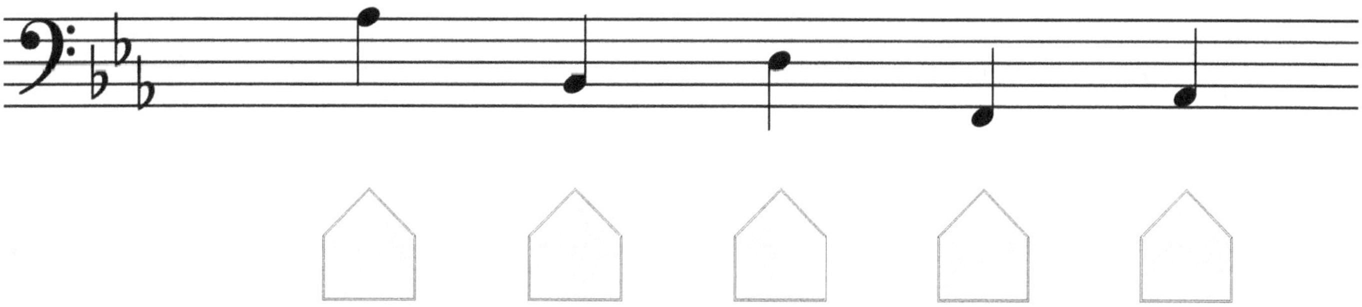

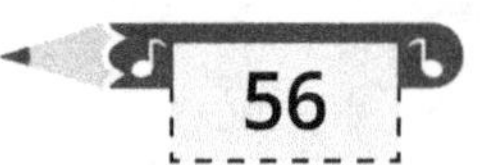


1. Schlüssel 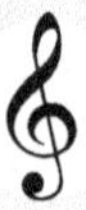    2. Tonart 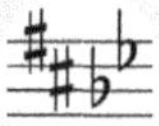    3. Name

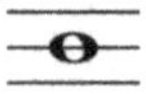

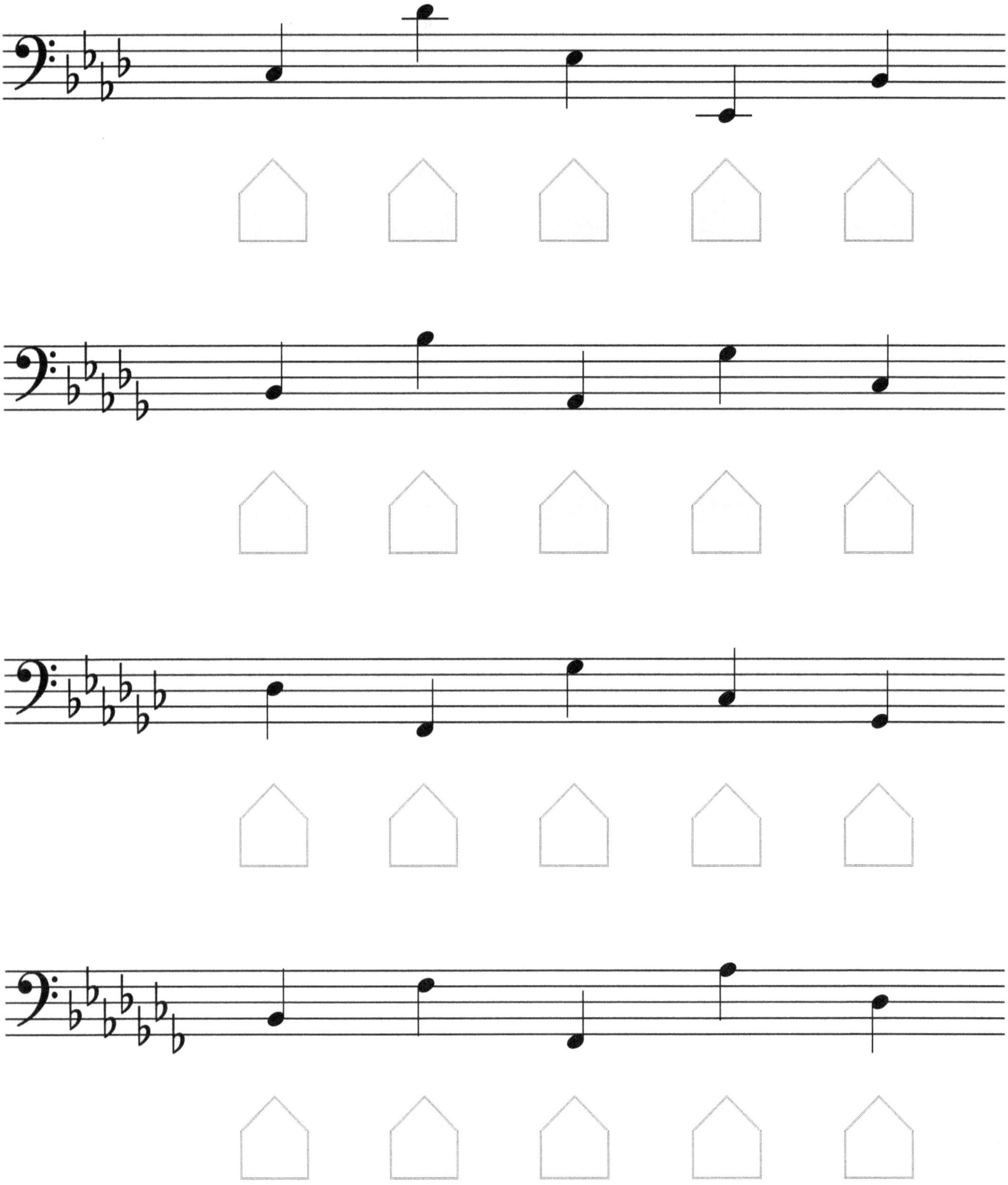

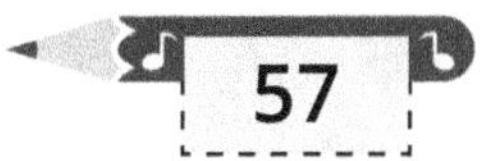


1. Schlüssel    2. Tonart    3. Name

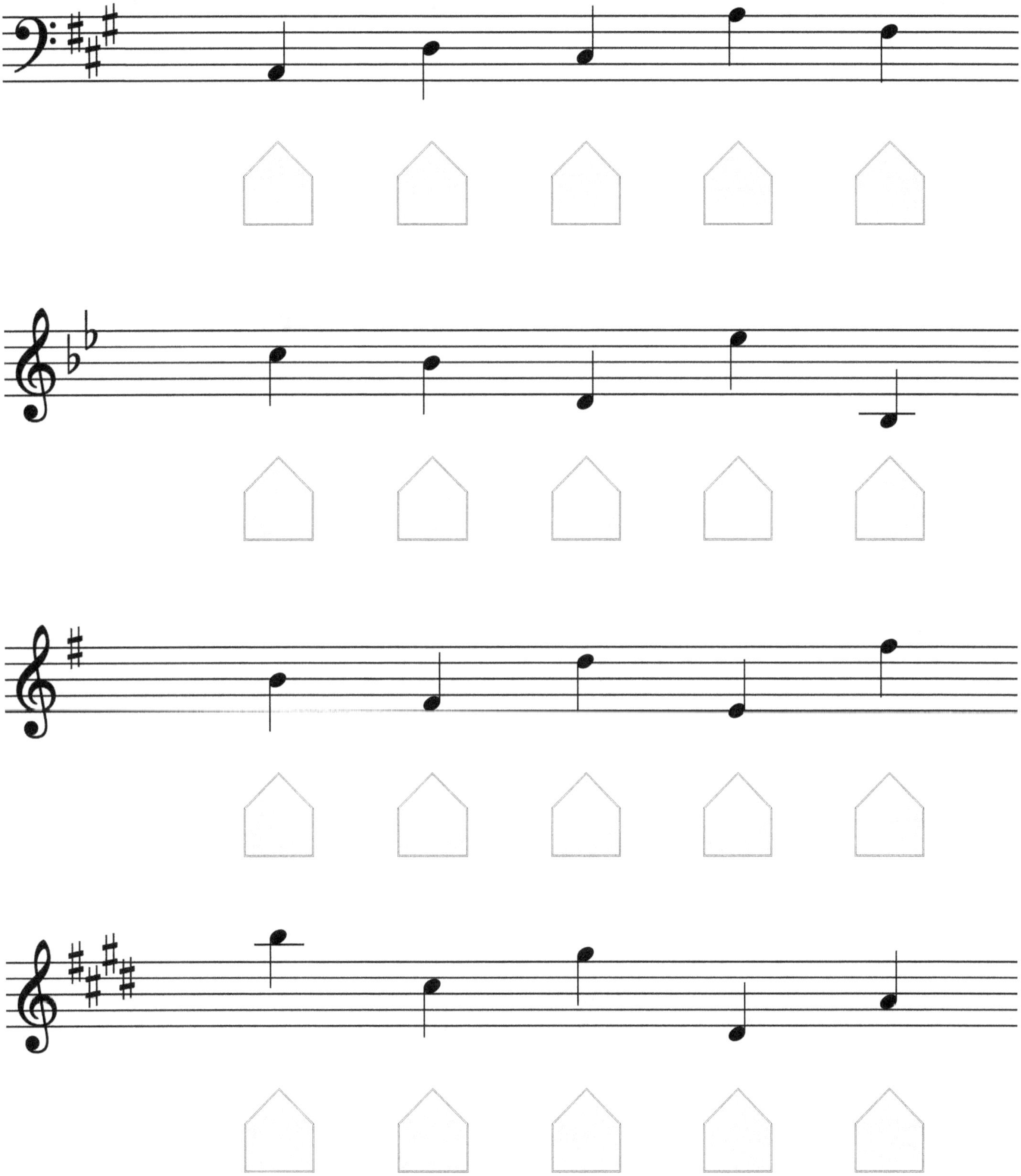

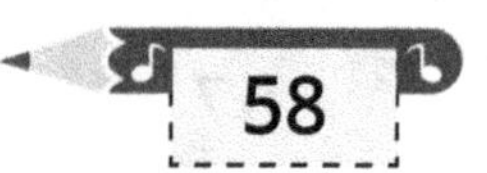



| 1. Schlüssel | 2. Tonart | 3. Name |
|---|---|---|

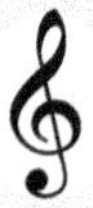

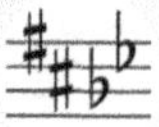

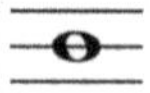

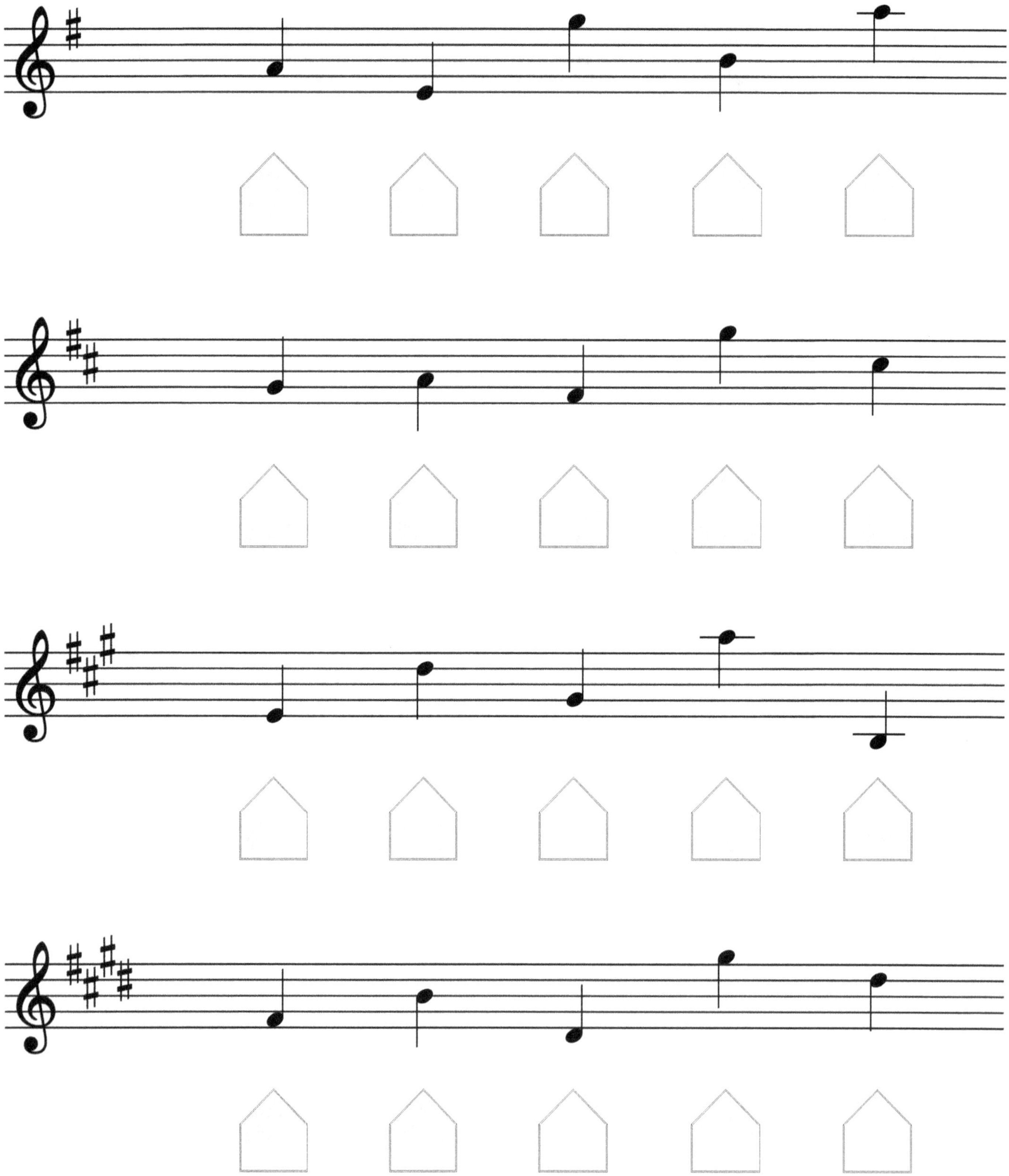

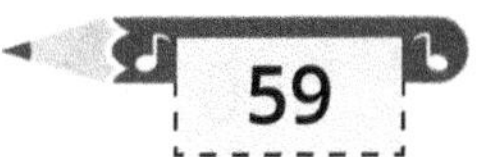

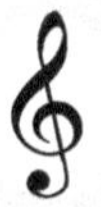

1. Schlüssel
2. Tonart 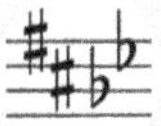
3. Name

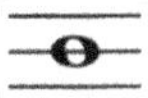

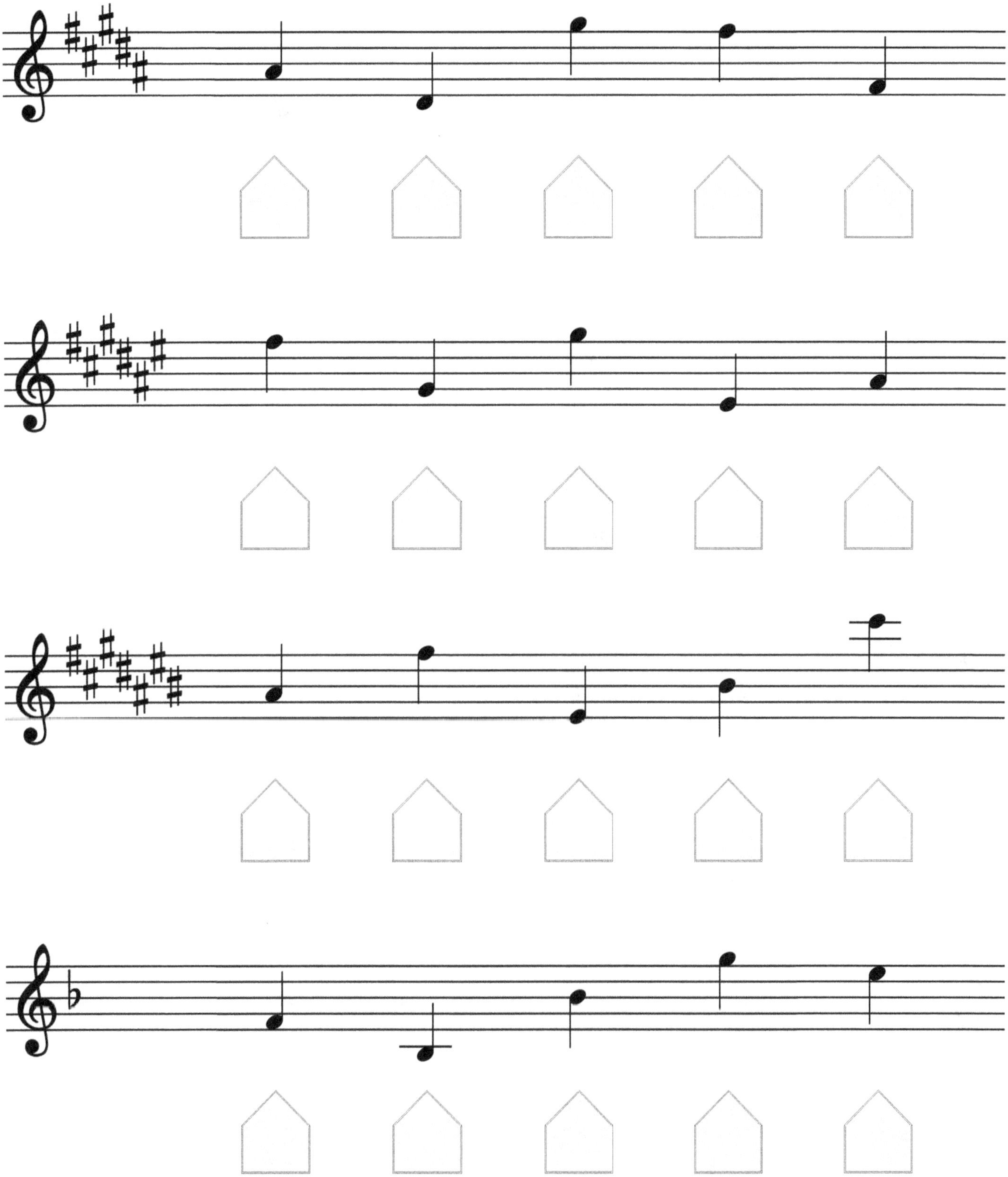

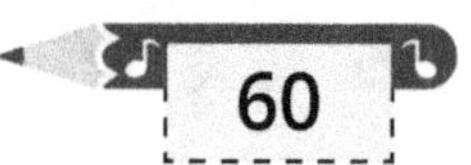


1. Schlüssel    2. Tonart   3. Name

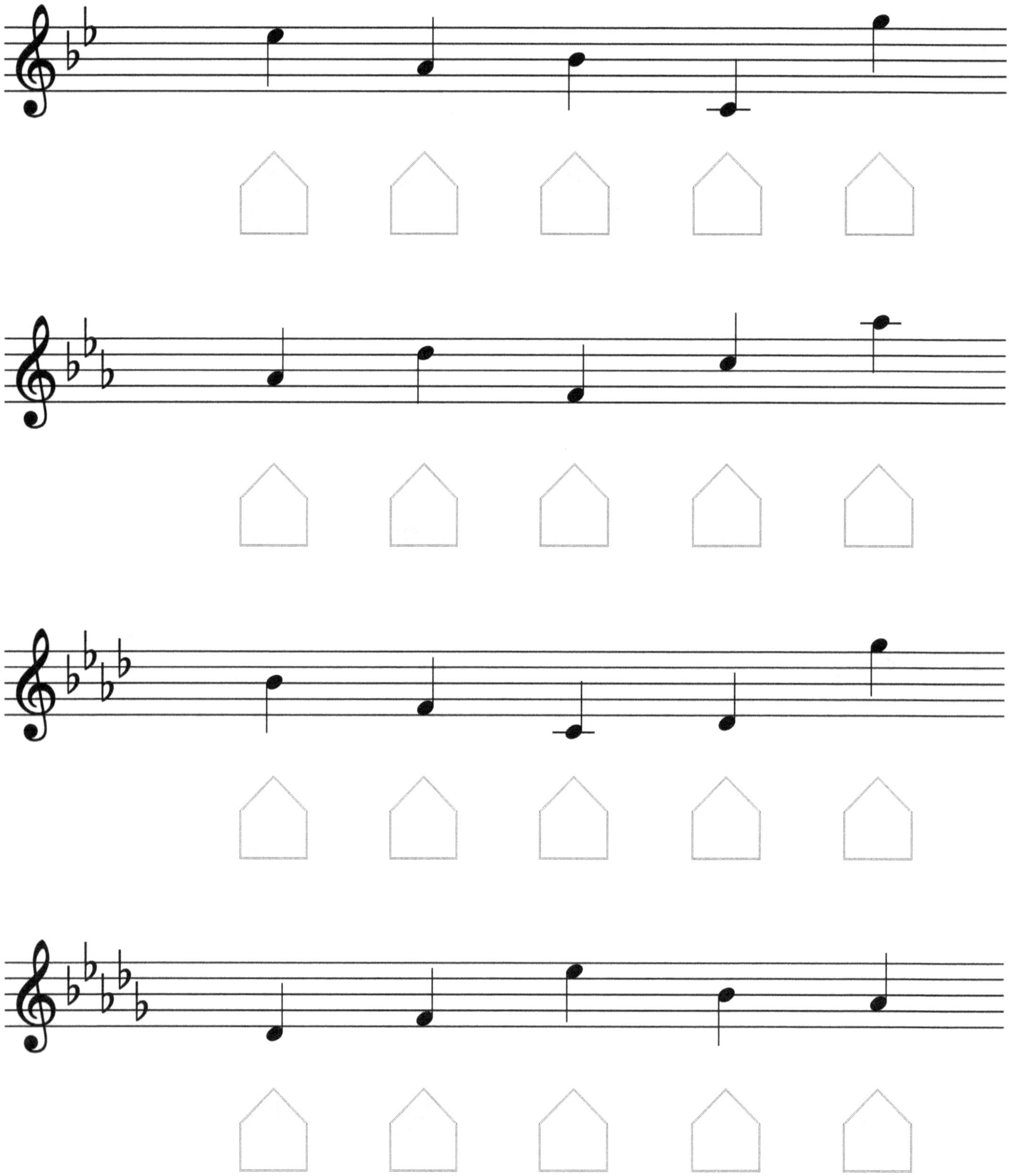

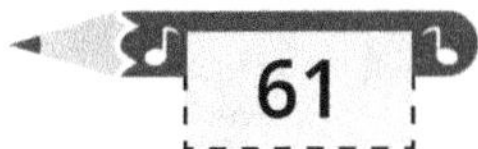



1. Schlüssel    2. Tonart    3. Name

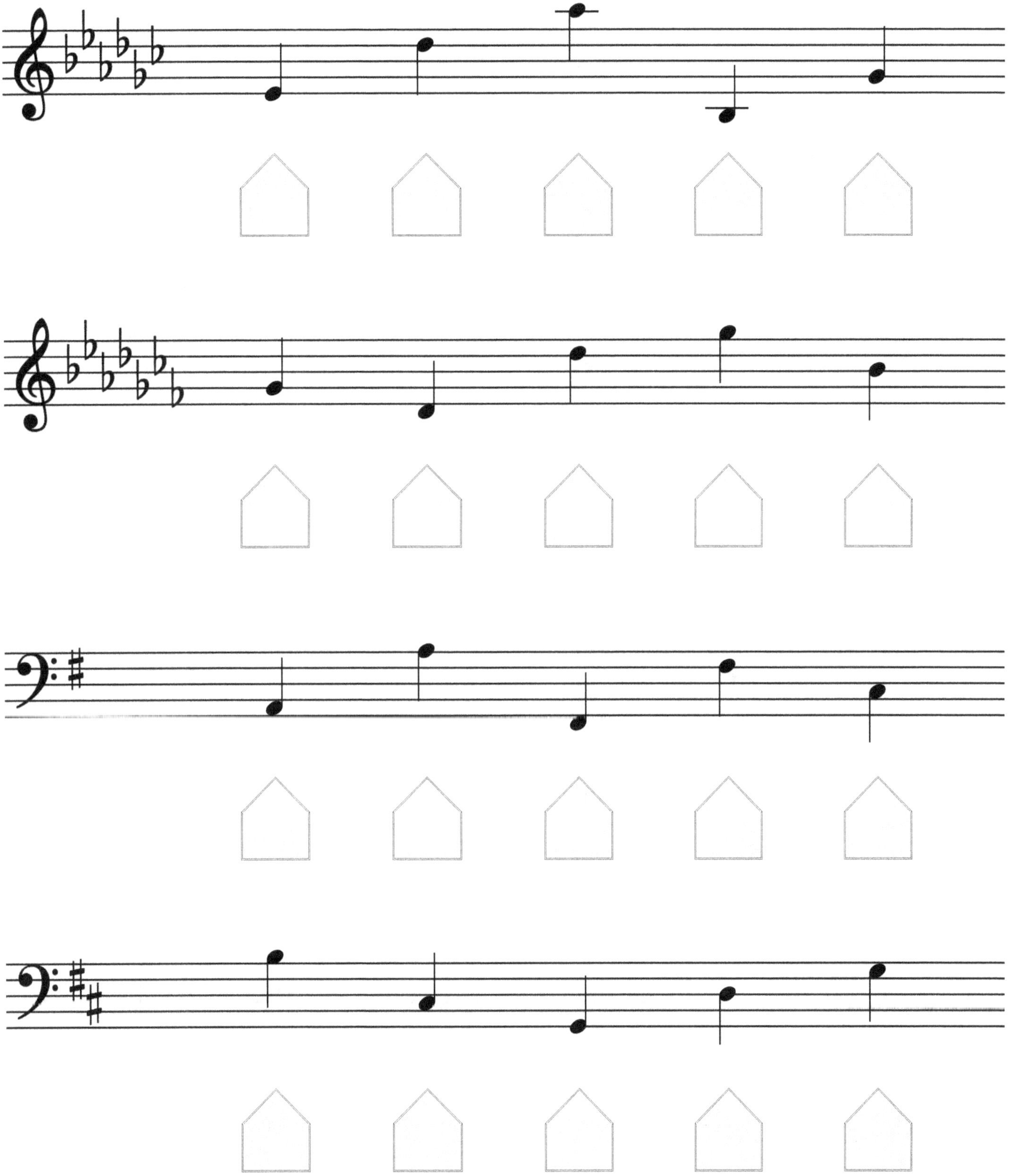

| 1. Schlüssel | 2. Tonart | 3. Name |
|---|---|---|

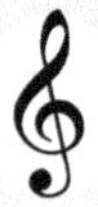

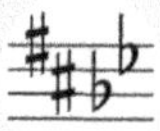

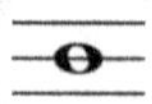

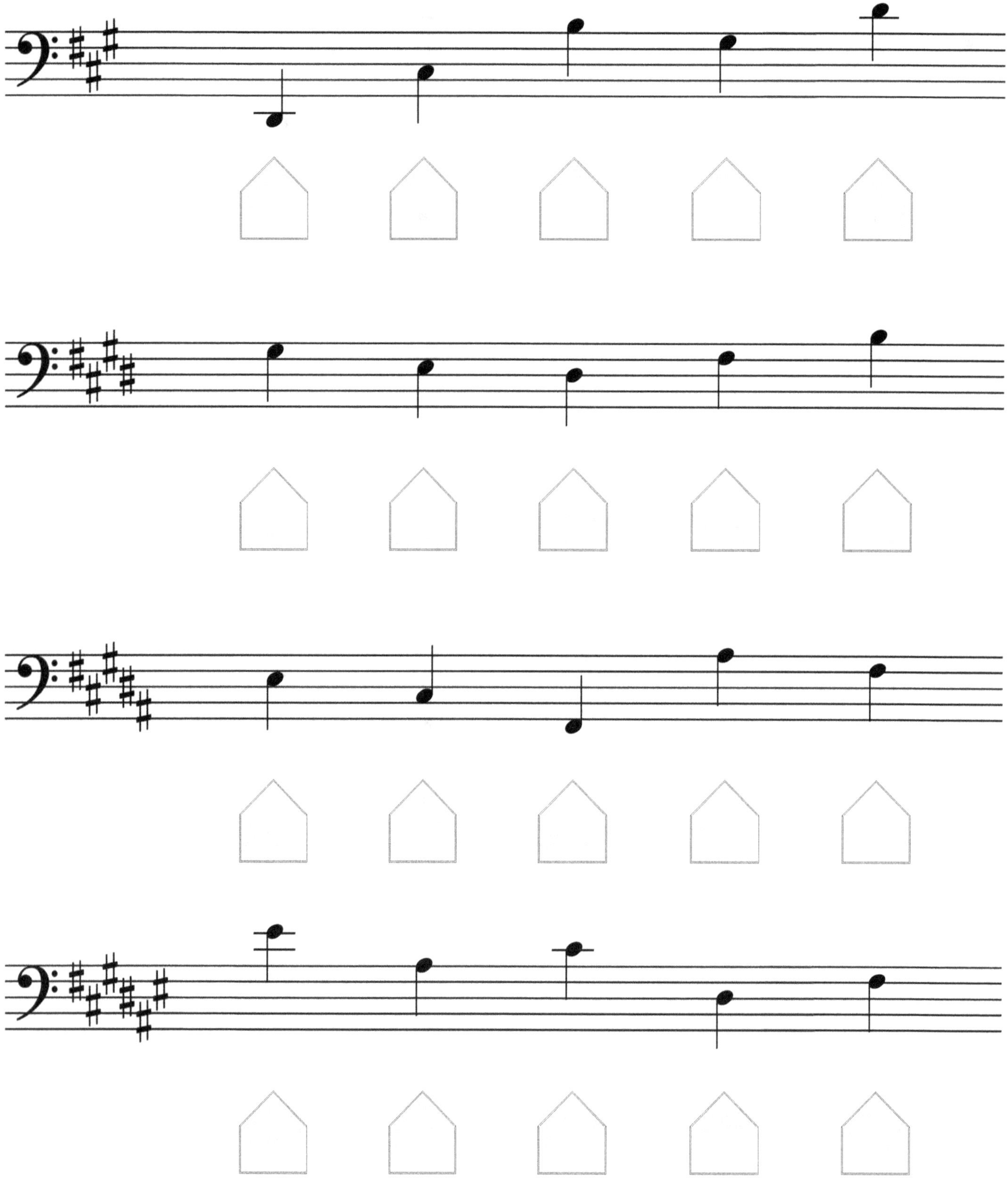

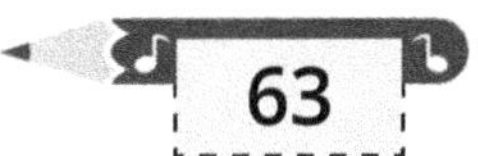


1. Schlüssel     2. Tonart     3. Name

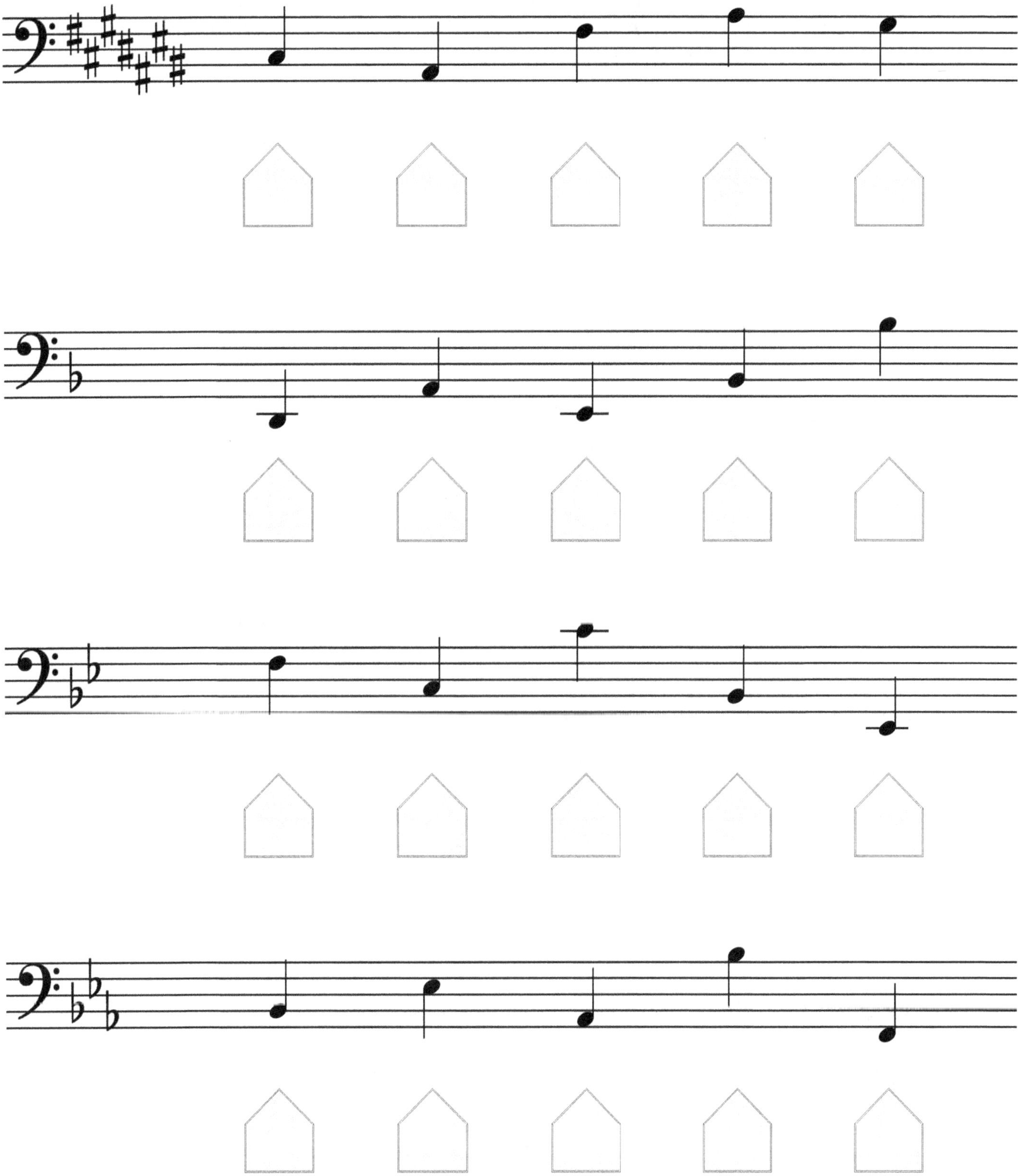

# Klaviatur Tonart-Übungen

**Vier einfache Schritte zum Lösen der Aufgaben:**

1. 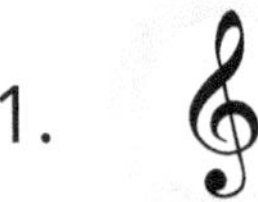 **Schlüssel:** Er zeigt Ihnen an welche Note auf welcher Linie steht. Im Bassschlüssel ist '**A**' im untersten Zwischenraum. Im Violinschlüssel ist '**A**' einen Ganztonschritt darüber.

2. **Tonart:** Die Vorzeichen bestimmen die Tonart. Die Tonarten folgen dem Quintenzirkel und die Vorzeichen besitzen ihr eigene Reihenfolge, (siehe Abbildung unten).

3. **Name:** Auf welcher Linie oder Zwischenraum steht die Note? Wie ist der Name dieser Note?

4. **Klaviatur:** Welche Taste entspricht der Note auf der Klaviatur. Der Abschnitt zeigt entweder 2 oder 3 schwarze Tasten. Markiere die Note auf der Klaviatur.

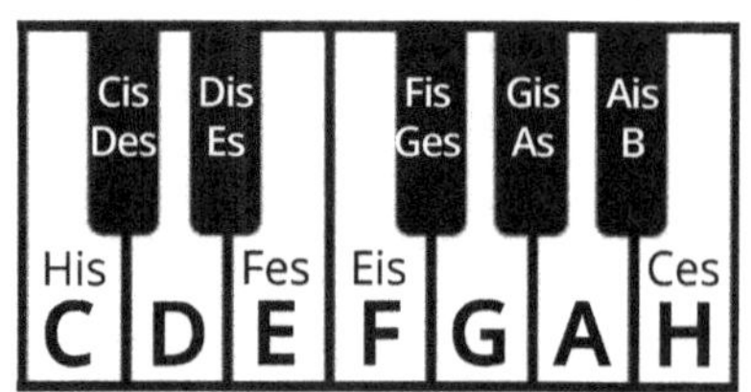


Die Reihenfolge der Kreuze und B's ist in Violin- und Bassschlüssel dieselbe. Die Vorzeichen werden auf den jeweiligen Linien und Zwischenräumen des Schlüssels geschrieben.

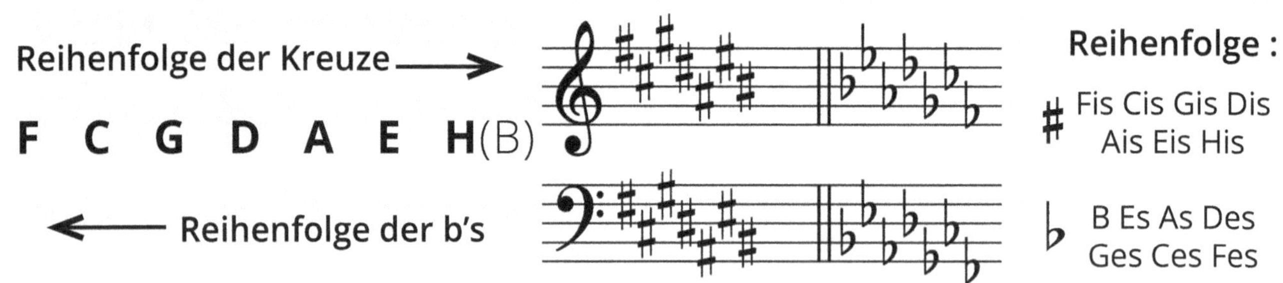


## Beispiel:

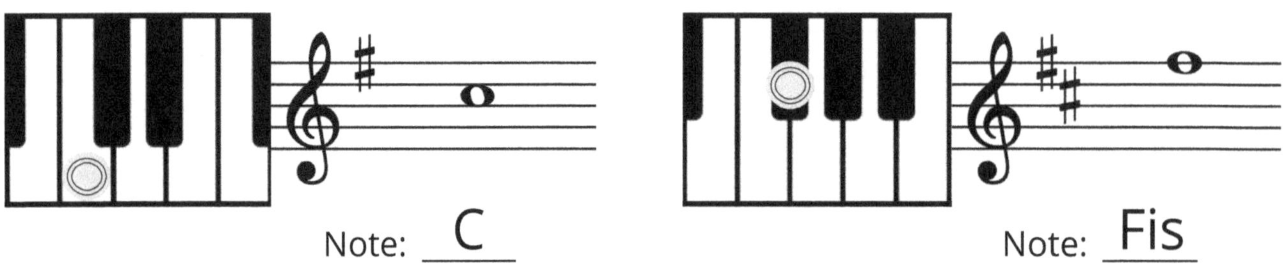

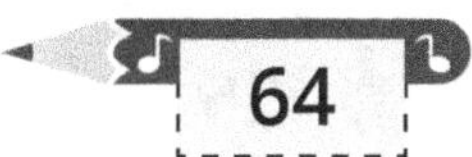

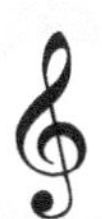
1. Schlüssel

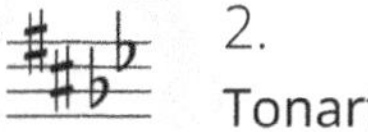
2. Tonart

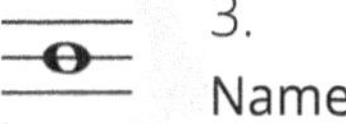
3. Name

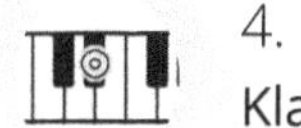
4. Klaviatur

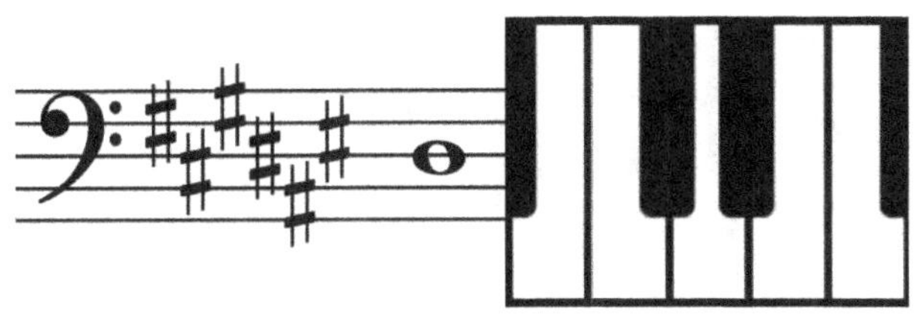

Note: _______

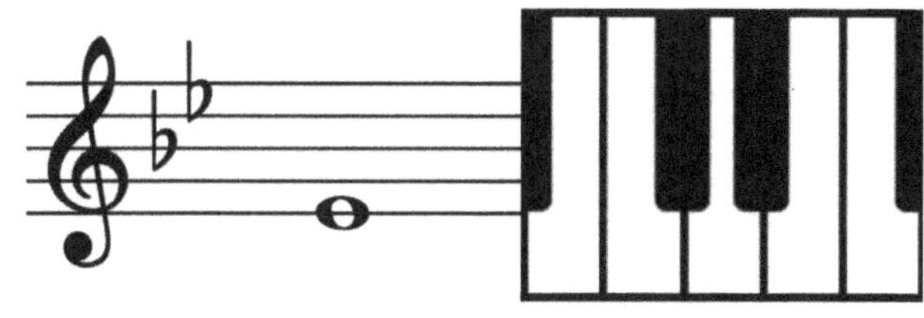

Note: _______

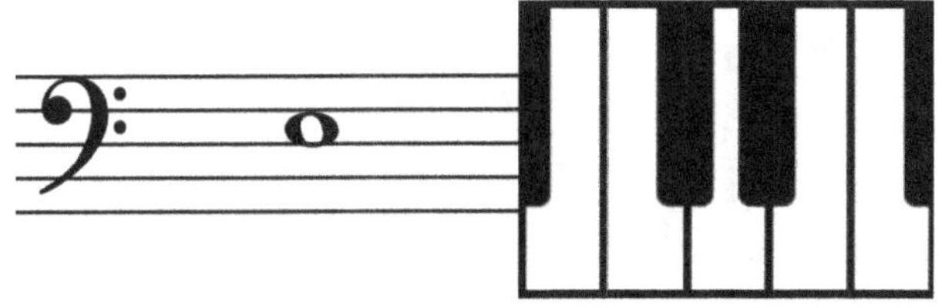

Note: _______

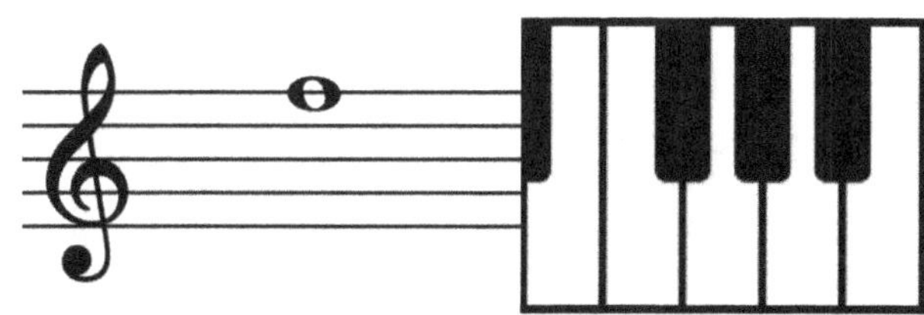

Note: _______

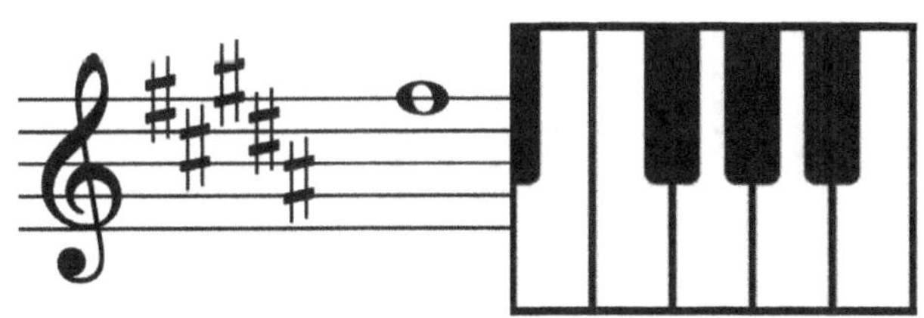

Note: _______

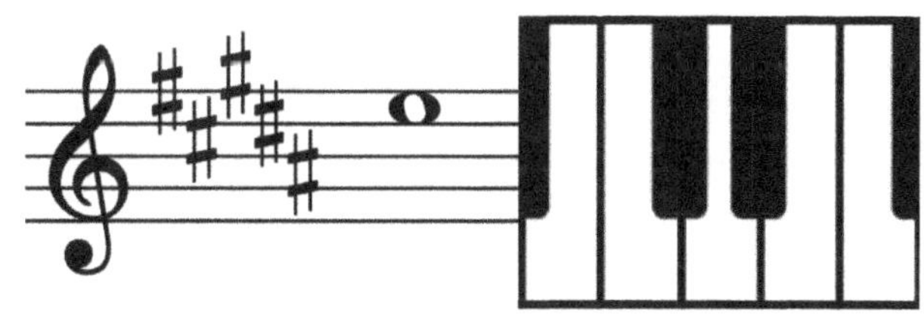

Note: _______

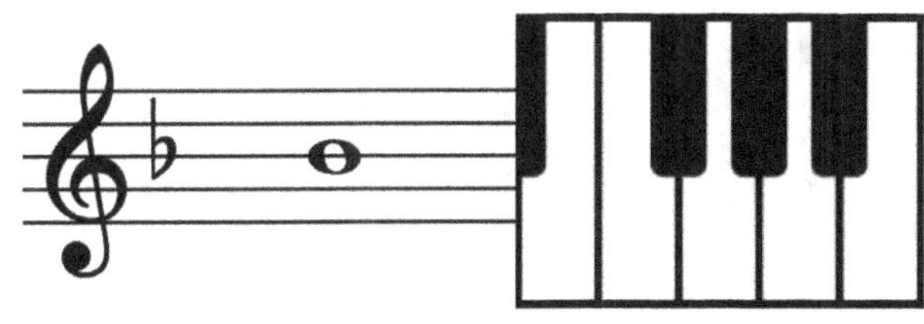

Note: _______

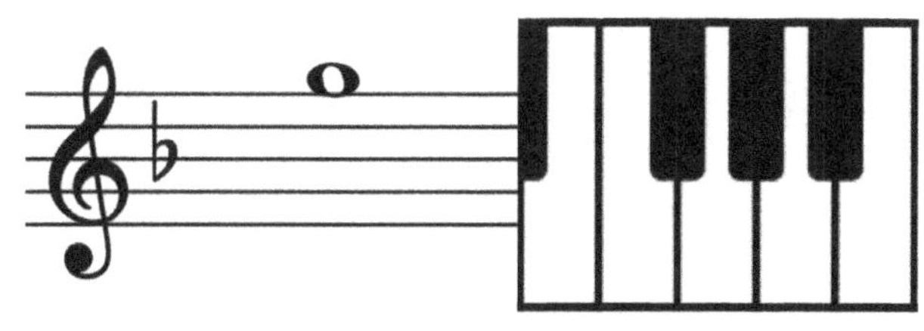

Note: _______

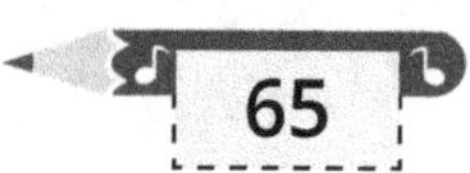


| 1. | 2. | 3. | 4. |
|---|---|---|---|
| Schlüssel 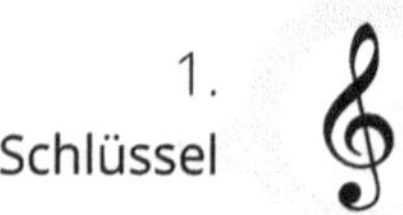 | Tonart 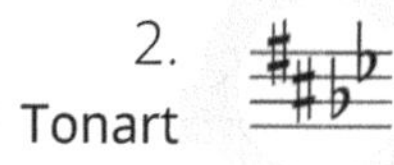 | Name 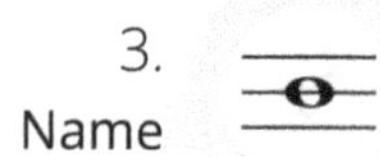 | Klaviatur 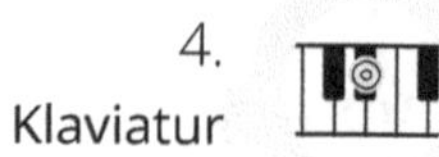 |

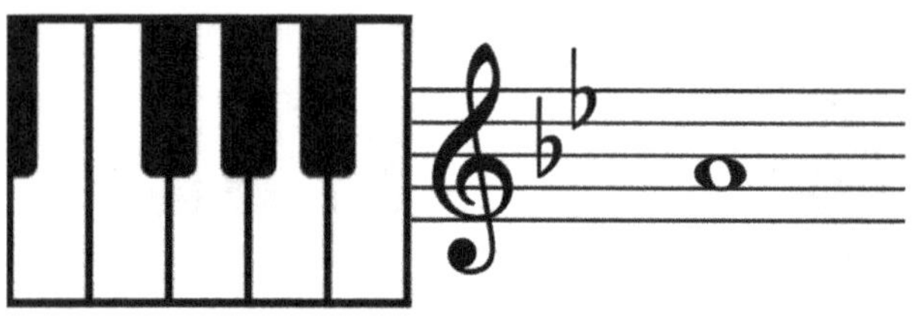

Note: _______

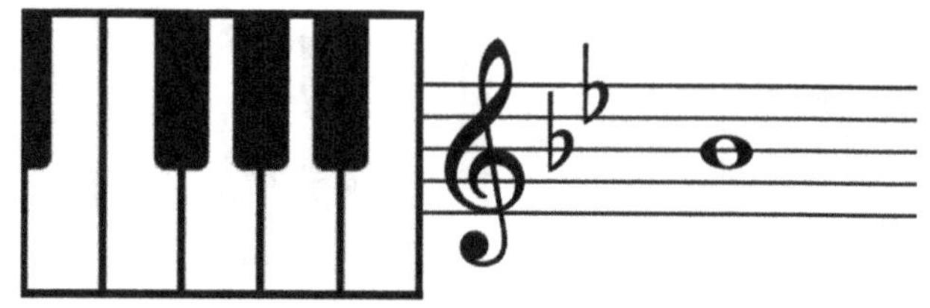

Note: _______

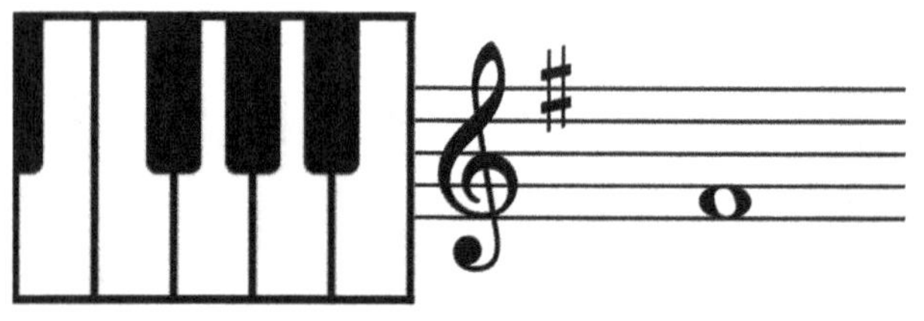

Note: _______

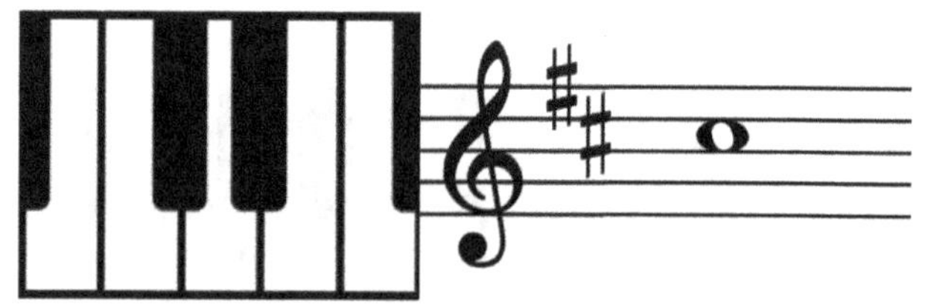

Note: _______

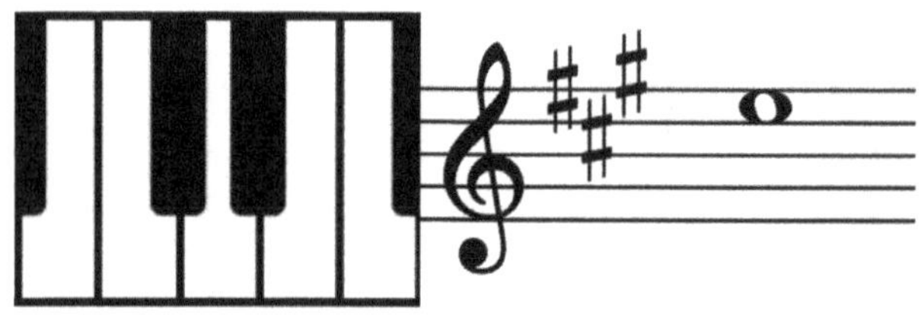

Note: _______

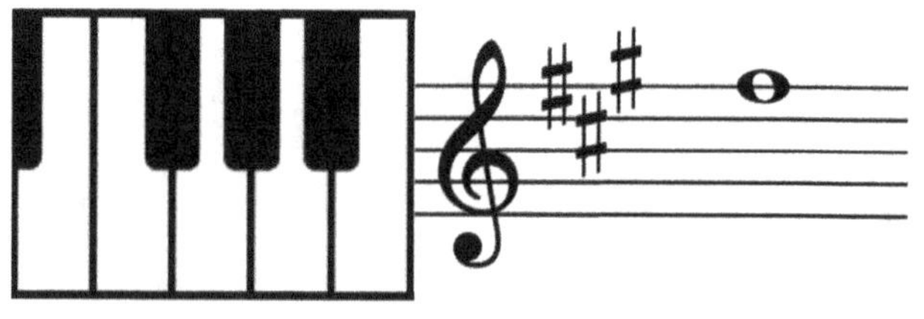

Note: _______

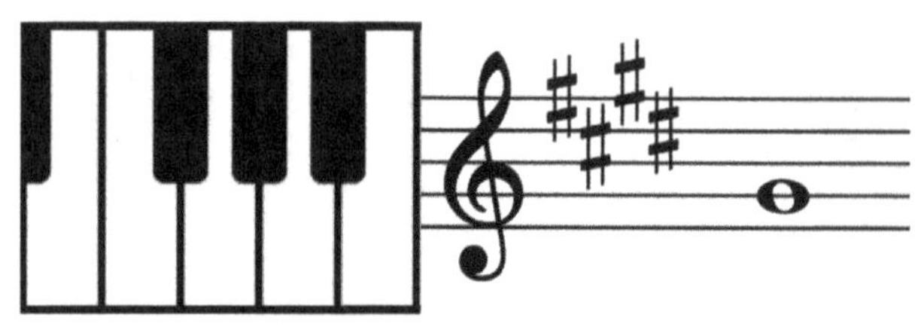

Note: _______

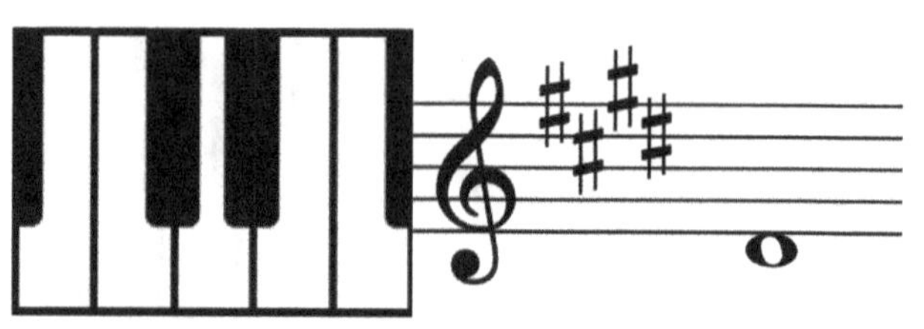

Note: _______

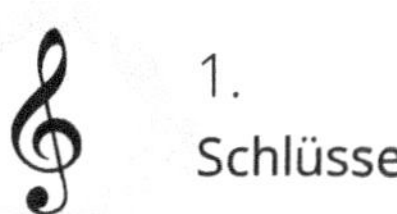
1.
Schlüssel

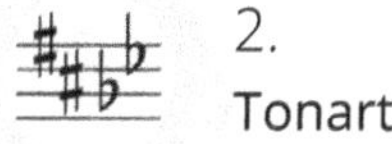
2.
Tonart

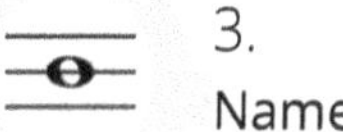
3.
Name

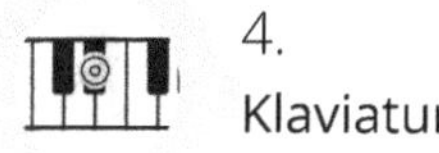
4.
Klaviatur

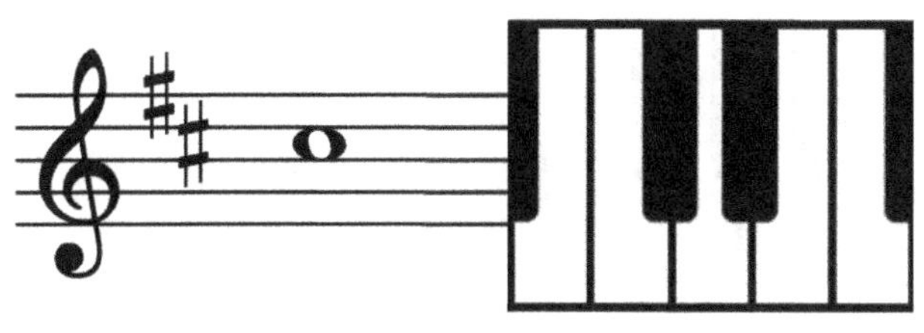
Note: _____

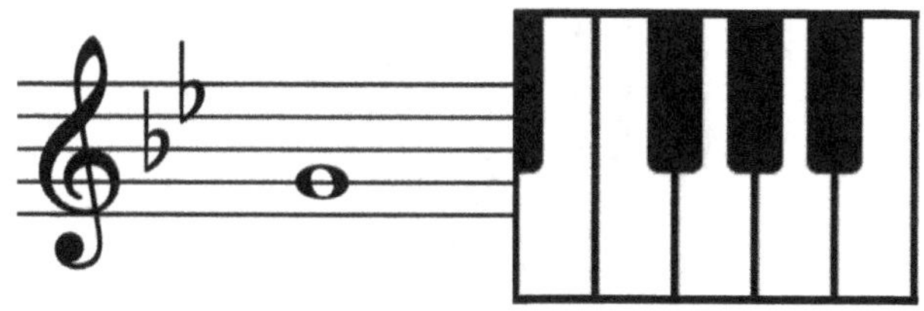
Note: _____

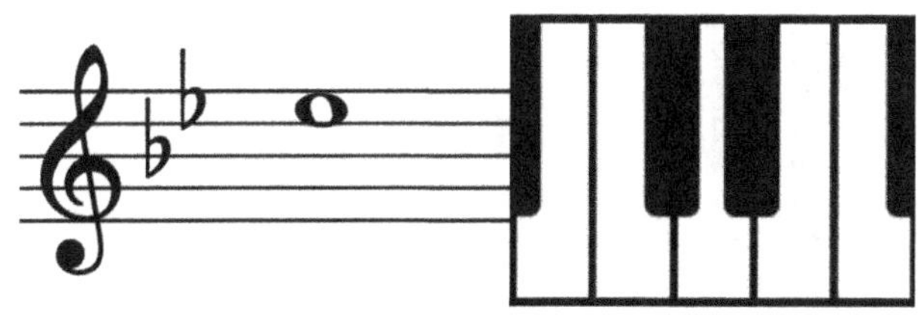
Note: _____

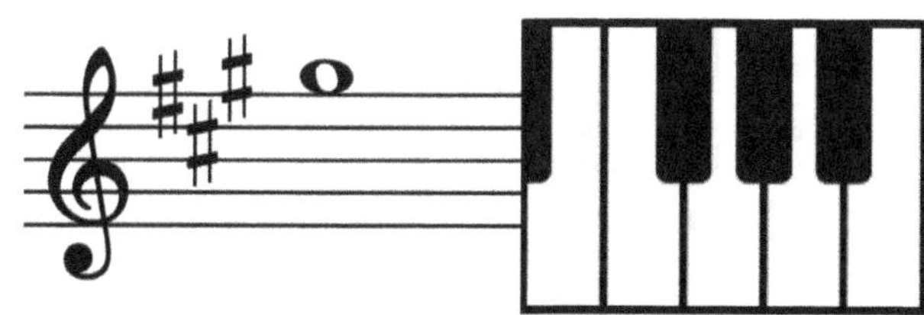
Note: _____

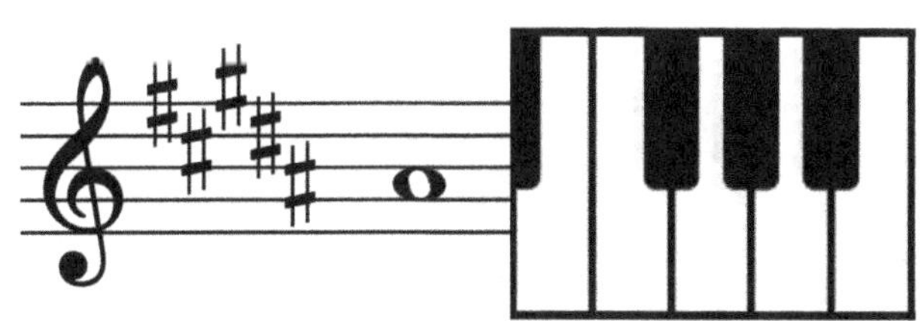
Note: _____

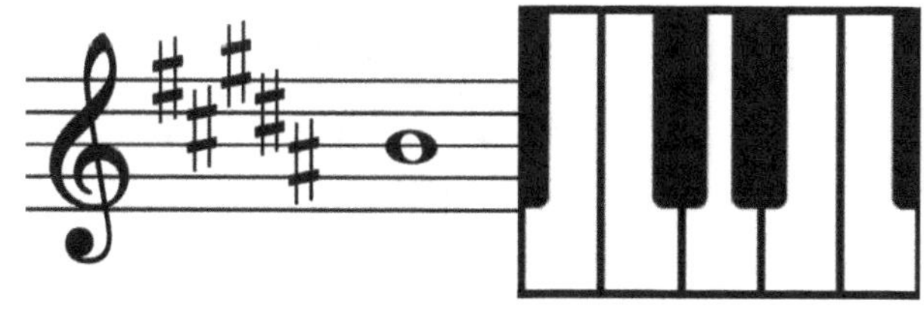
Note: _____

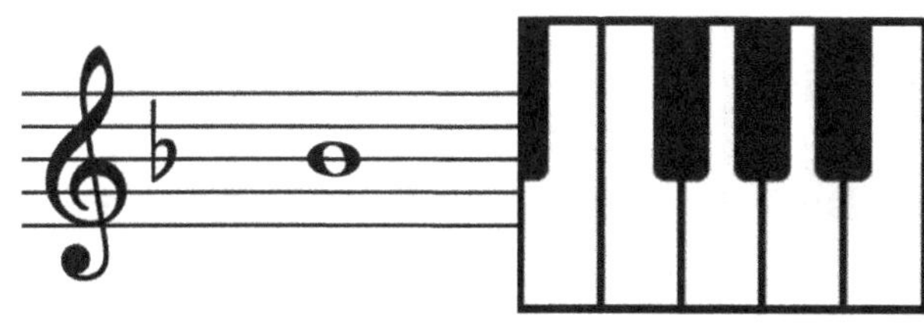
Note: _____

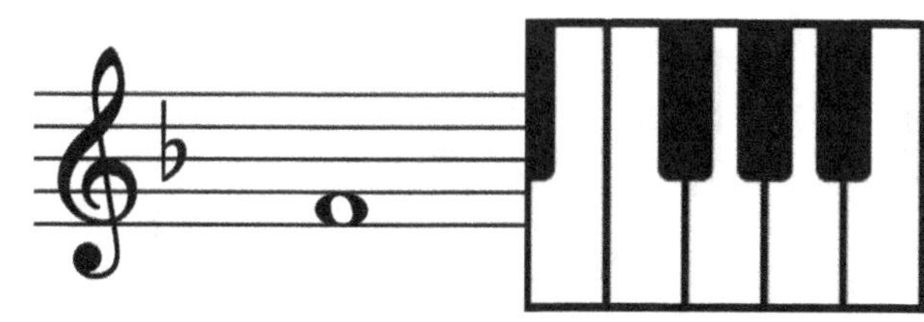
Note: _____

1. Schlüssel 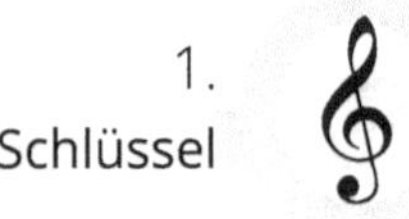  2. Tonart 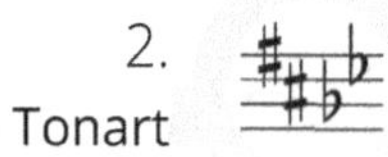  3. Name 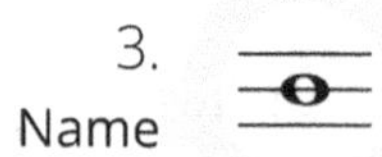  4. Klaviatur 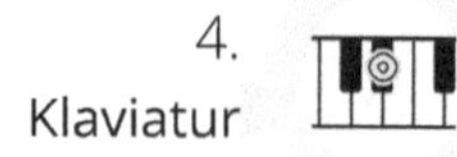

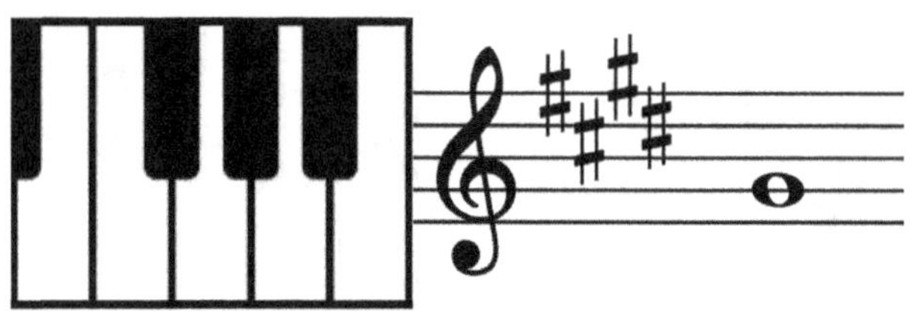

Note: _______

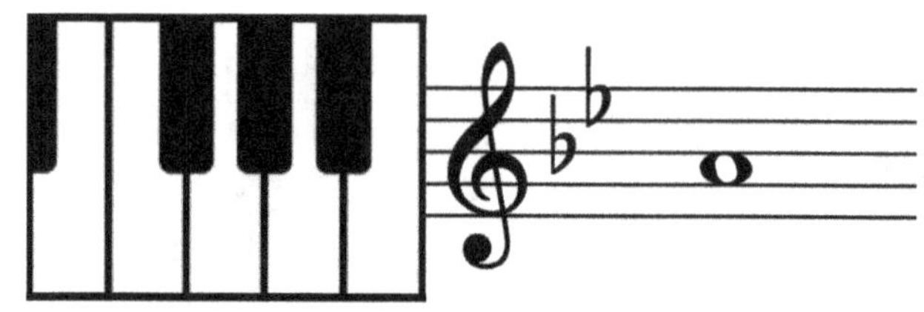

Note: _______

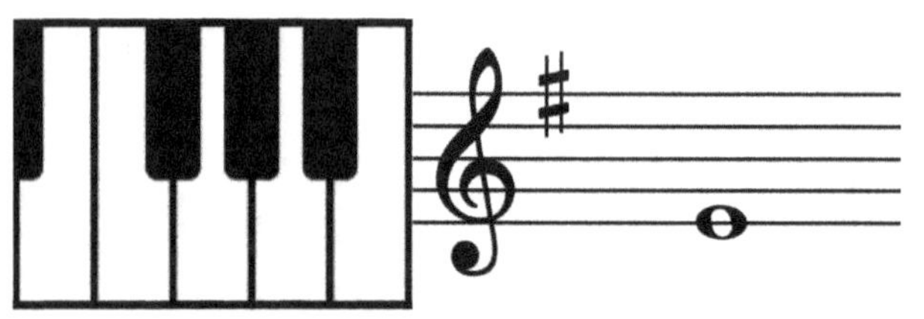

Note: _______

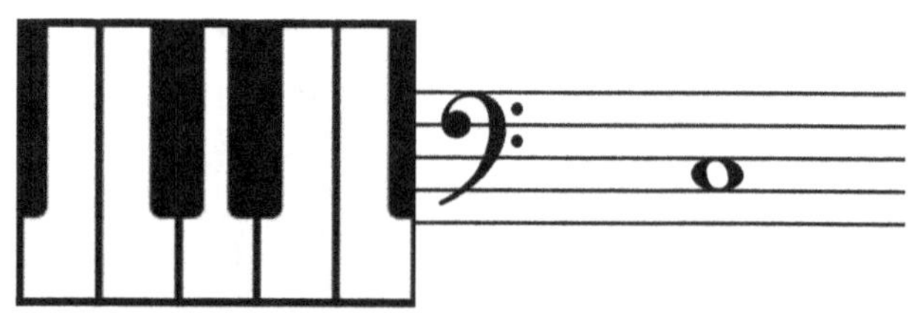

Note: _______

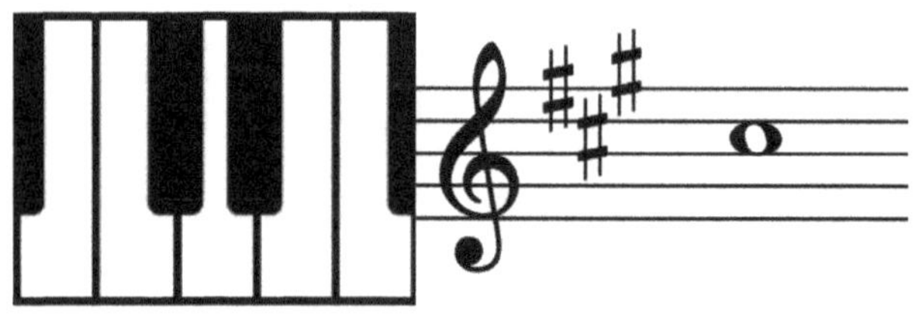

Note: _______

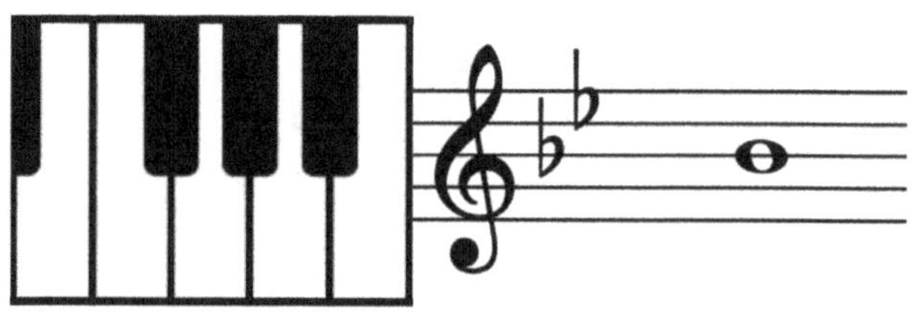

Note: _______

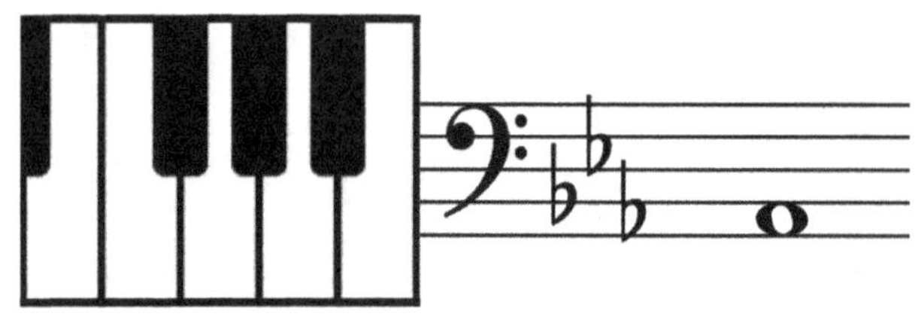

Note: _______

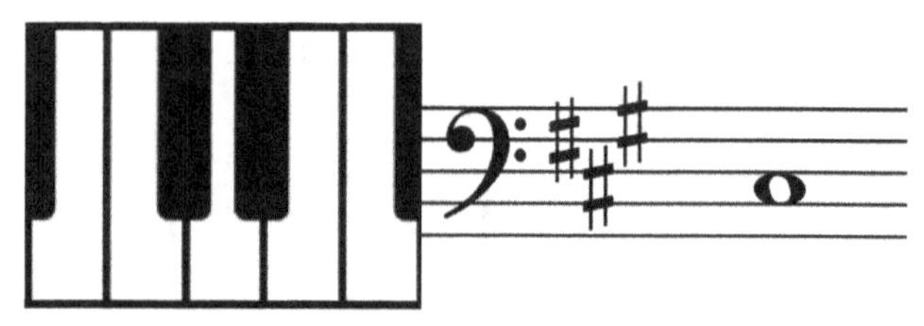

Note: _______

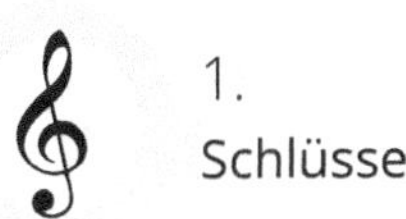


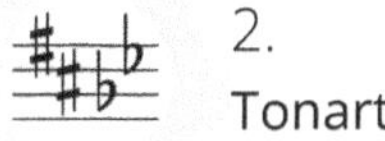


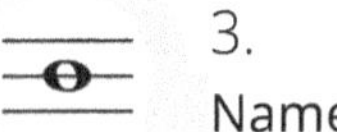


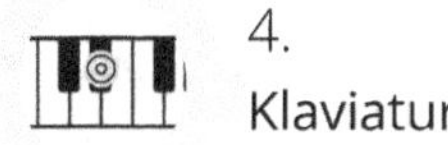


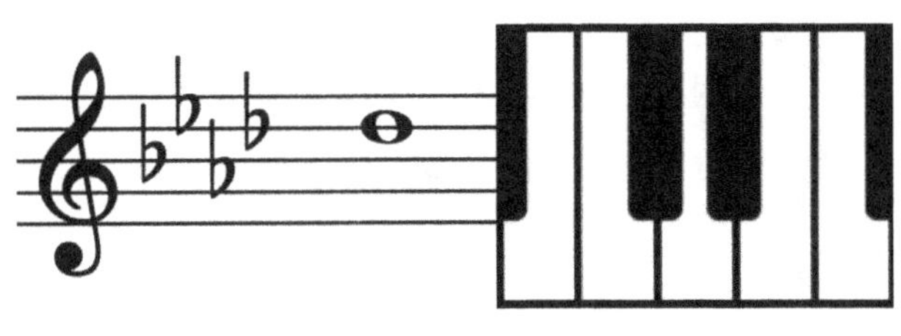

Note: _______

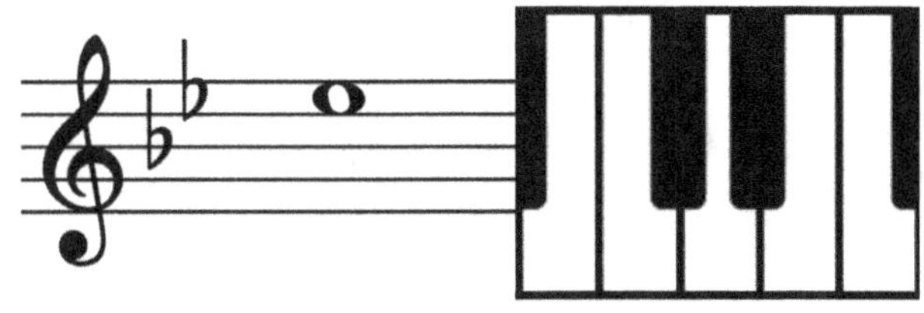

Note: _______

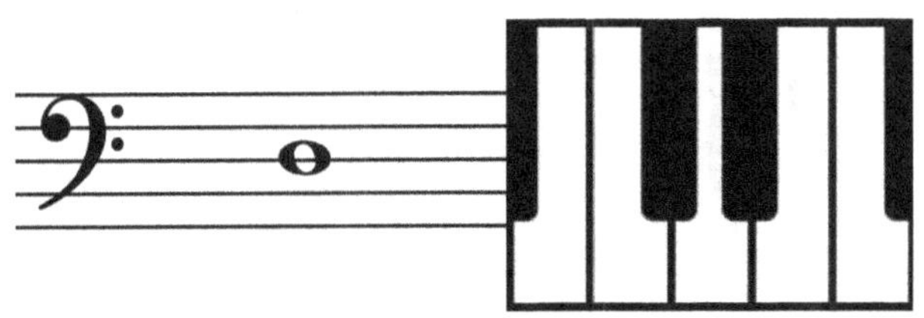

Note: _______

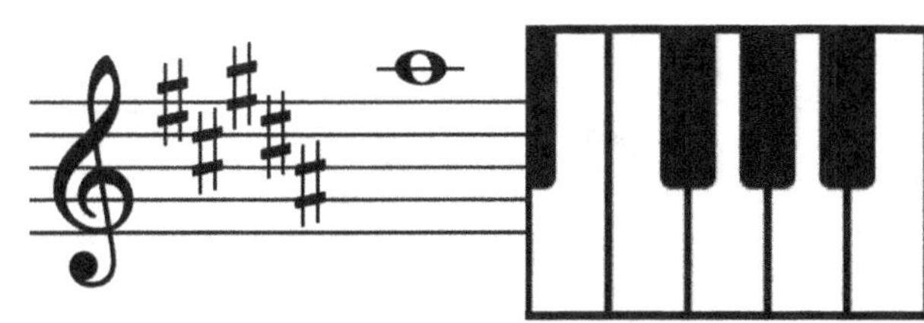

Note: _______

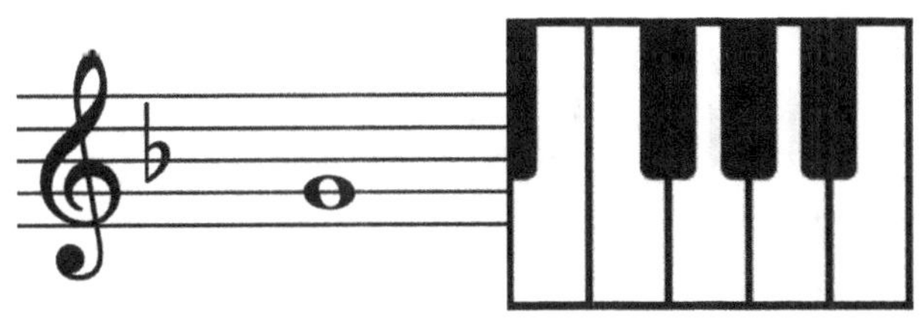

Note: _______

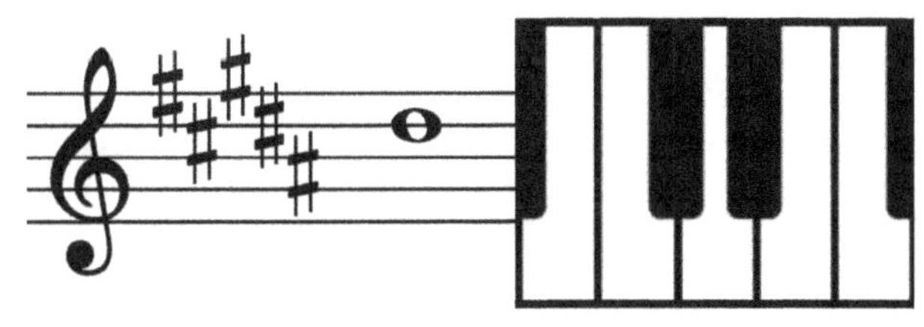

Note: _______

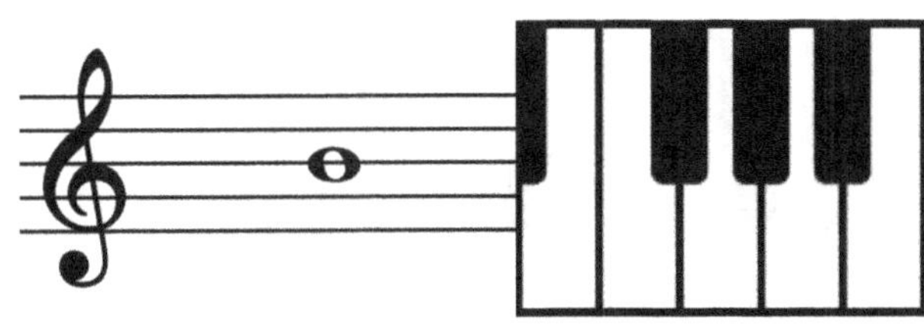

Note: _______

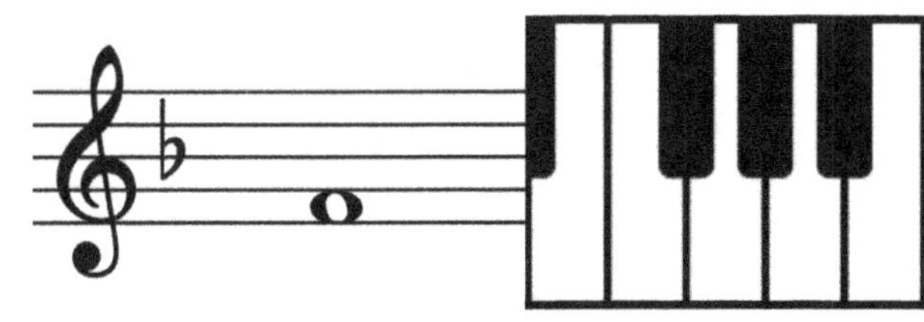

Note: _______

1. Schlüssel 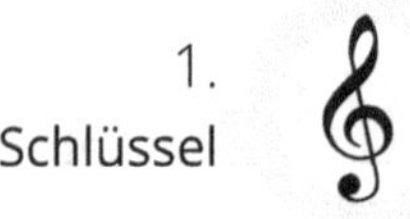   2. Tonart 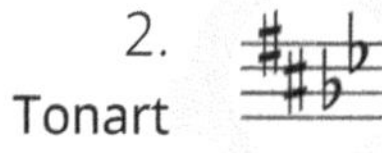   3. Name 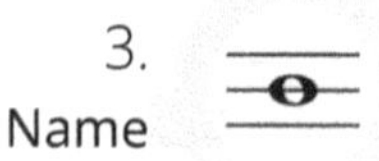   4. Klaviatur 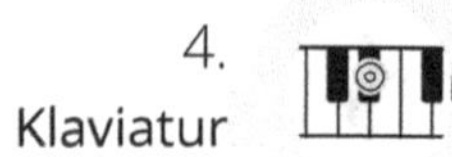

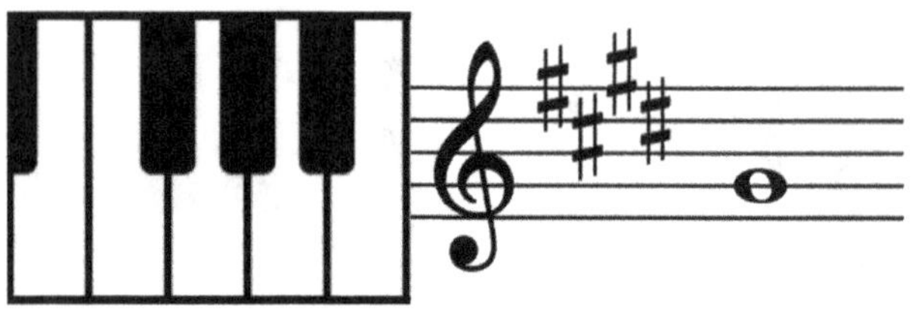

Note: _____

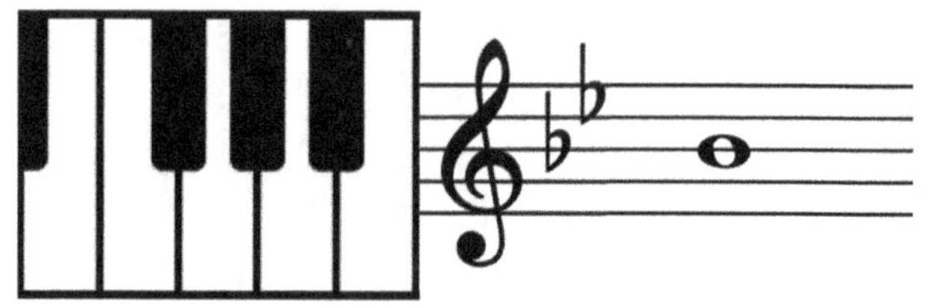

Note: _____

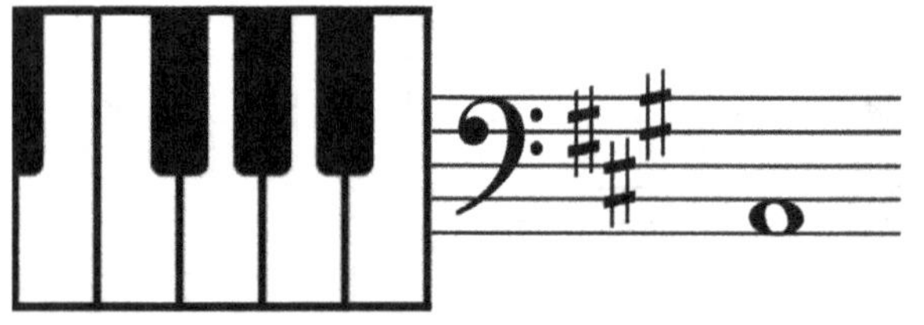

Note: _____

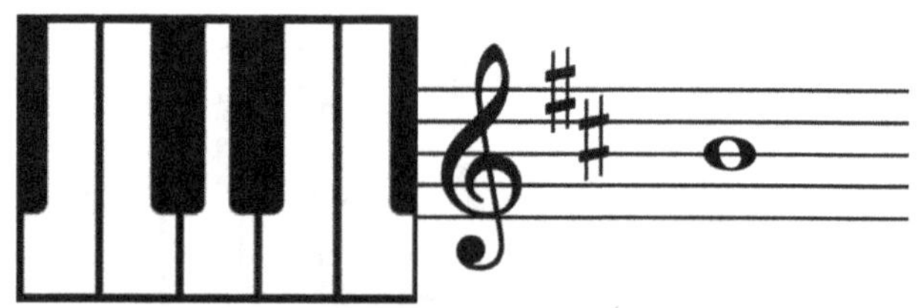

Note: _____

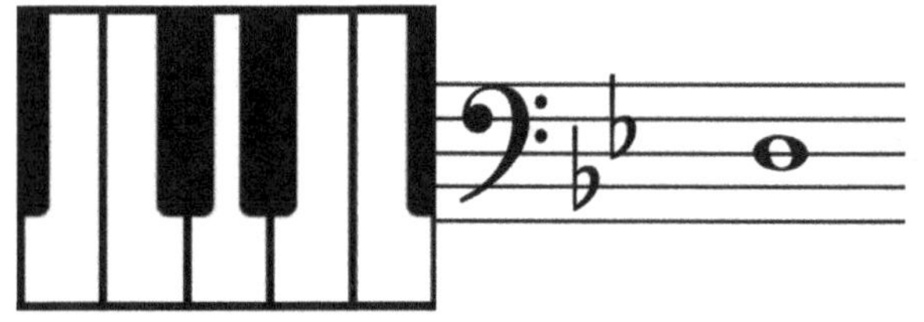

Note: _____

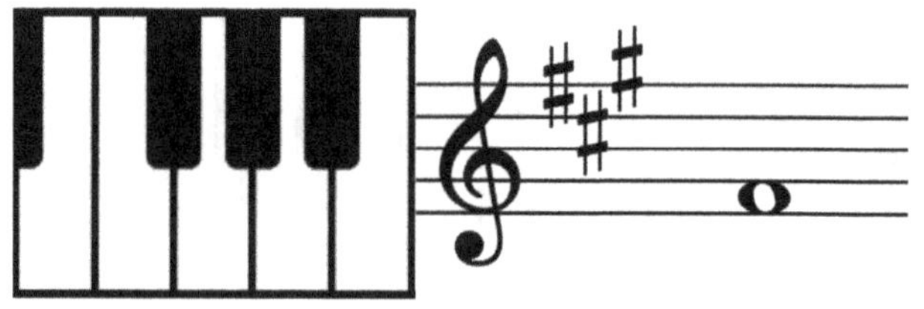

Note: _____

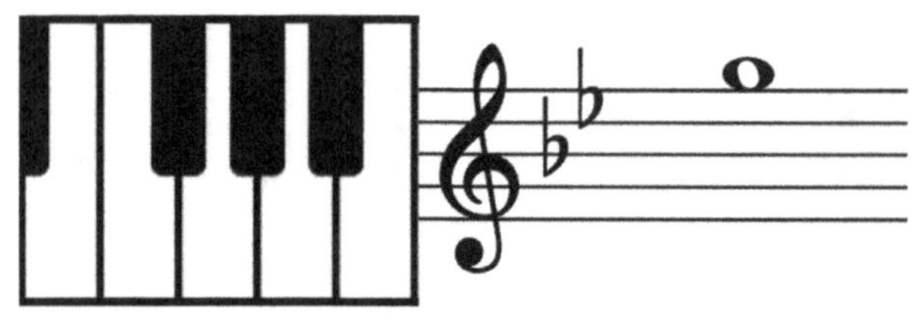

Note: _____

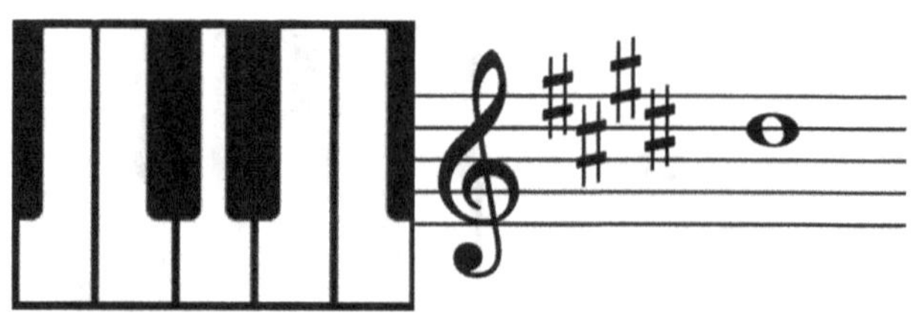

Note: _____

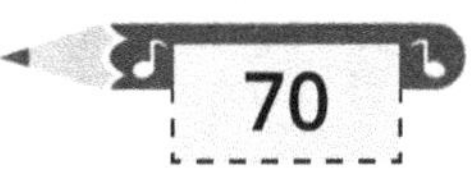


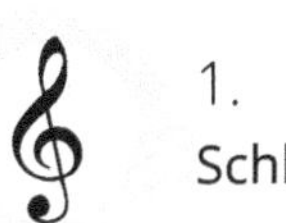


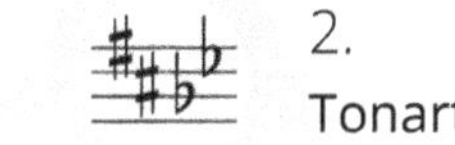


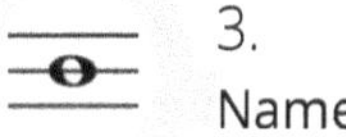


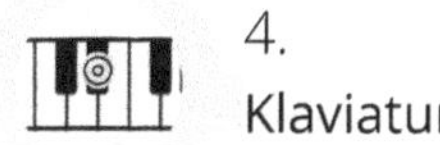


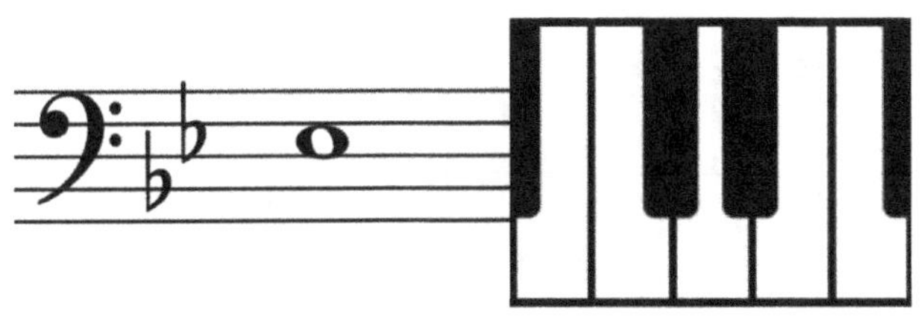

Note: _______

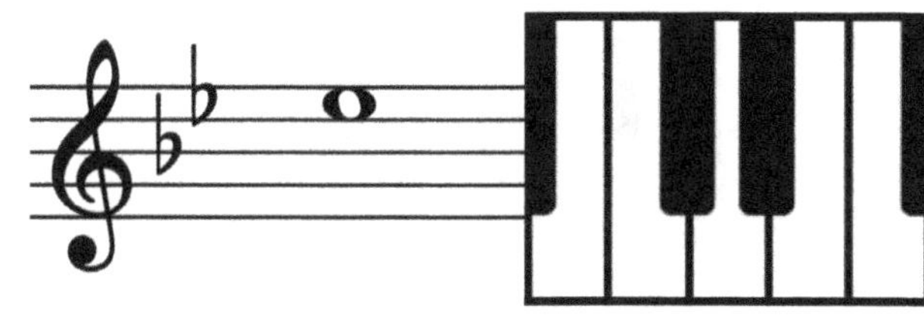

Note: _______

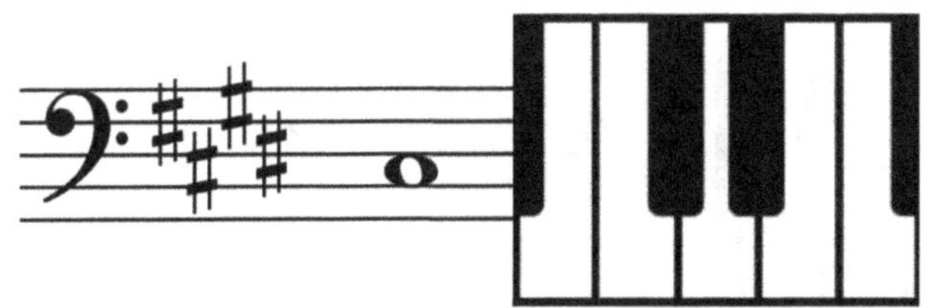

Note: _______

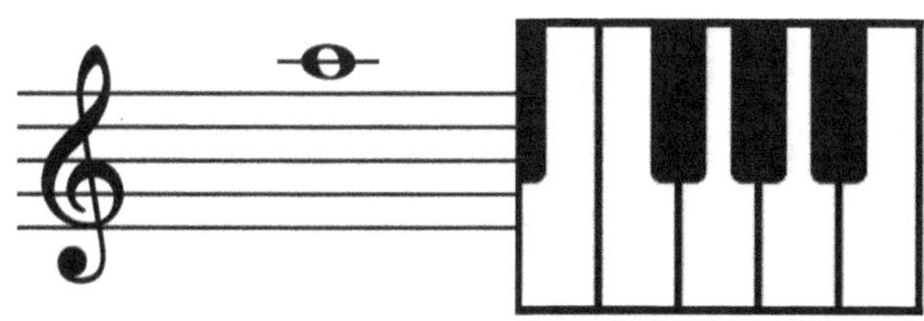

Note: _______

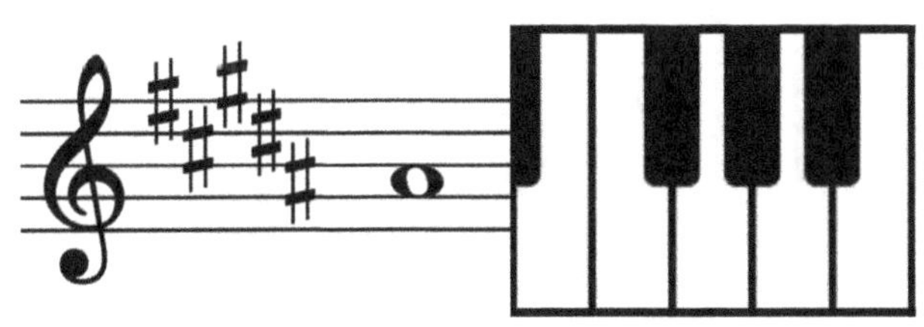

Note: _______

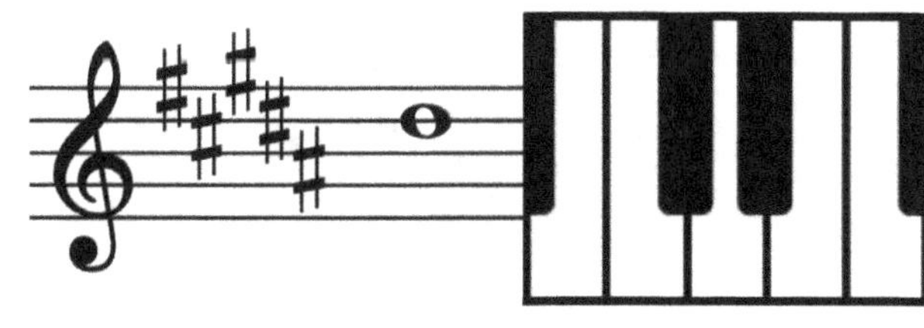

Note: _______

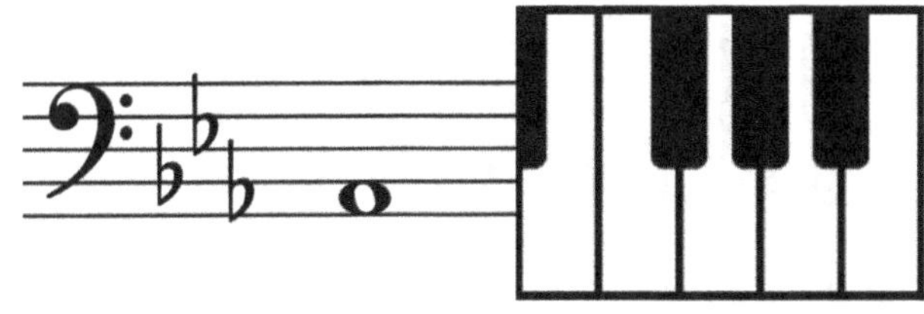

Note: _______

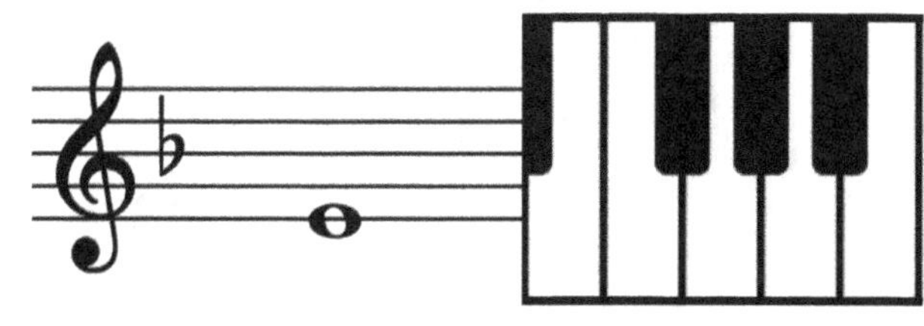

Note: _______

1. Schlüssel 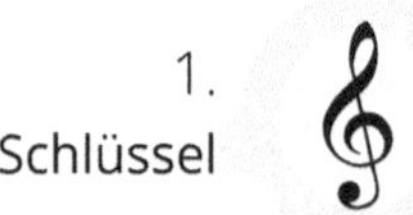  2. Tonart 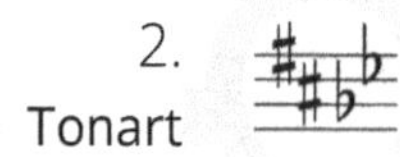  3. Name 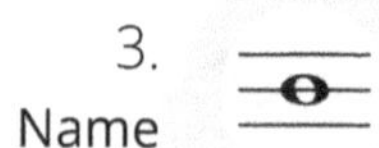  4. Klaviatur 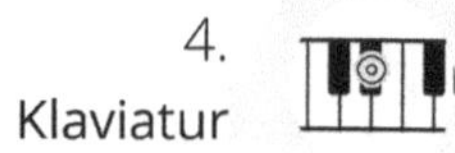

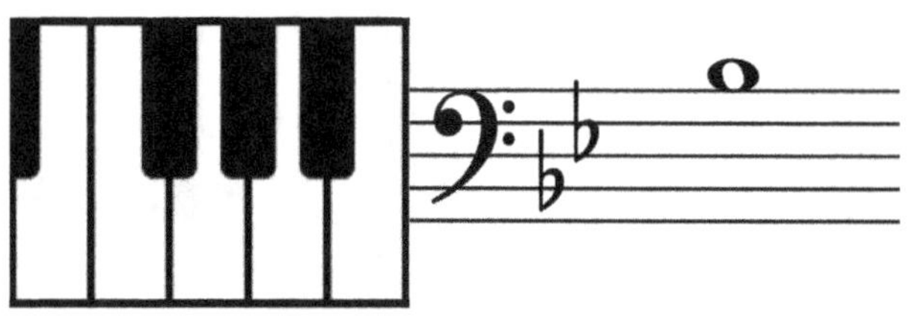

Note: _______

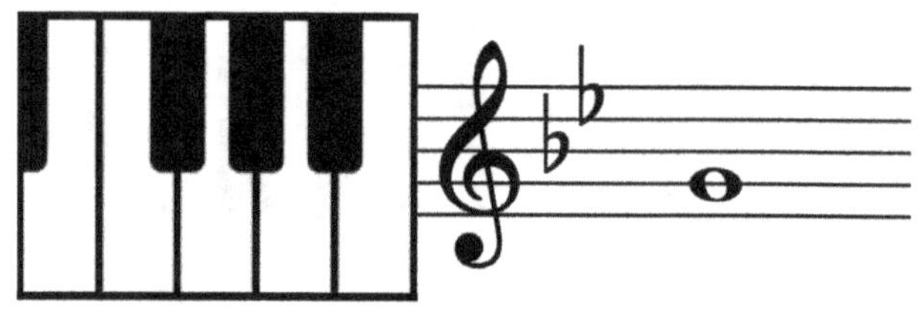

Note: _______

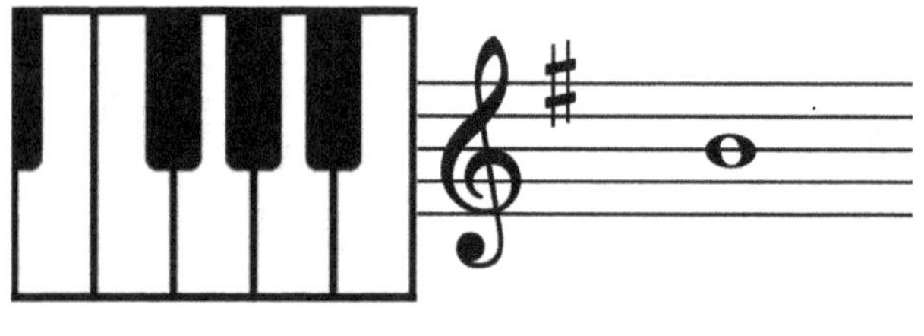

Note: _______

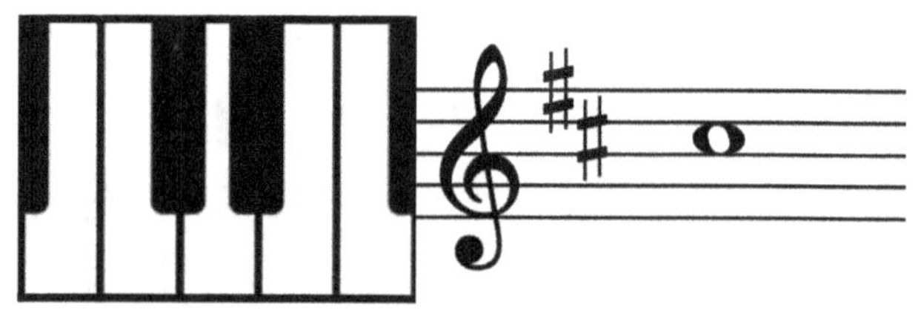

Note: _______

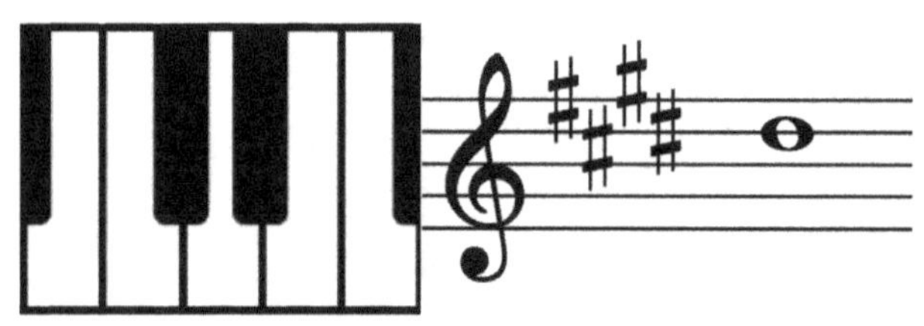

Note: _______

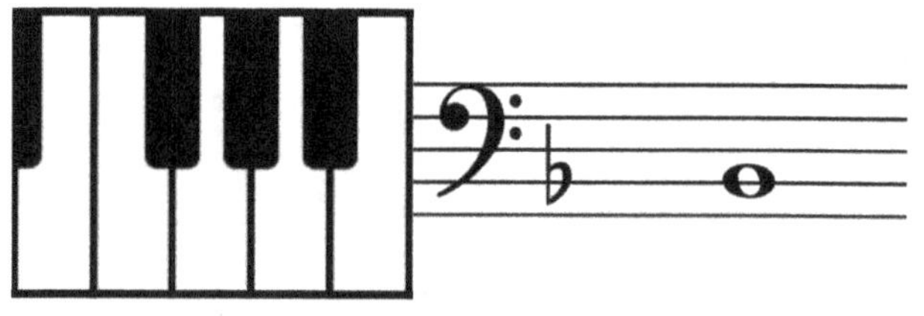

Note: _______

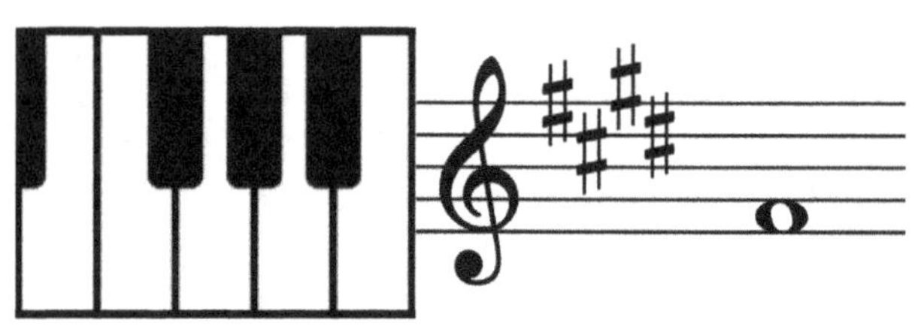

Note: _______

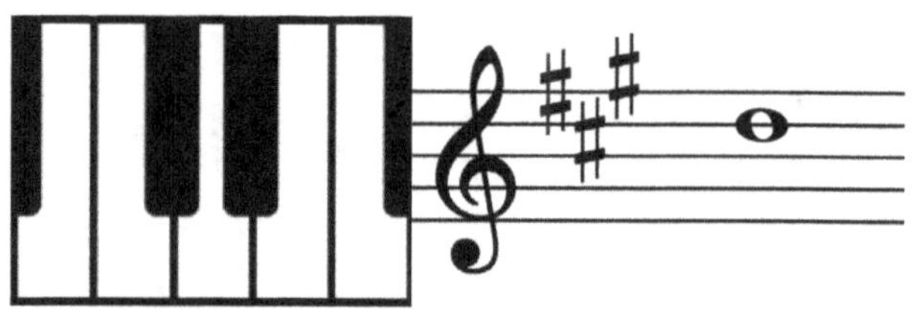

Note: _______

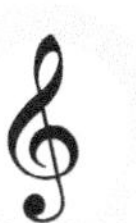 1. Schlüssel 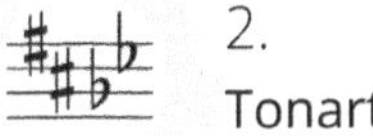 2. Tonart 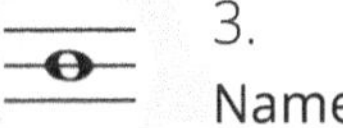 3. Name 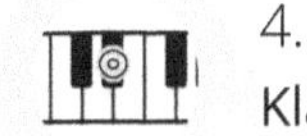 4. Klaviatur

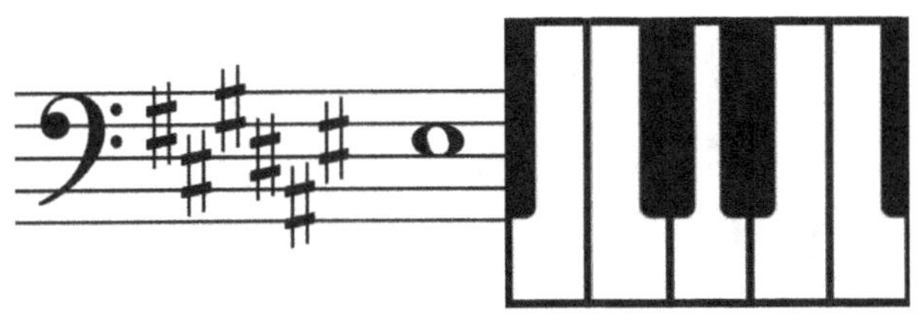

Note: _______

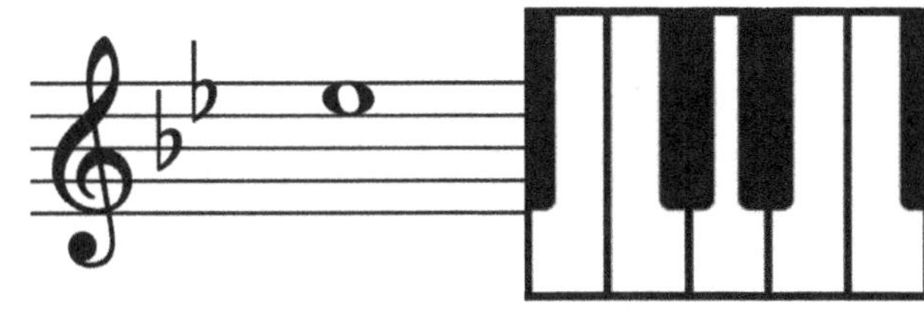

Note: _______

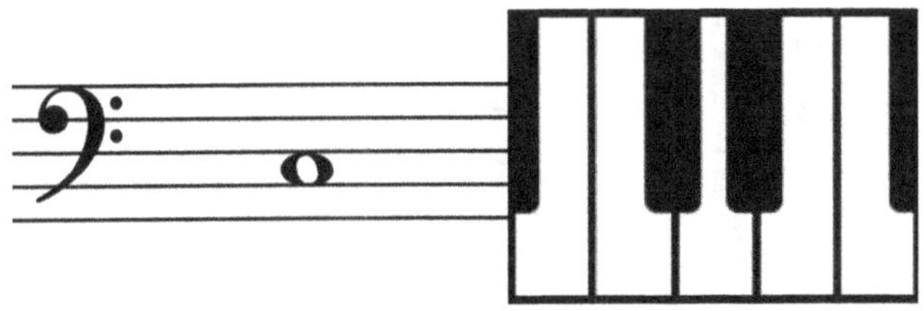

Note: _______

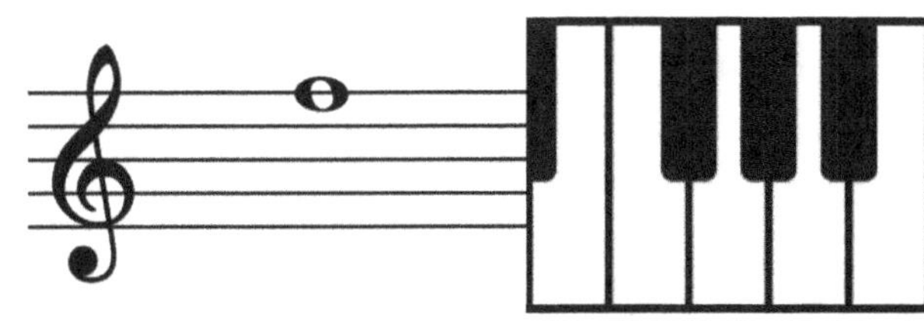

Note: _______

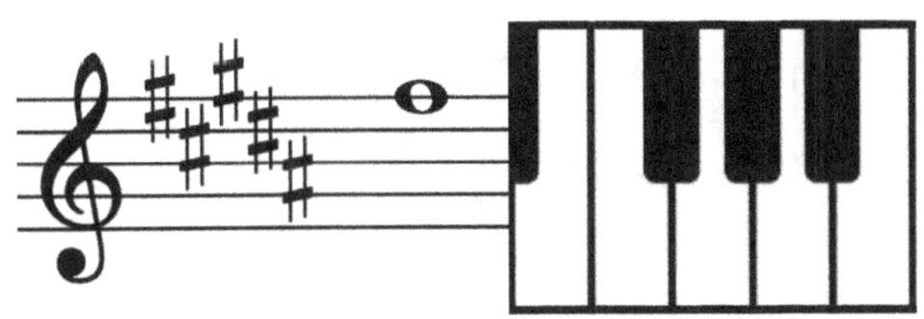

Note: _______

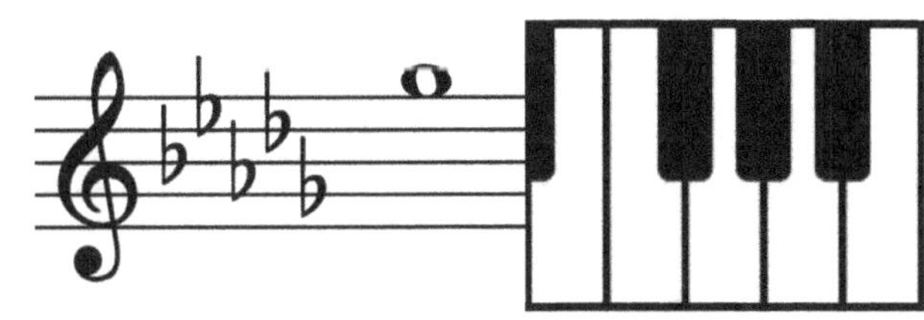

Note: _______

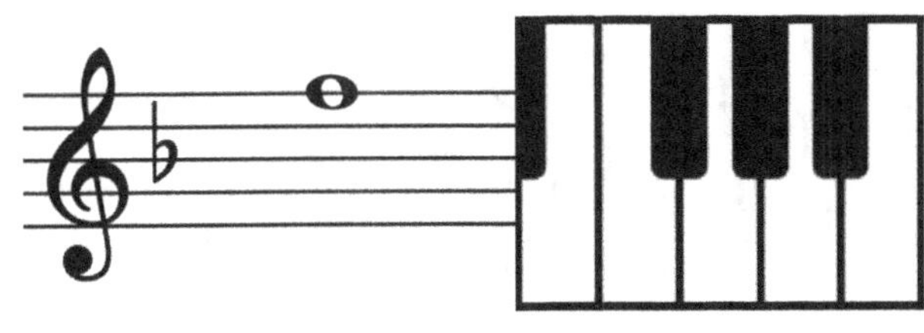

Note: _______

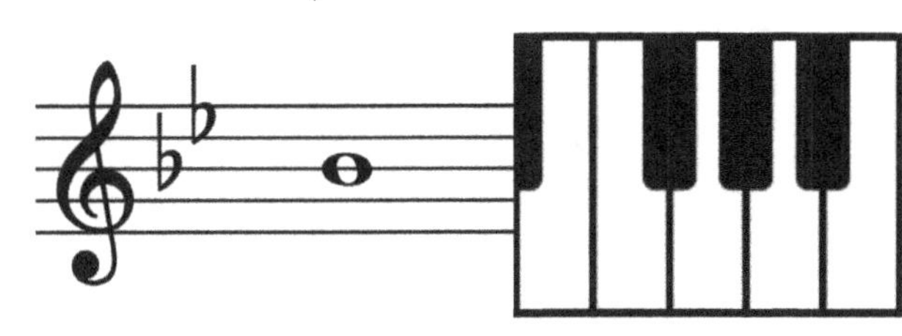

Note: _______

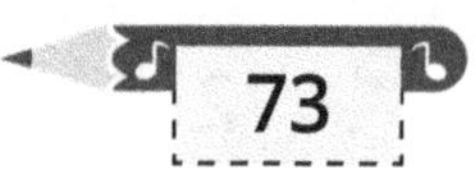

1. Schlüssel 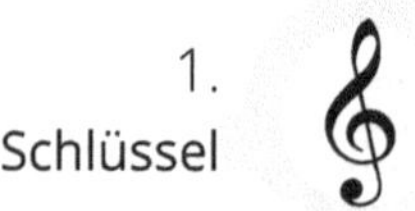   2. Tonart 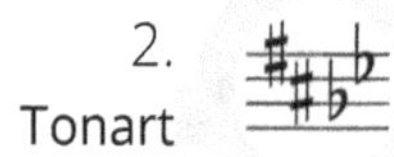   3. Name 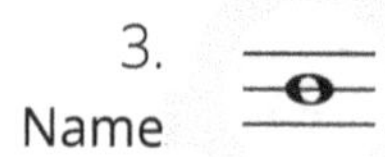   4. Klaviatur 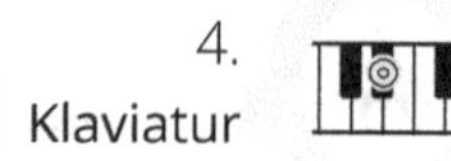

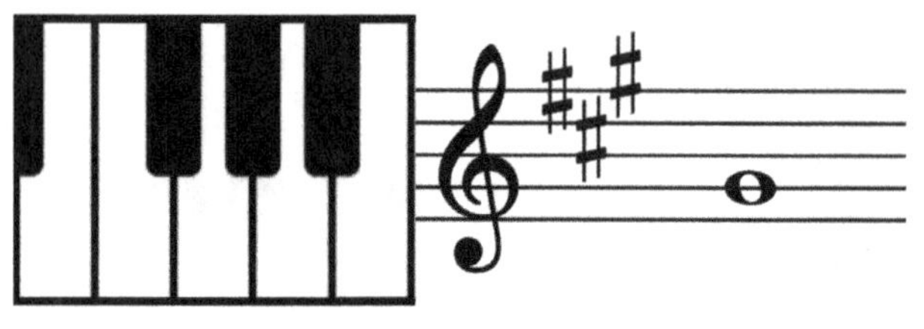

Note: ______

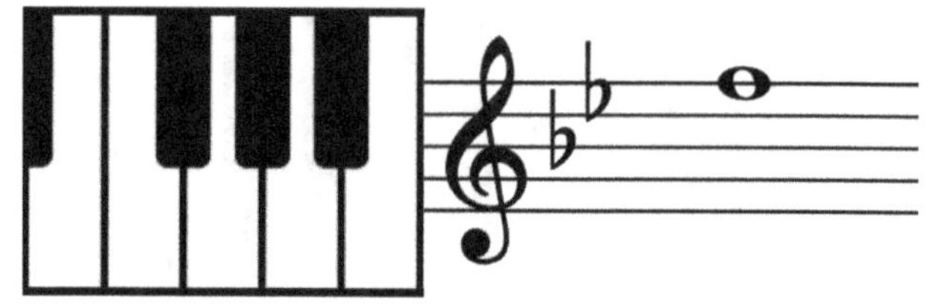

Note: ______

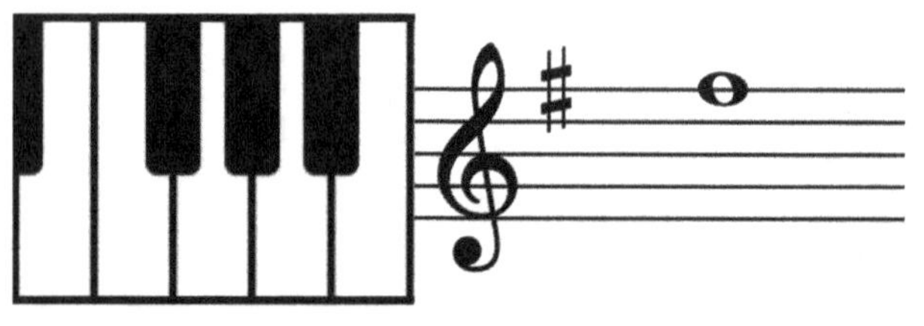

Note: ______

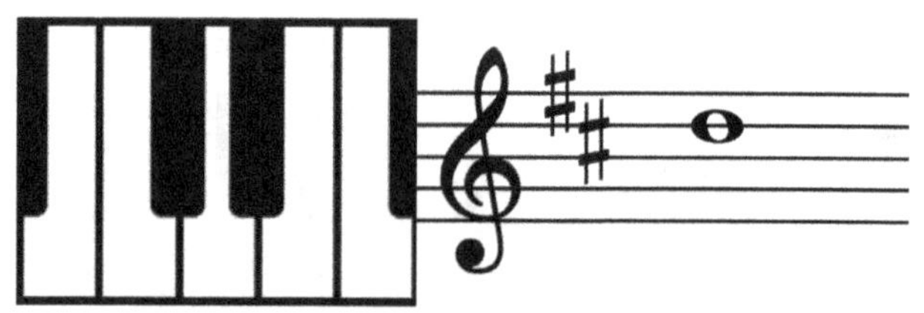

Note: ______

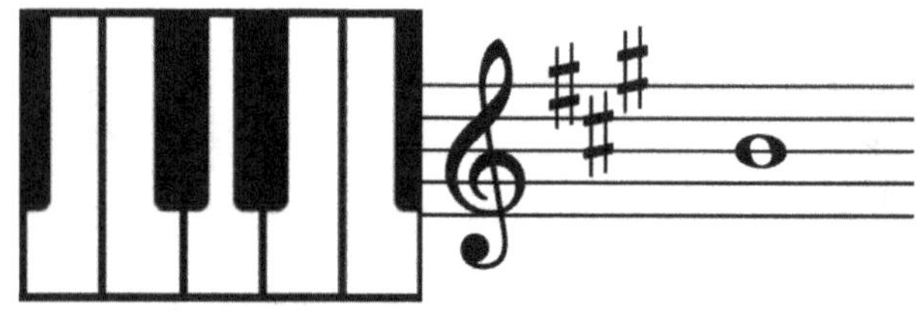

Note: ______

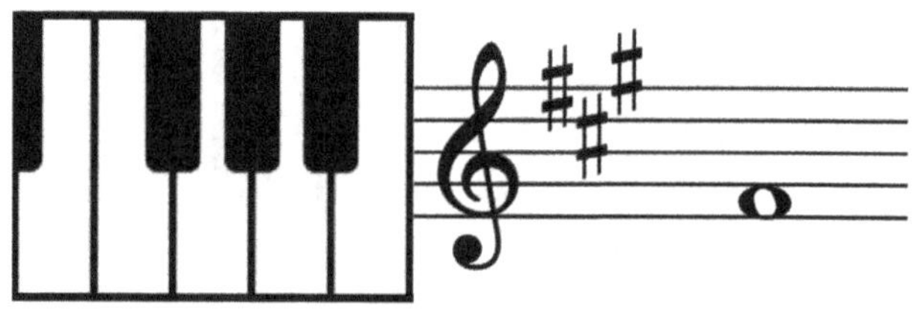

Note: ______

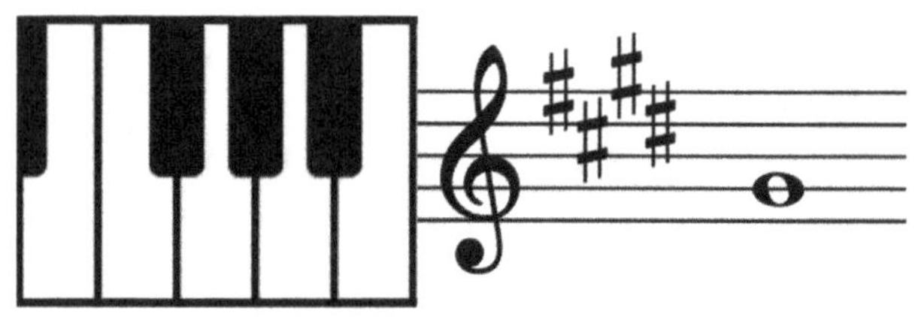

Note: ______

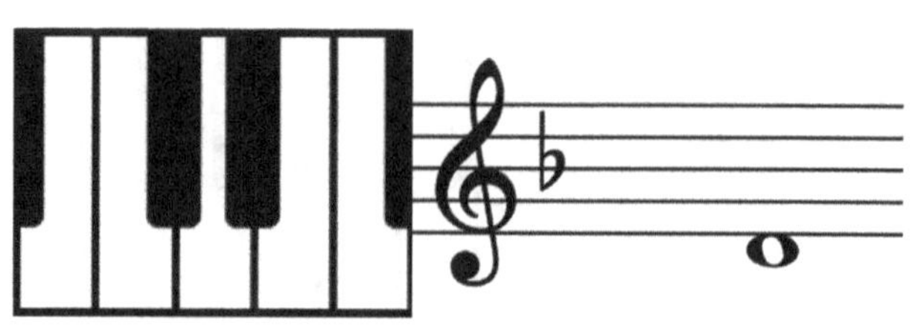

Note: ______

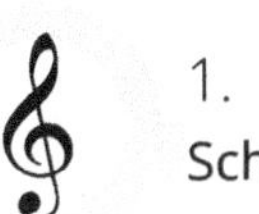 1. Schlüssel   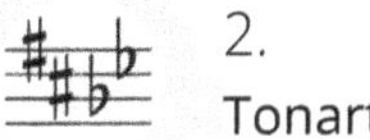 2. Tonart   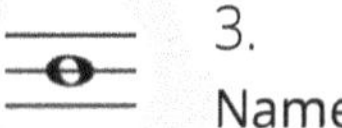 3. Name   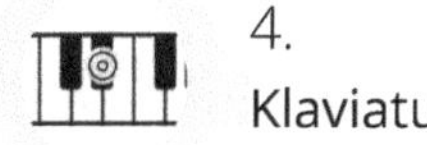 4. Klaviatur

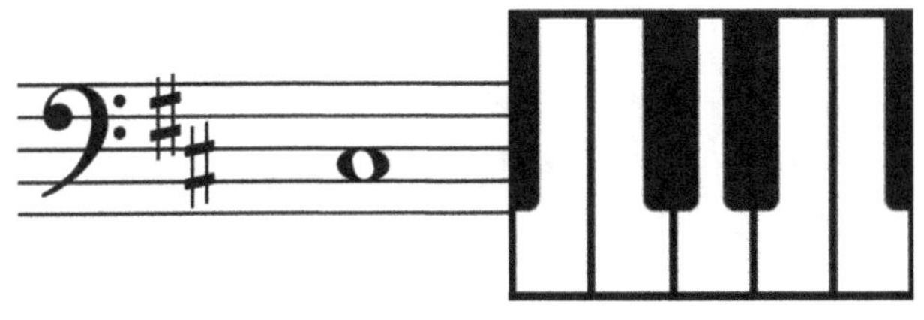

Note: _______

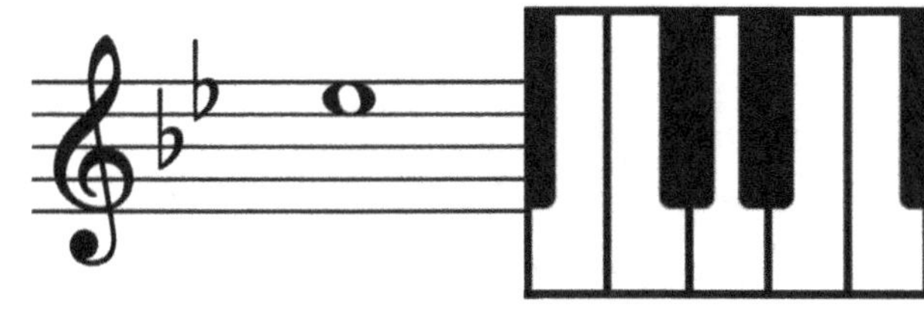

Note: _______

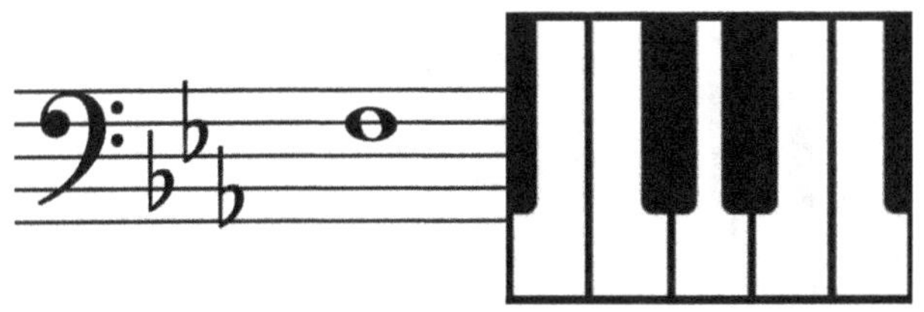

Note: _______

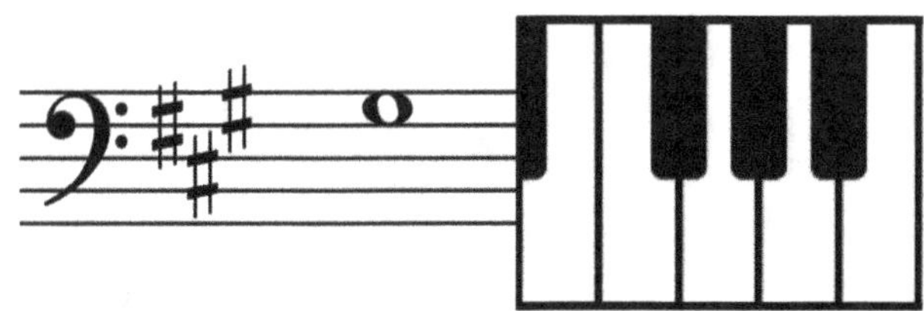

Note: _______

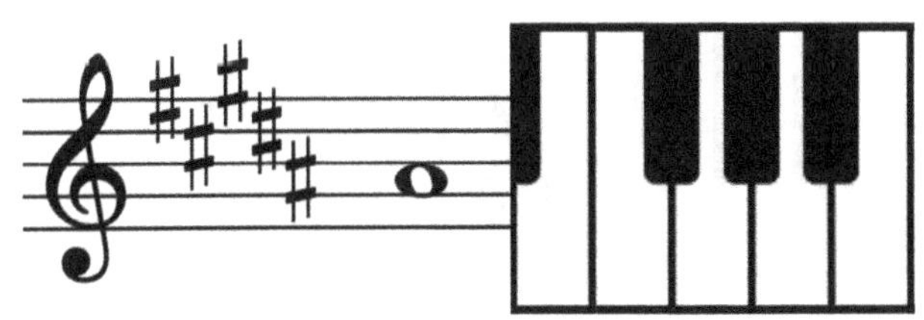

Note: _______

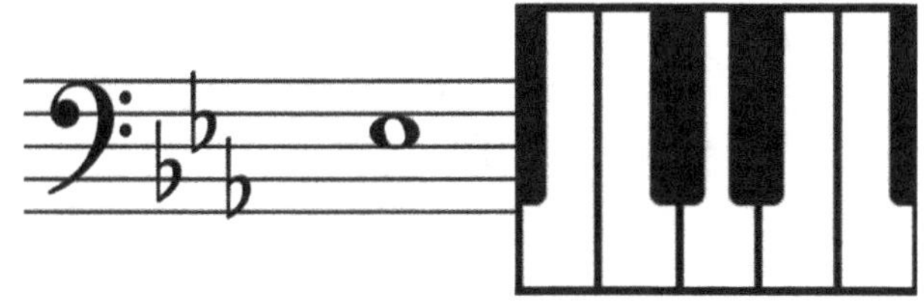

Note: _______

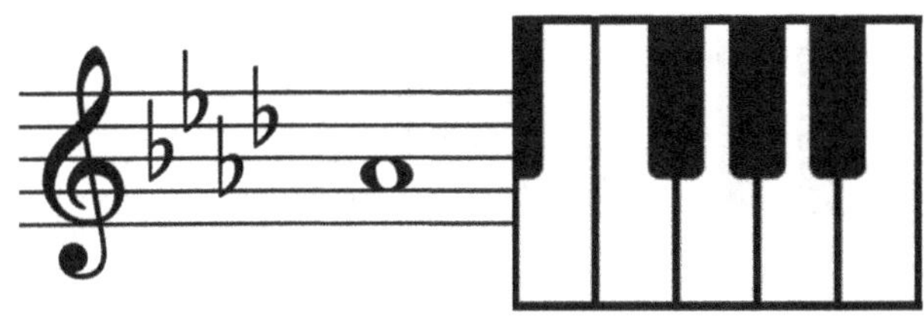

Note: _______

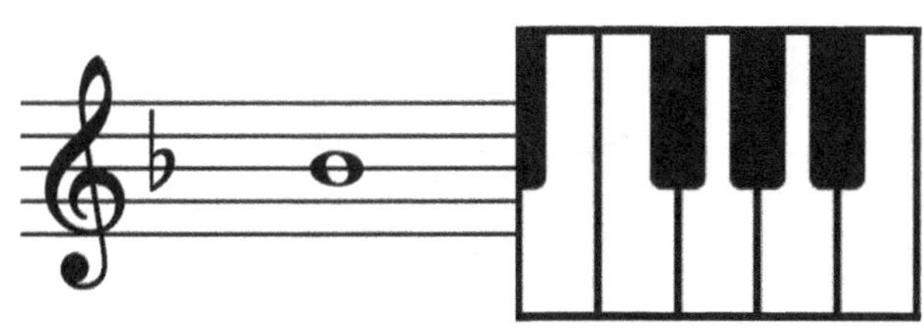

Note: _______

1. Schlüssel 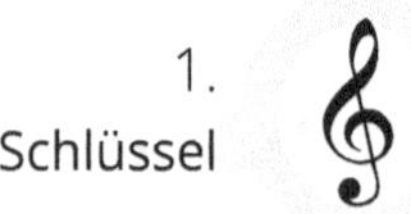  2. Tonart 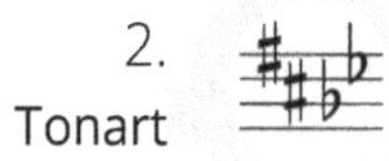  3. Name 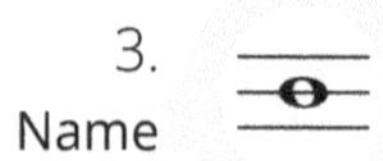  4. Klaviatur 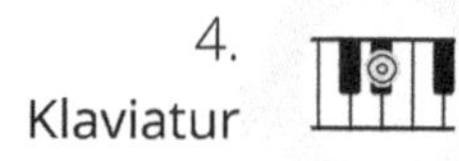

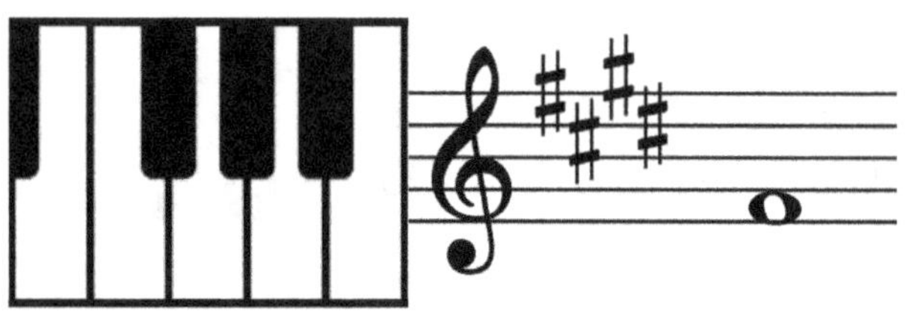

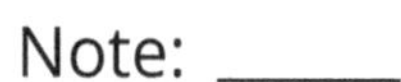

Note: _______

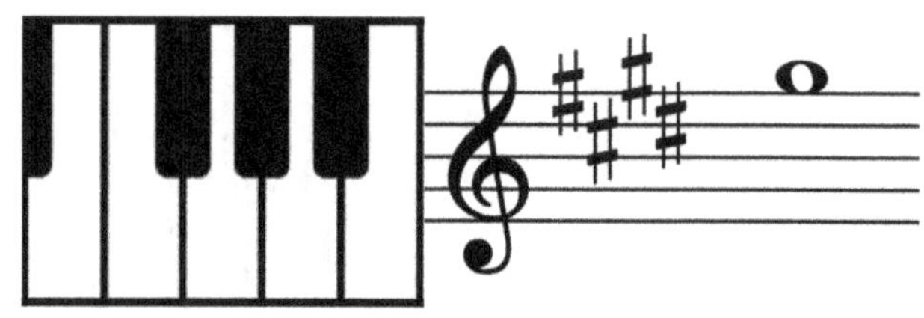

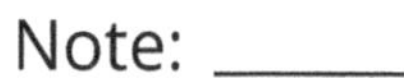

Note: _______

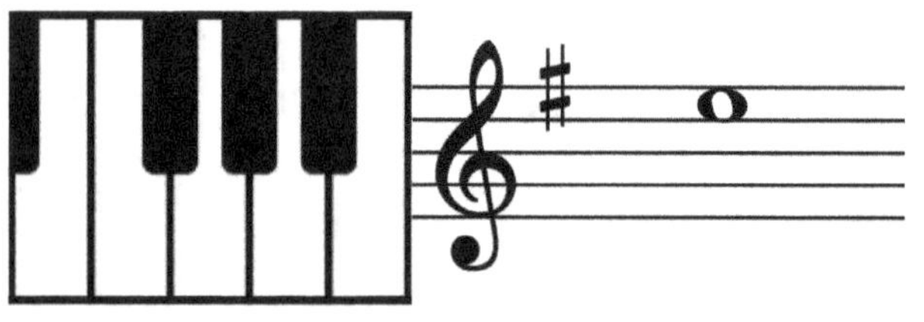

Note: _______

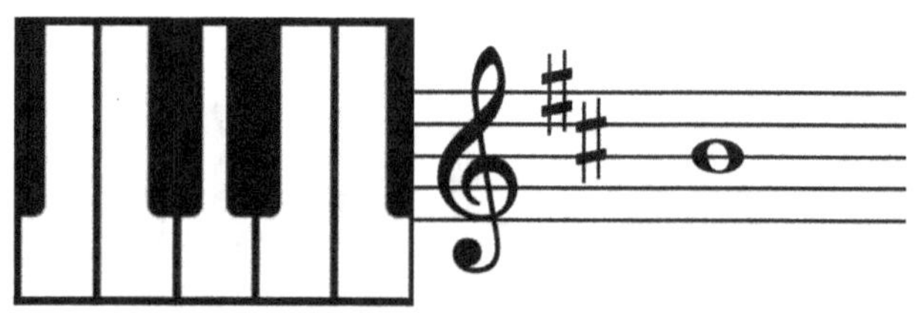

Note: _______

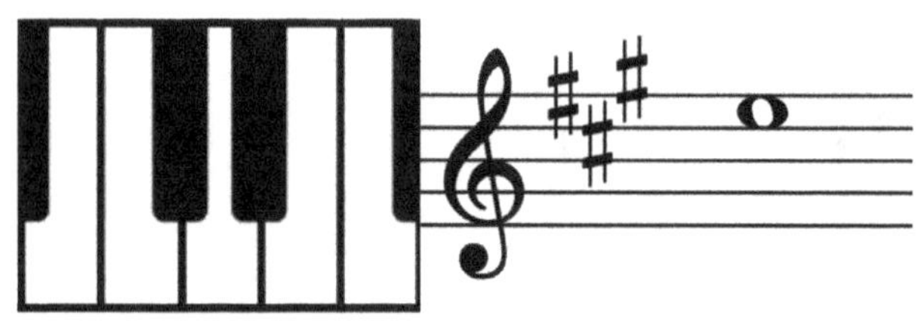

Note: _______

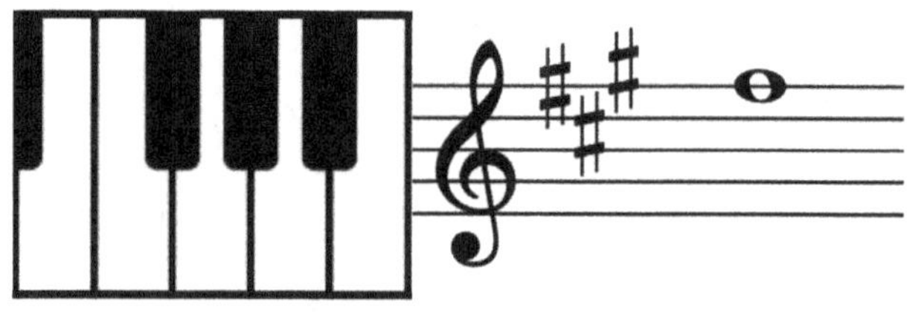

Note: _______

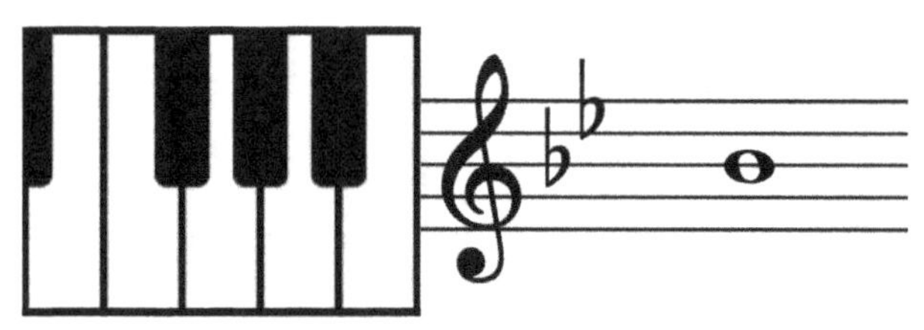

Note: _______

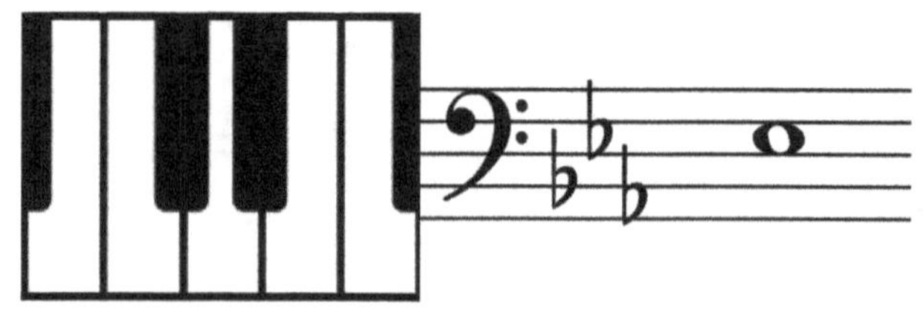

Note: _______

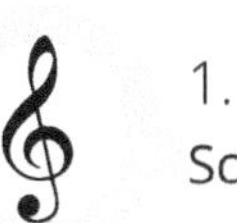
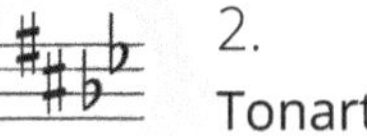
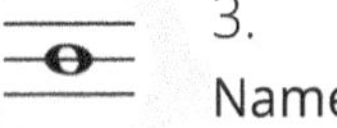
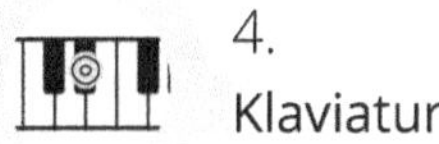



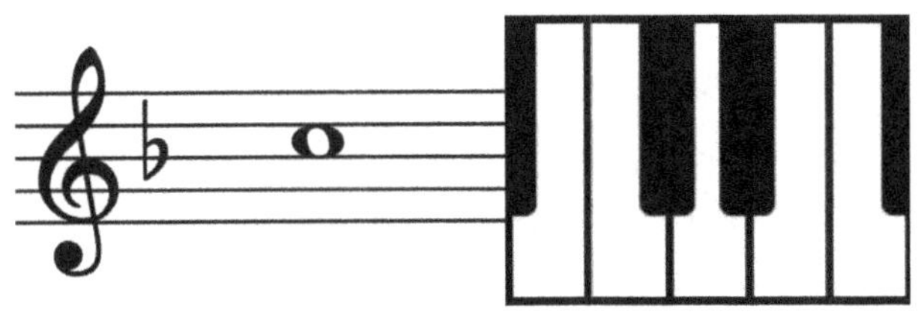

Note: _______

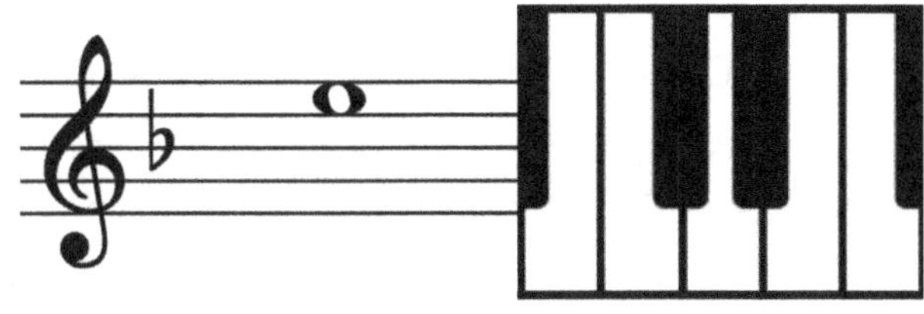

Note: _______

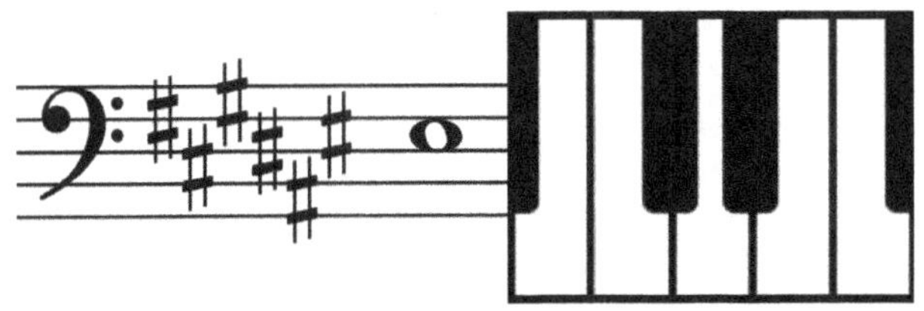

Note: _______

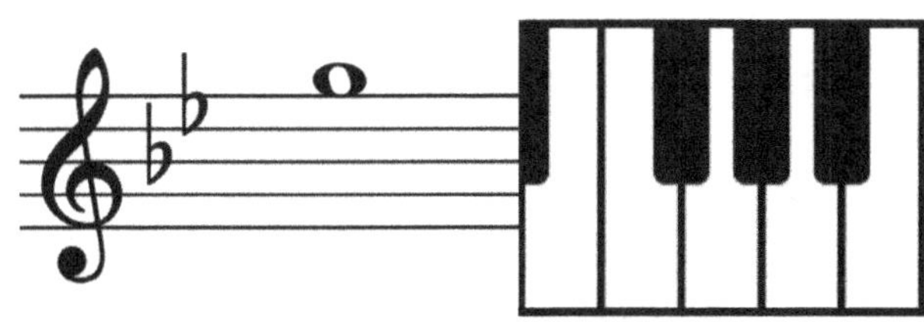

Note: _______

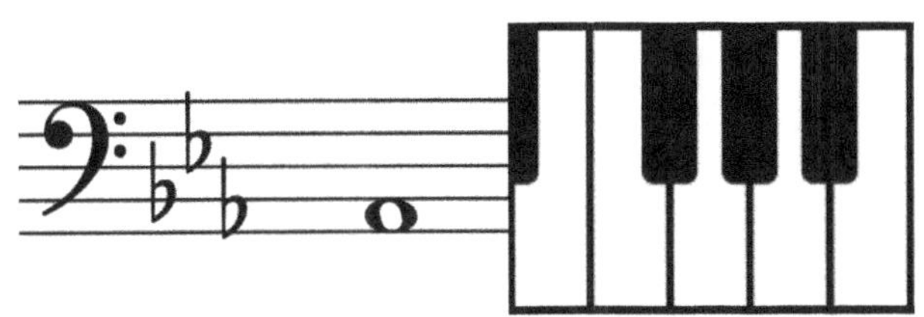

Note: _______

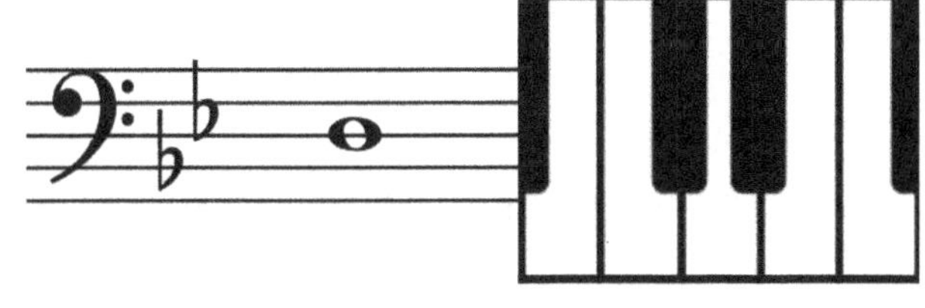

Note: _______

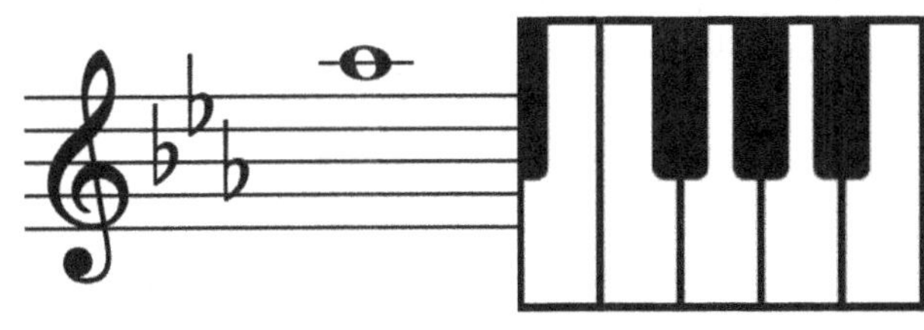

Note: _______

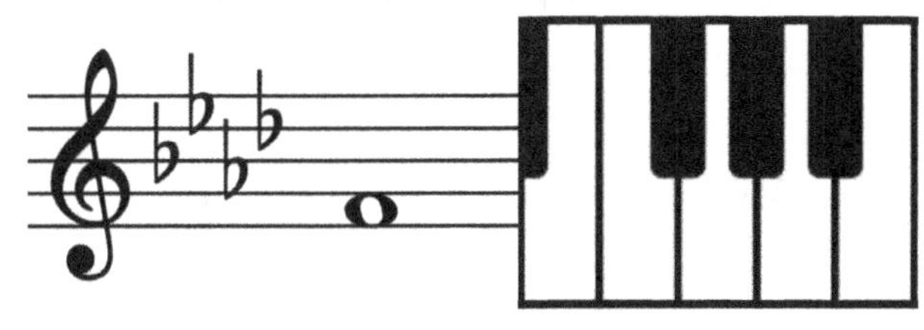

Note: _______

# Tipps zum Notenlesen

## 1. Auf das Notenblatt konzentrieren

Wenn du Klavier oder Keyboard spielst, arbeite an der Gewohnheit, deine Finger nicht anzusehen, während du vom Notenblatt liest. Dies hilft dir deine Fähigkeiten zu verbessern und effektiv Noten zu lesen.

## 2. Vorzeichen & Muster beachten

Vorzeichen sagen dir, welche Noten (falls vorhanden) erhöht oder erniedrigt werden müssen. Behalte die Tonart beim Spielen immer im Hinterkopf. Achte auf Muster – rhythmische und melodische – sowie auf Tonleitern, Arpeggien und Akkorde: Diese können als Orientierungspunkte dienen.

## 3. Takt und Rhythmus mitzählen

Die Taktangabe (hinter dem Vorzeichen am Anfang) zeigt dir, wie viele Schläge du zählen sollst. Um den Rhythmus richtig zu verinnerlichen, klopfe ihn langsam mit beiden Händen auf den Klavier. Die rechte Hand klopft die obere Notenzeile, die linke Hand die untere. Zähle dabei laut mit.

## 4. Zählen und Klatschen

Klatsche beim Üben eines neuen Stücks den Rhythmus und zähle dabei laut mit. Es ist hilfreich, den Rhythmus auf das Notenblatt zu schreiben. Zähle am Anfang immer den Rhythmus, um eine gute Gewohnheit zu entwickeln.

## 5. Hände einzeln üben

Übe, wann immer möglich, jede Hand einzeln. Konzentriere dich immer auf eine Hand zurzeit. Wenn beide Hände ihre Teile sicher beherrschen, kannst du im nächsten Schritt mit beiden Händen zusammenspielen.

## 6. Lerne kurze Abschnitte nacheinander

Übe immer kleine Abschnitte auf einmal. Bleibe zu Beginn innerhalb von vier Takten. Denk an den Witz: Wie isst man einen Elefanten? Einen Bissen nach dem anderen. Zu große Abschnitte zu üben kann zu Frustration führen.

## 7. Möglichst nicht unterbrechen

Versuche, nicht zu stoppen oder zu zögern. Spiele weiter, auch wenn du Fehler machst – einen gleichmäßigen Puls beizubehalten, ist wichtiger, als alle Noten richtig zu spielen.

## 8. Alles braucht seine Zeit

Entspanne dich und bleib fröhlich. Es ist unglaublich frustrierend, wenn deine Hände nicht das tun, was dein Kopf vorgibt. Denke daran: Übung macht den Meister.

# Lösungen

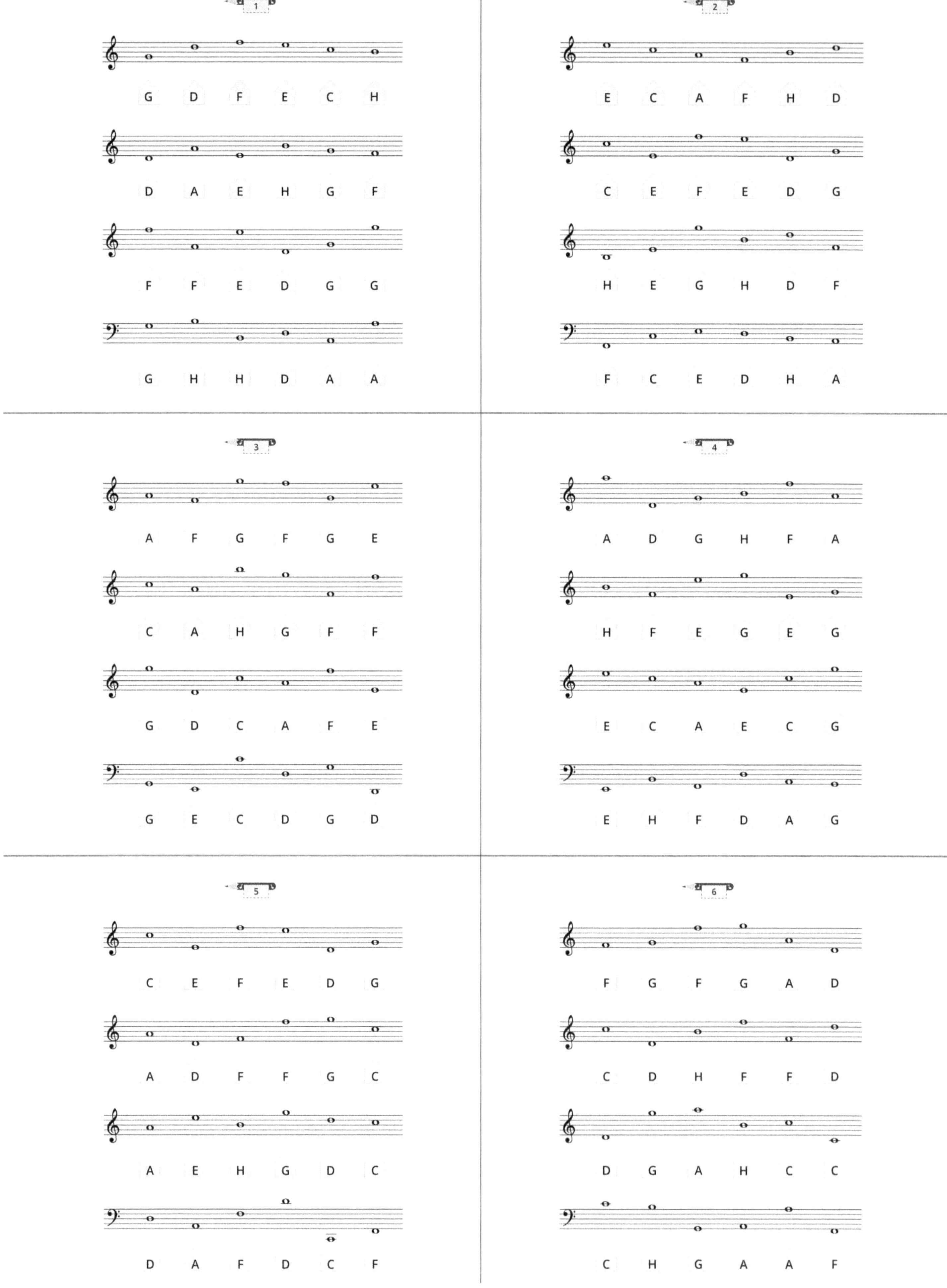

1
G D F E C H
D A E H G F
F F E D G G
G H H D A A
2
E C A F H D
C E F E D G
H E G H D F
F C E D H A
3
A F G F G E
C A H G F F
G D C A F E
G E C D G D
4
A D G H F A
H F E G E G
E C A E C G
E H F D A G
5
C E F E D G
A D F F G C
A E H G D C
D A F D C F
6
F G F G A D
C D H F F D
D G A H C C
C H G A A F

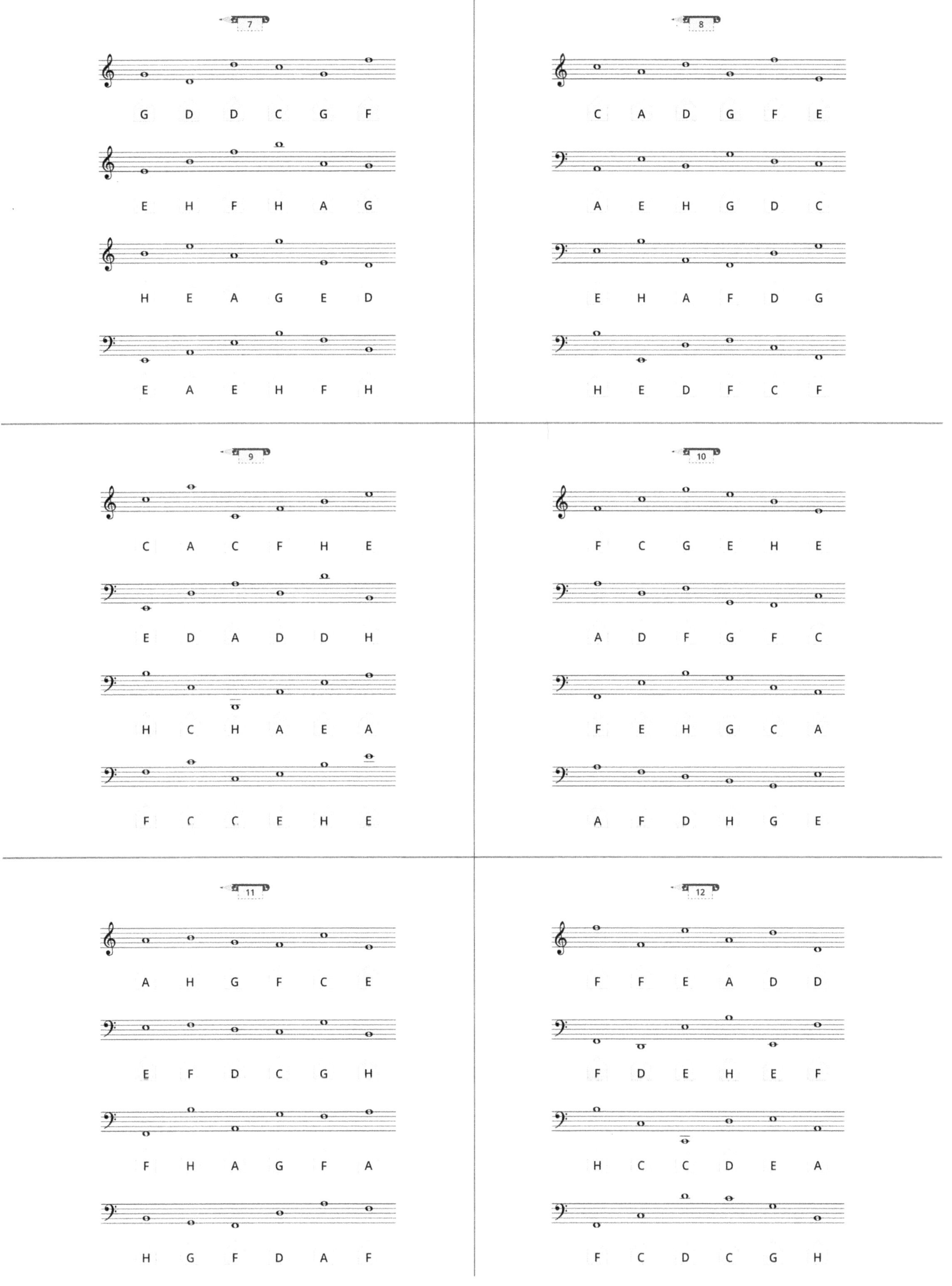

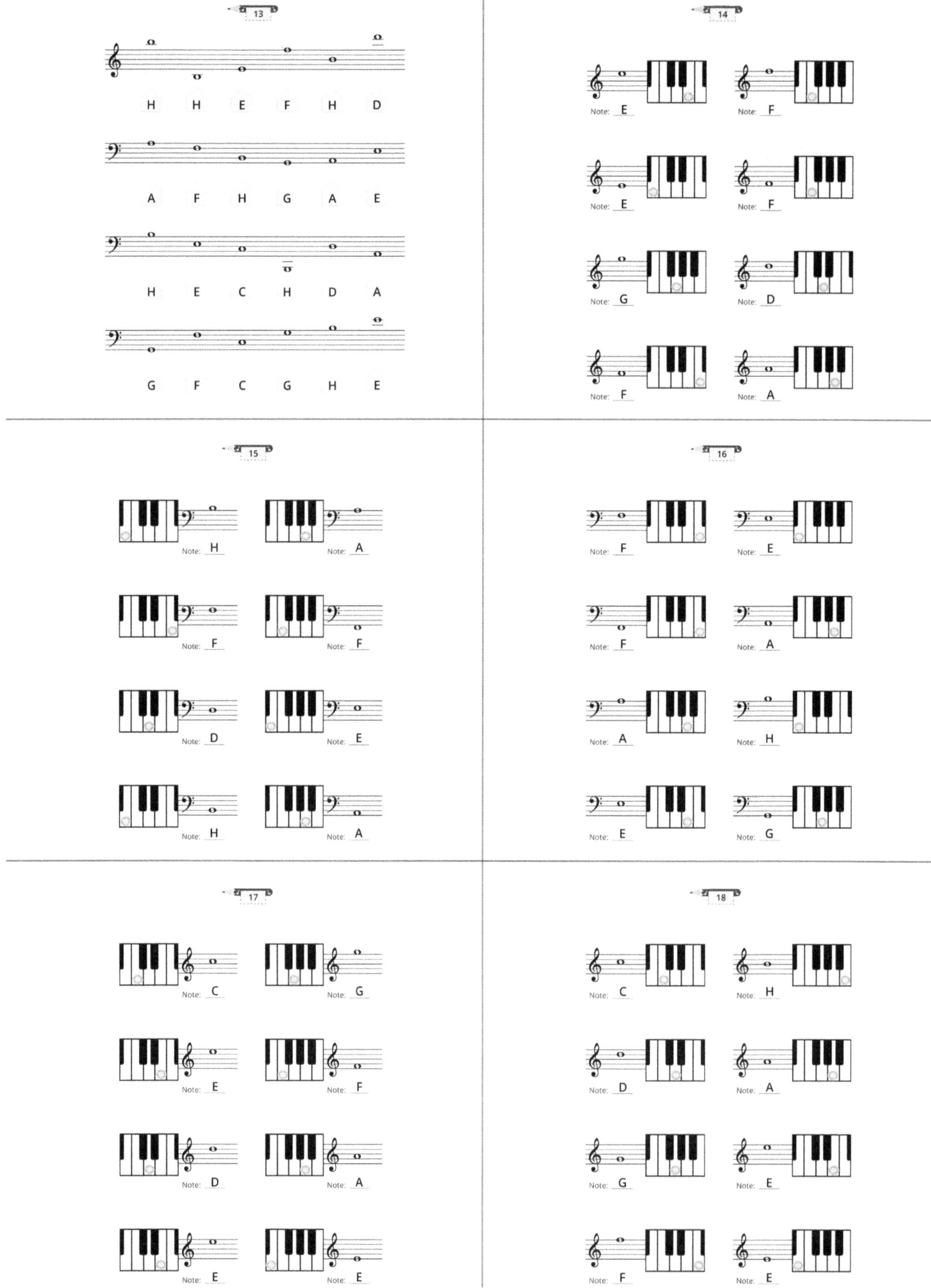

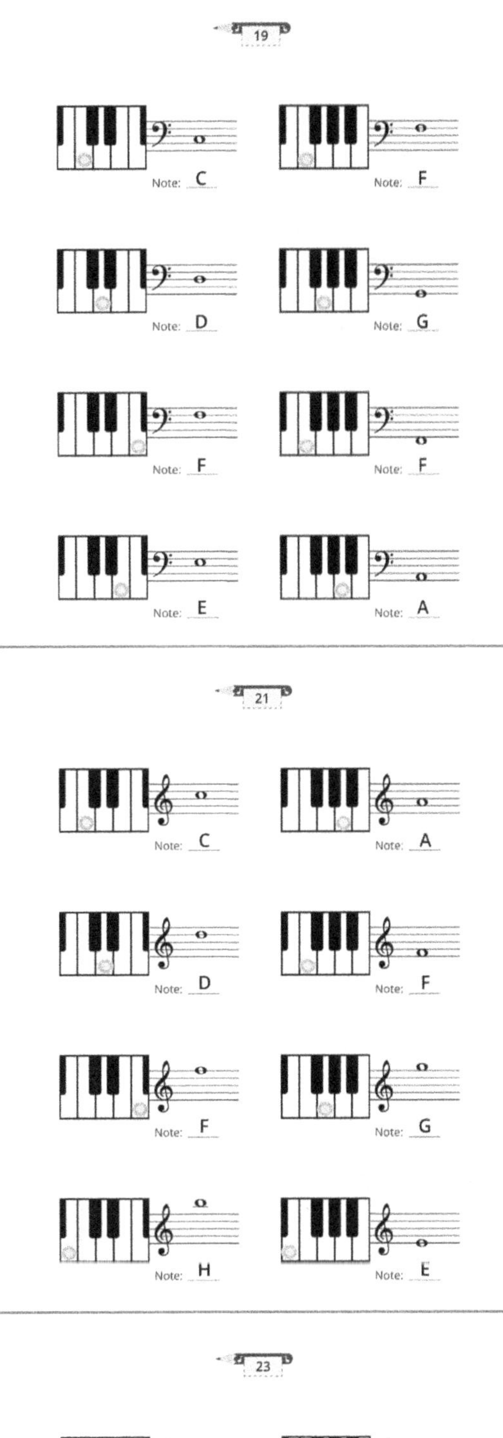

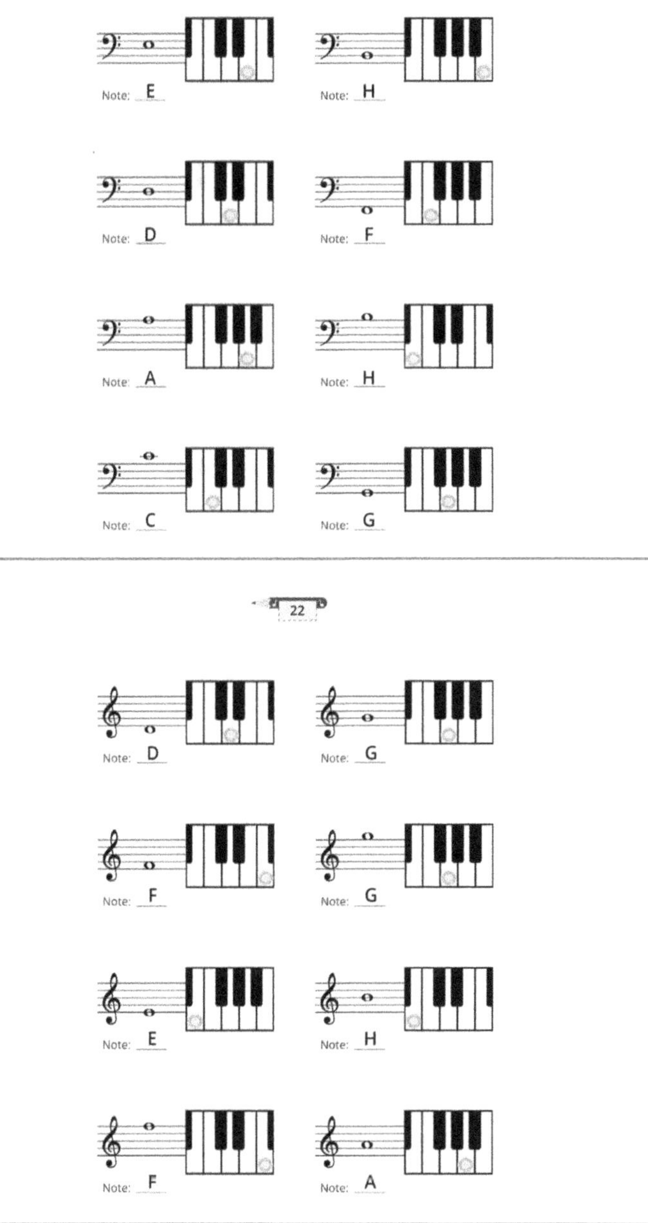

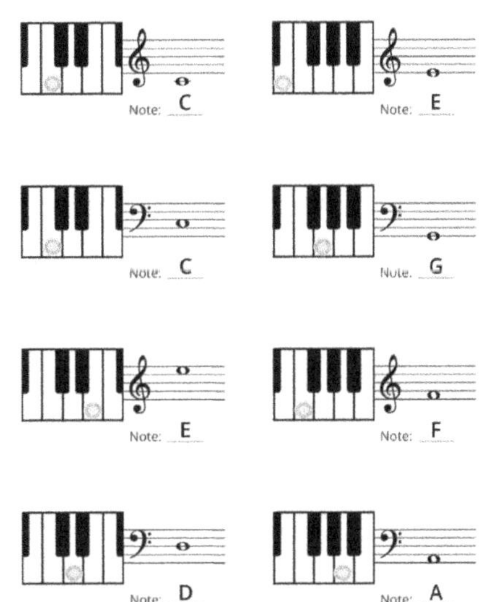

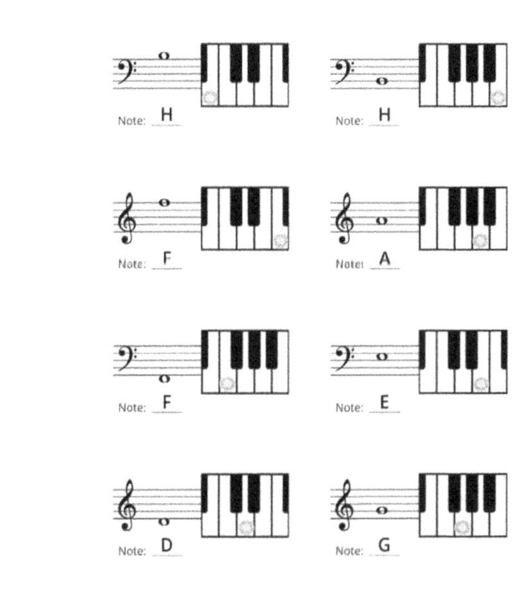

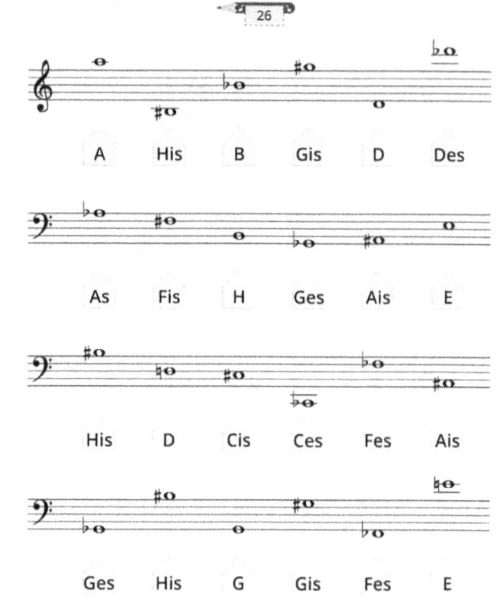

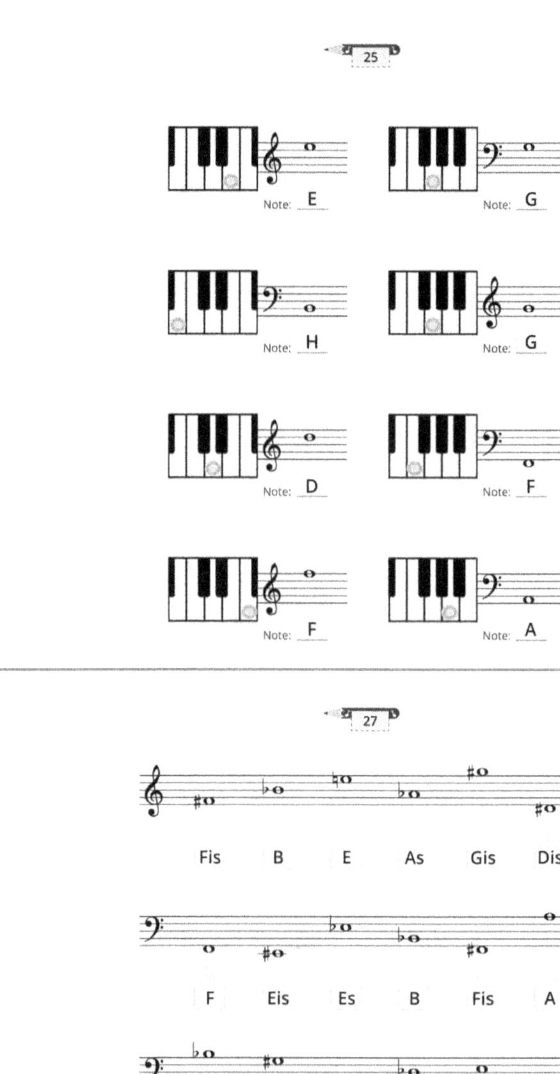


25
Note: E
Note: G
Note: H
Note: G
Note: D
Note: F
Note: F
Note: A



26
A  His  B  Gis  D  Des
As  Fis  H  Ges  Ais  E
His  D  Cis  Ces  Fes  Ais
Ges  His  G  Gis  Fes  E


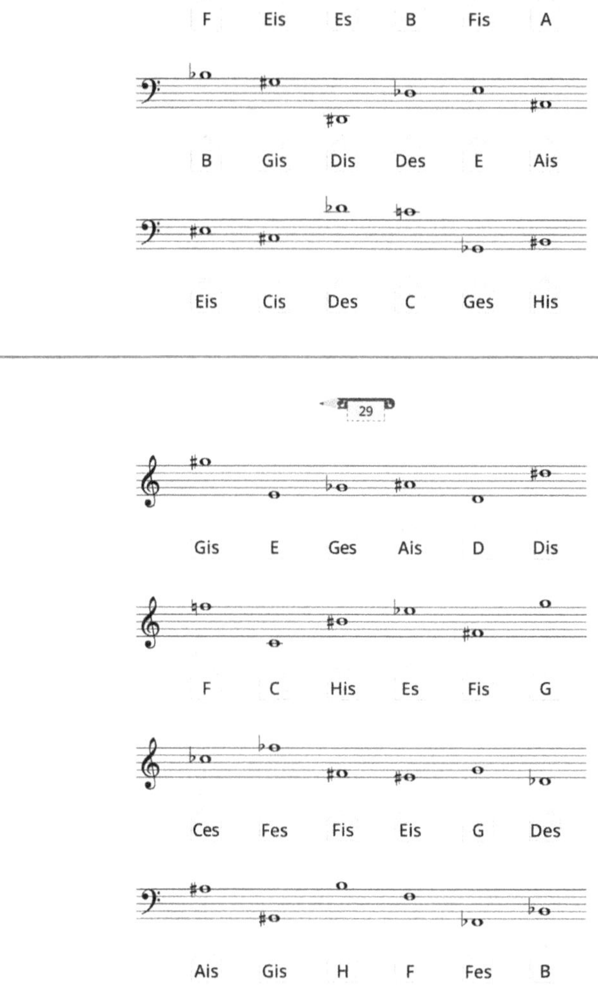


27
Fis  B  E  As  Gis  Dis
F  Eis  Es  B  Fis  A
B  Gis  Dis  Des  E  Ais
Eis  Cis  Des  C  Ges  His


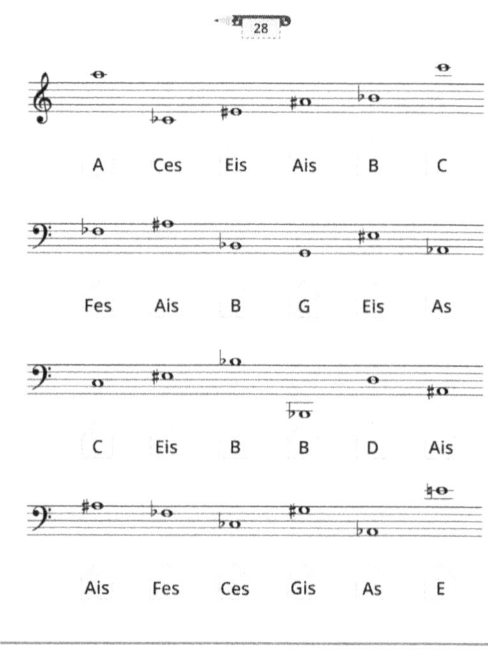


28
A  Ces  Eis  Ais  B  C
Fes  Ais  B  G  Eis  As
C  Eis  B  B  D  Ais
Ais  Fes  Ces  Gis  As  E


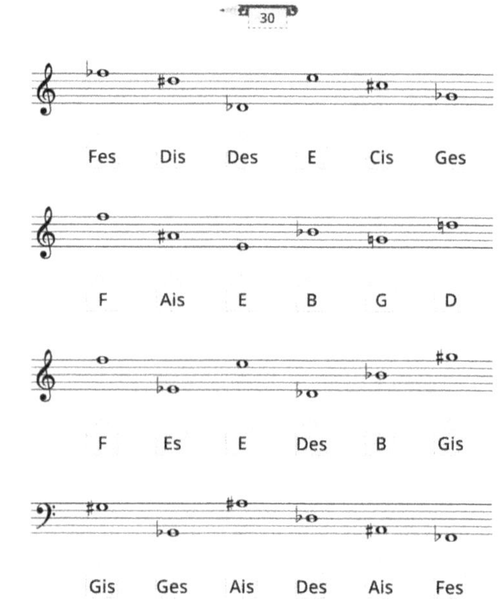


29
Gis  E  Ges  Ais  D  Dis
F  C  His  Es  Fis  G
Ces  Fes  Fis  Eis  G  Des
Ais  Gis  H  F  Fes  B



30
Fes  Dis  Des  E  Cis  Ges
F  Ais  E  B  G  D
F  Es  E  Des  B  Gis
Gis  Ges  Ais  Des  Ais  Fes

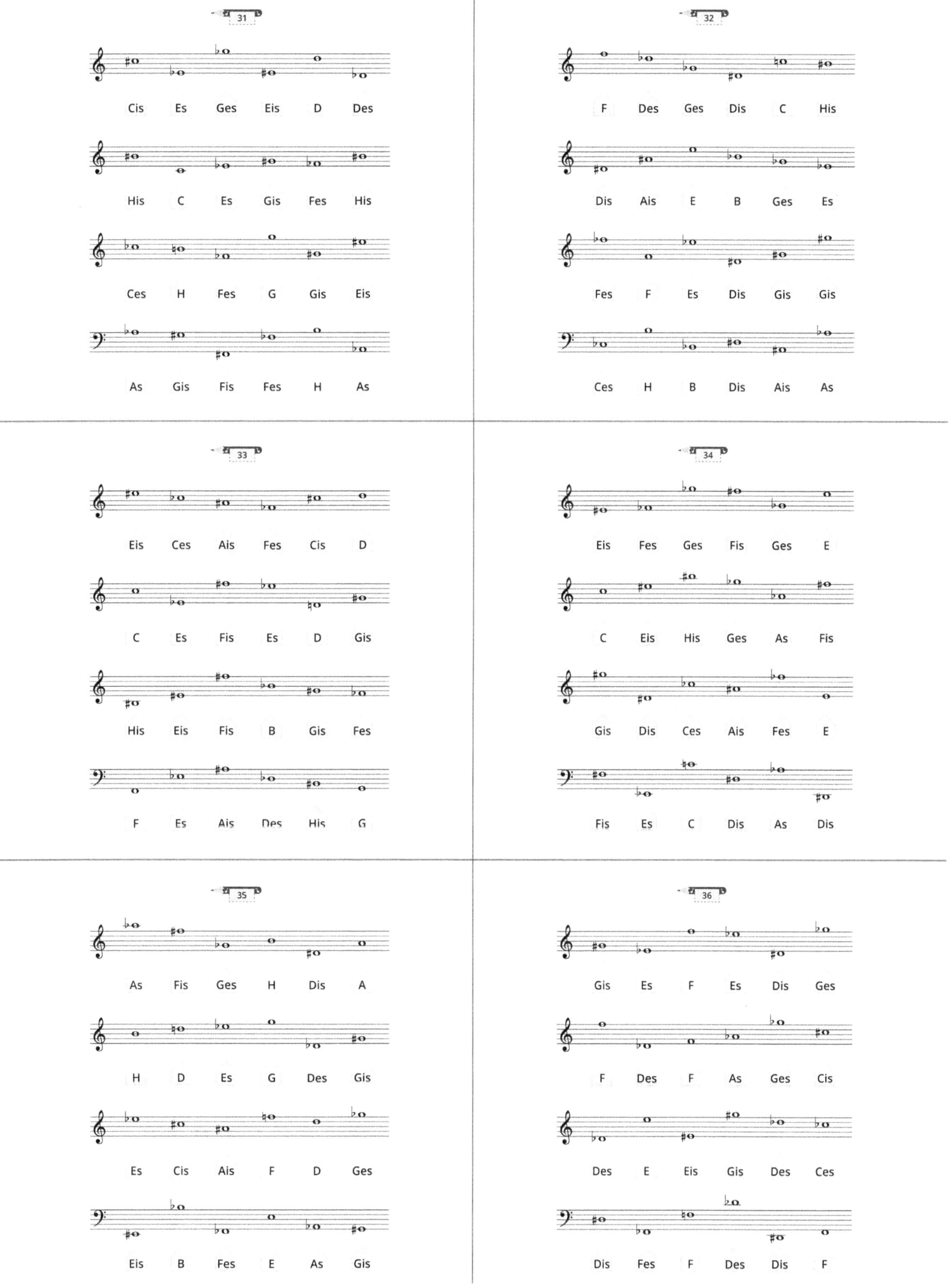

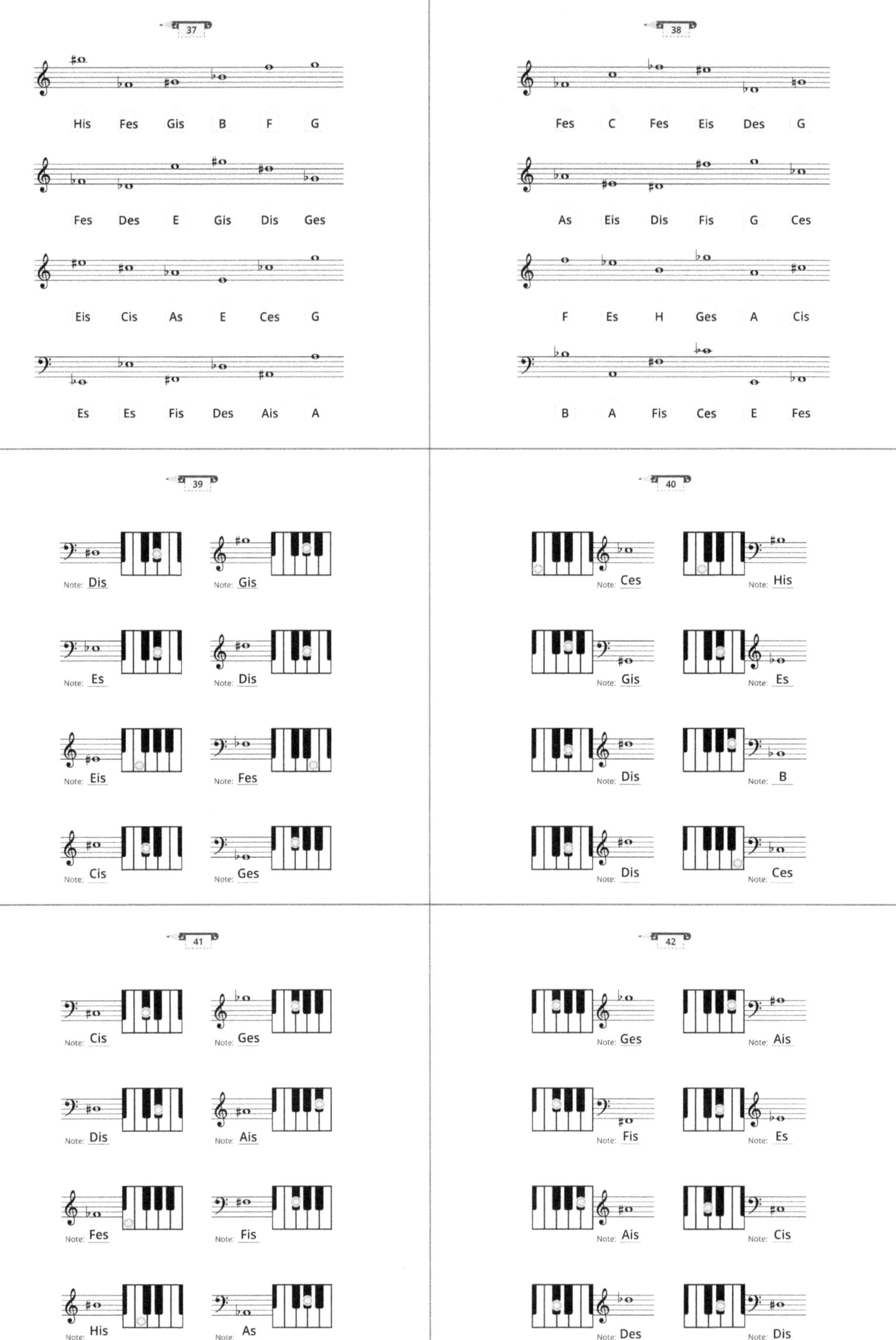

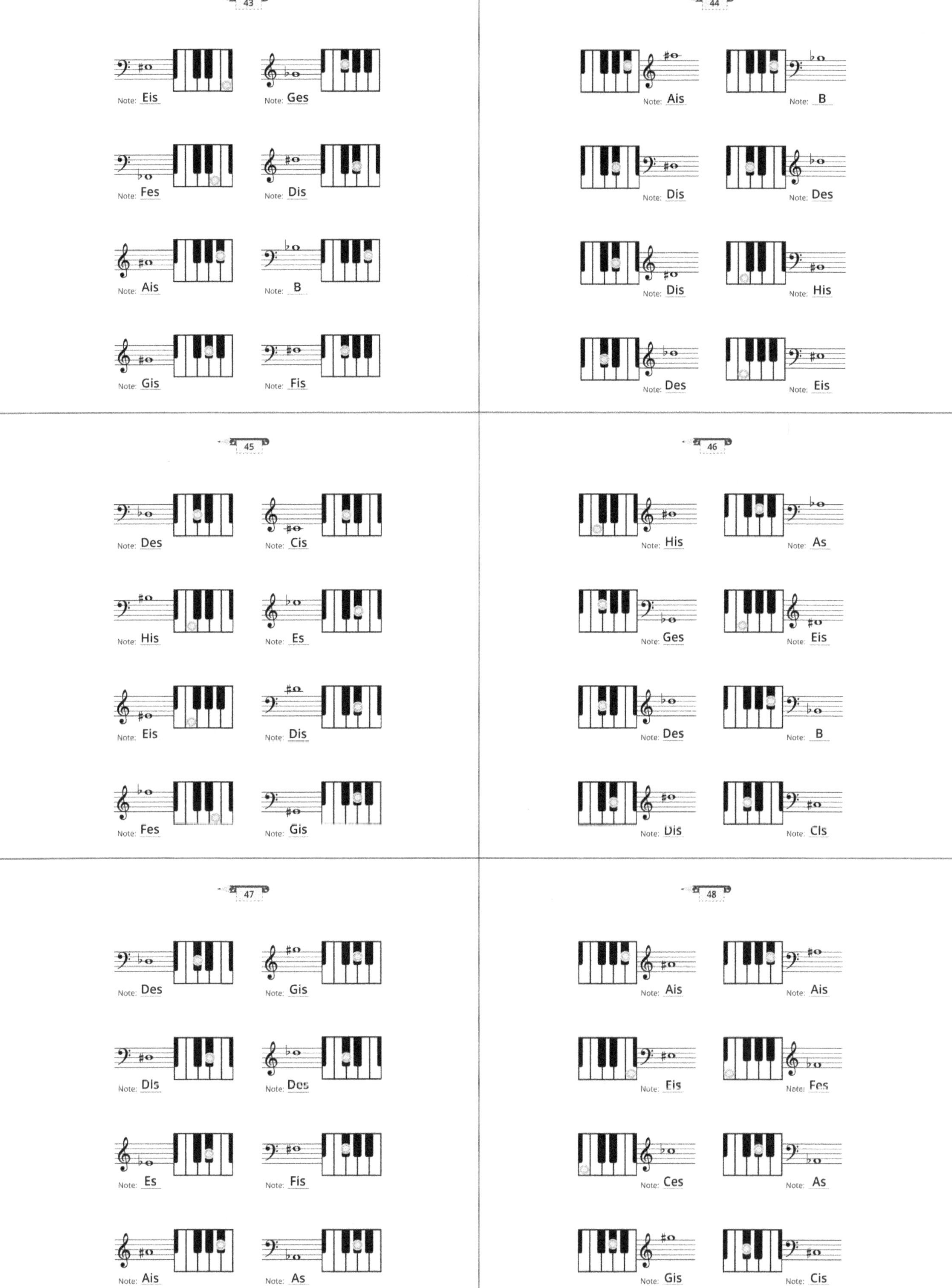

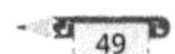
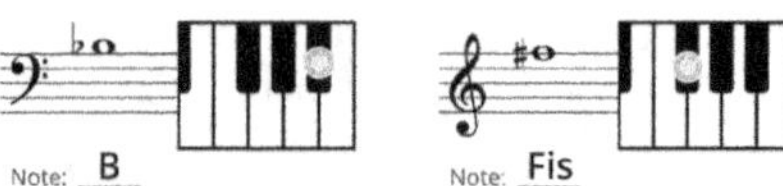

49
Note: B
Note: Fis


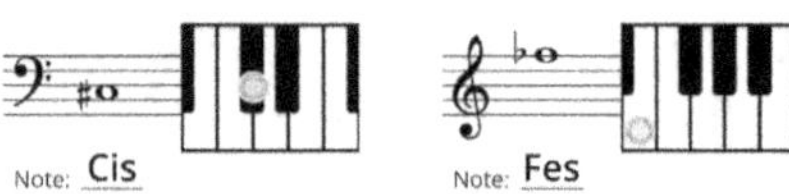

Note: Cis
Note: Fes


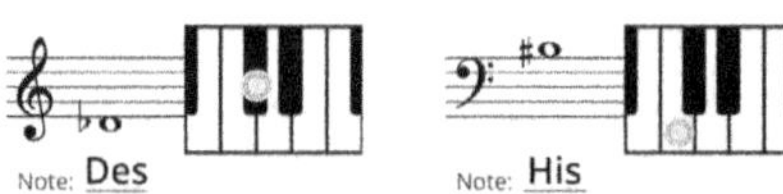

Note: Des
Note: His


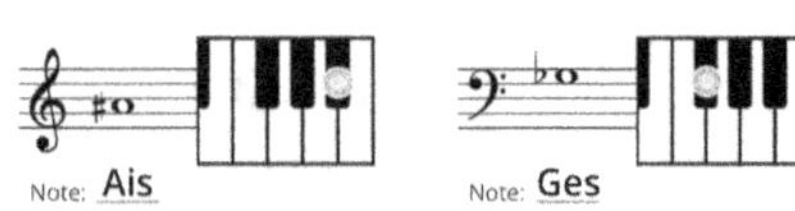
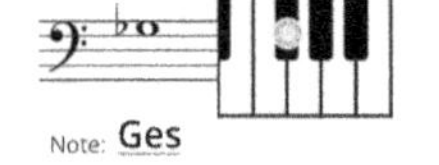

Note: Ais
Note: Ges


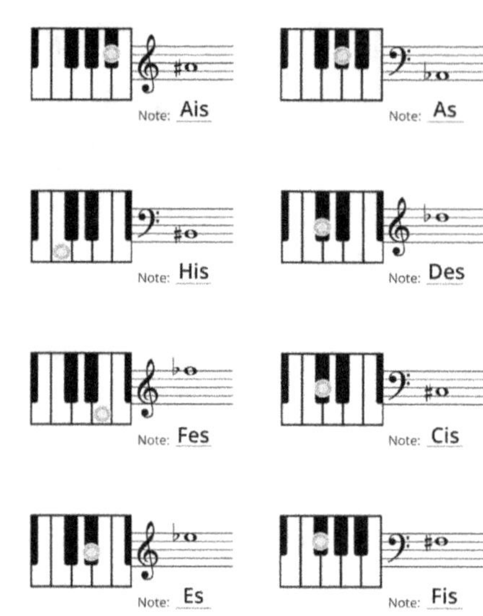

50
Note: Ais
Note: As
Note: His
Note: Des
Note: Fes
Note: Cis
Note: Es
Note: Fis


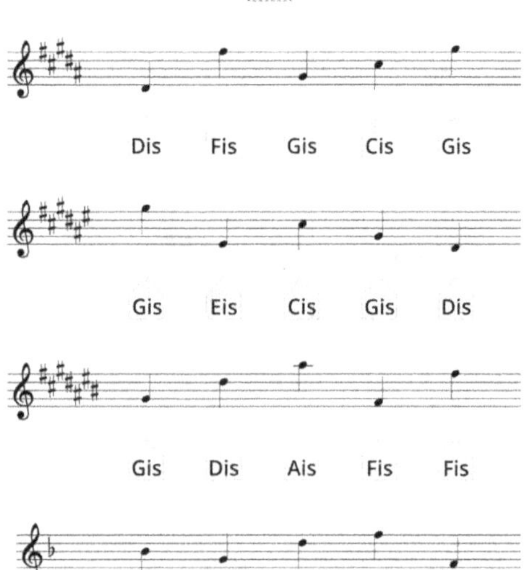

51
Dis   Fis   Gis   Cis   Gis
Gis   Eis   Cis   Gis   Dis
Gis   Dis   Ais   Fis   Fis
B   G   D   F   F


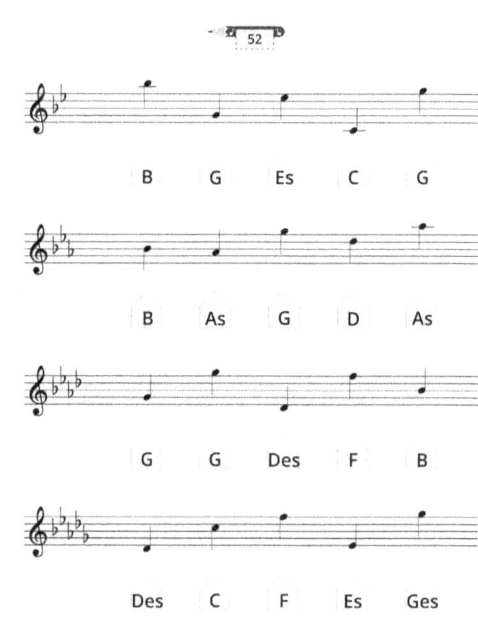

52
B   G   Es   C   G
B   As   G   D   As
G   G   Des   F   B
Des   C   F   Es   Ges


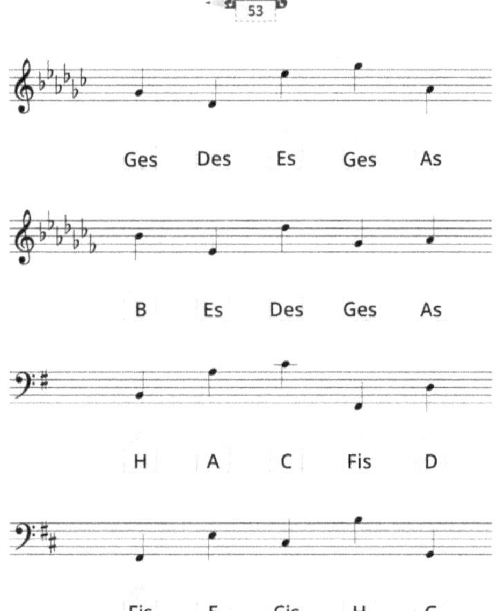

53
Ges   Des   Es   Ges   As
B   Es   Des   Ges   As
H   A   C   Fis   D
Fis   E   Cis   H   G


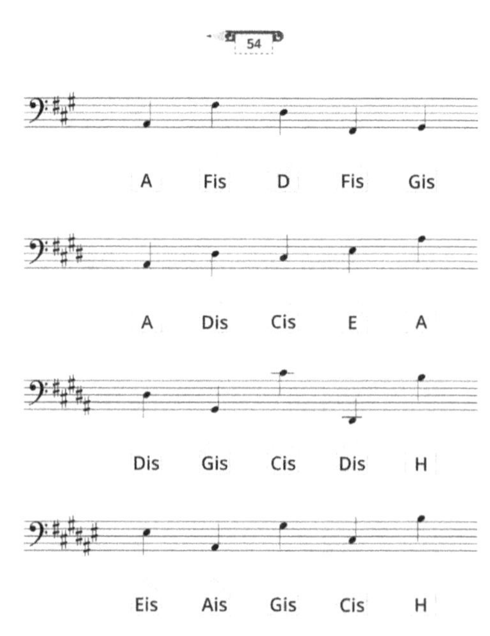

54
A   Fis   D   Fis   Gis
A   Dis   Cis   E   A
Dis   Gis   Cis   Dis   H
Eis   Ais   Gis   Cis   H

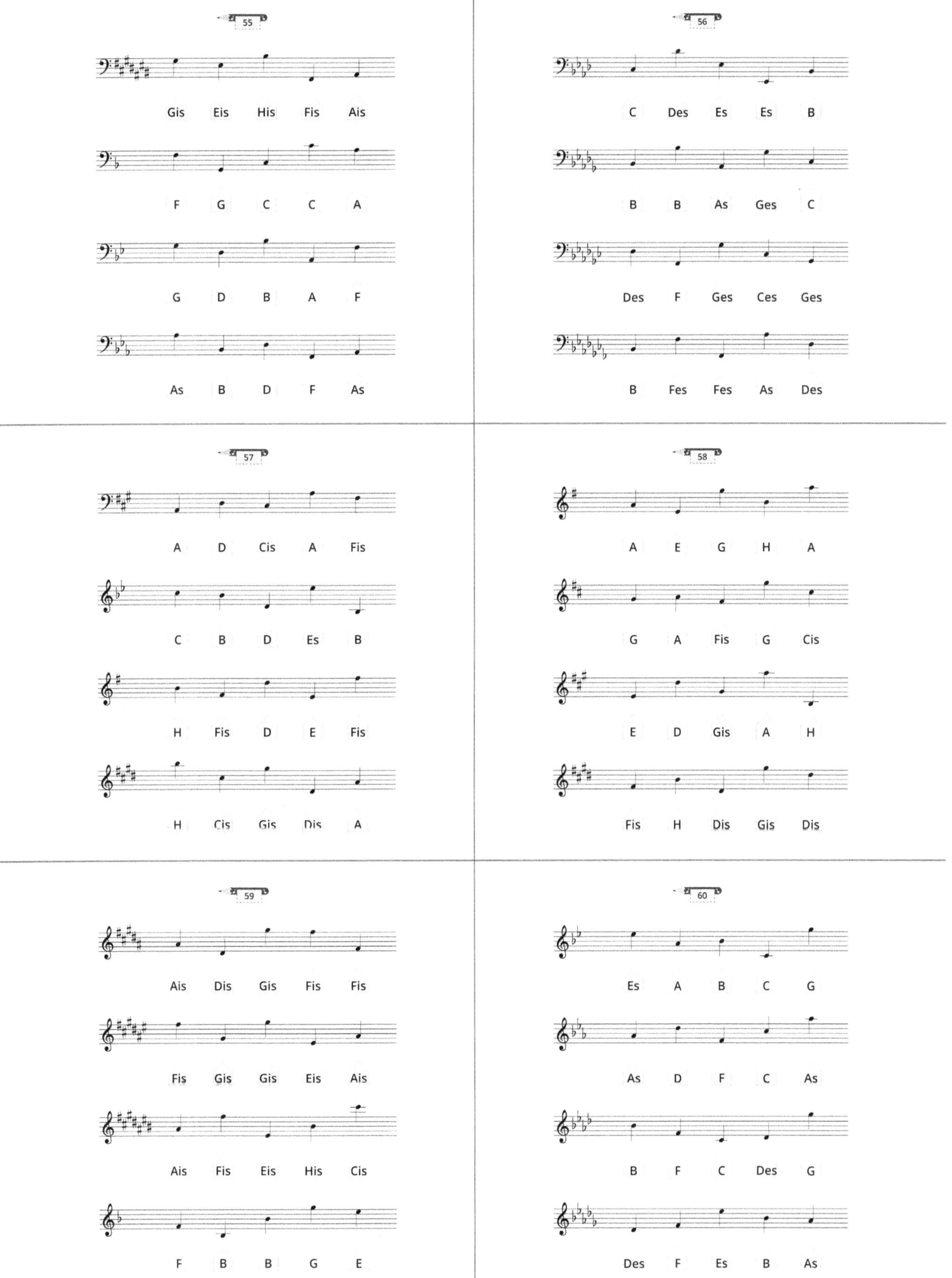

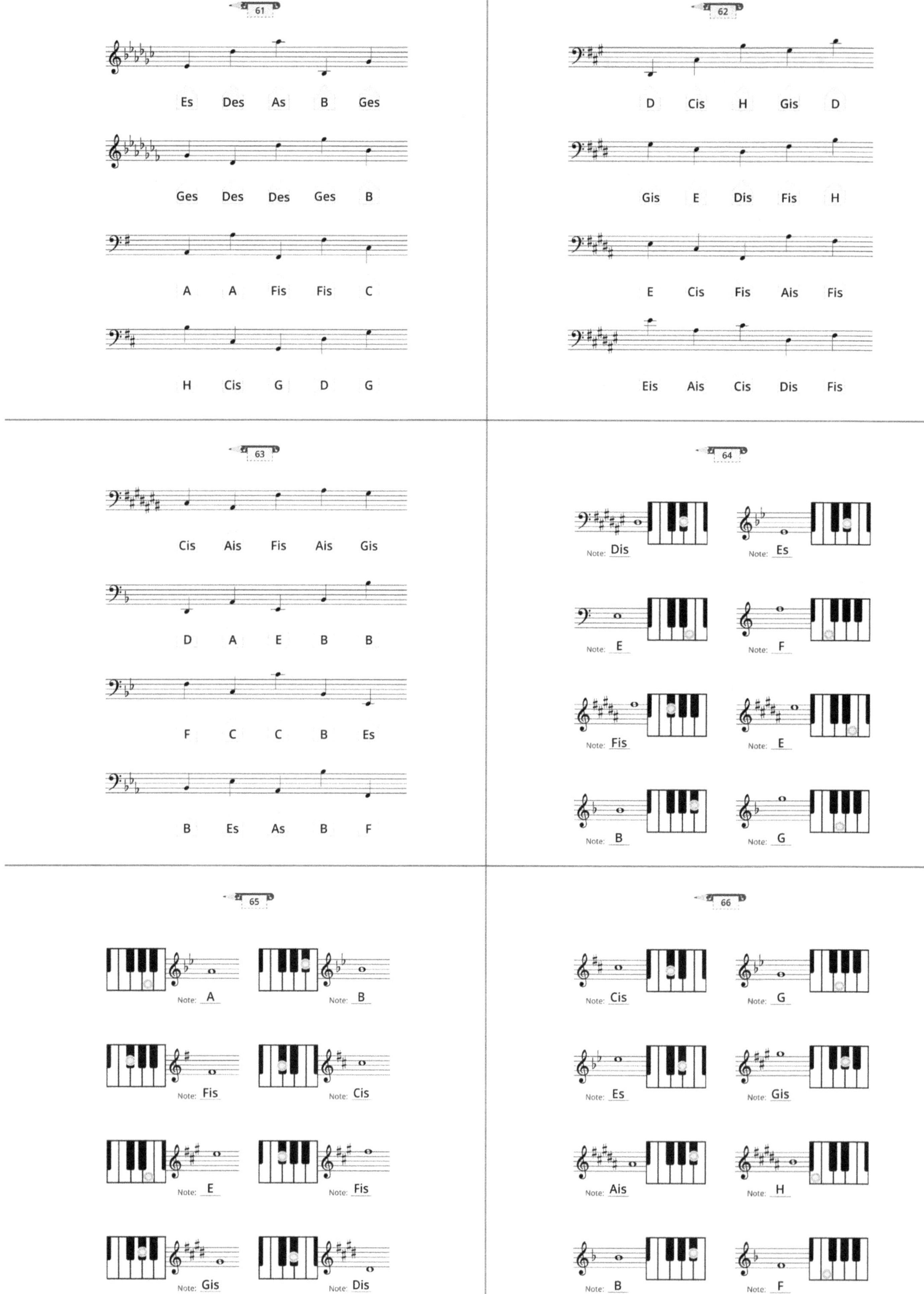

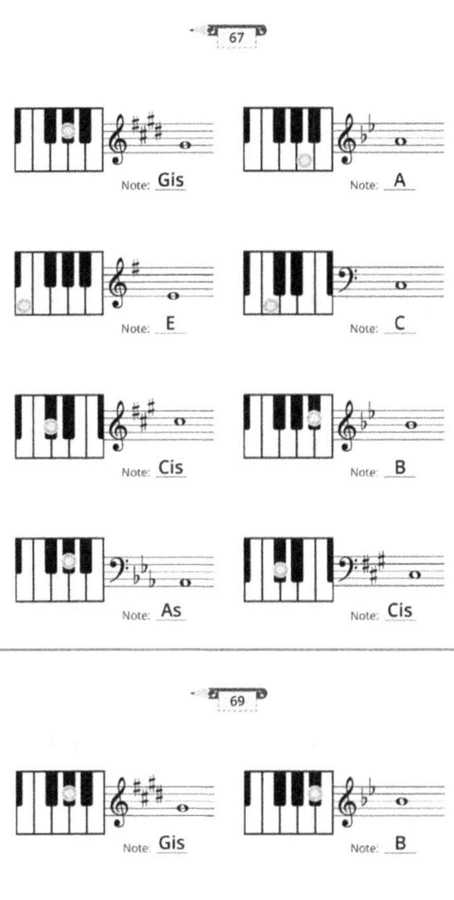
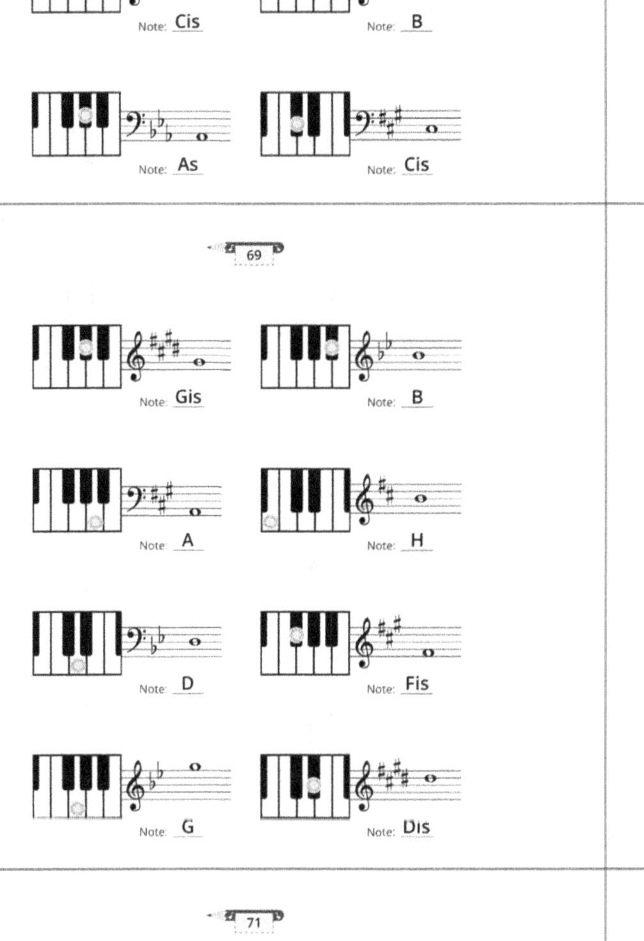
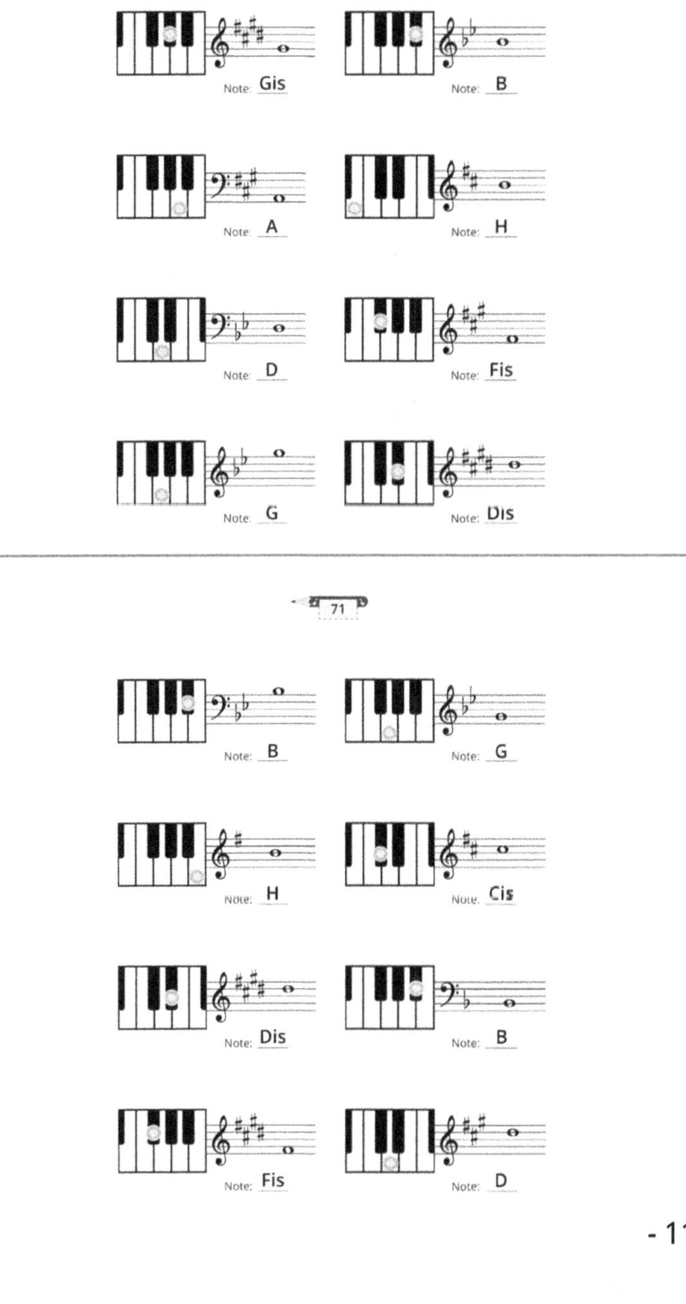
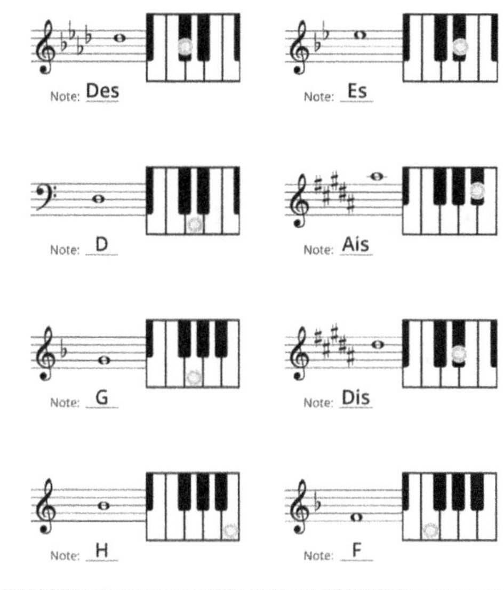
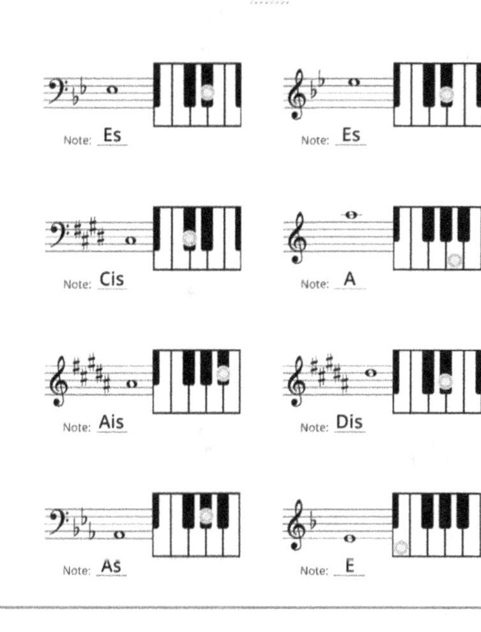
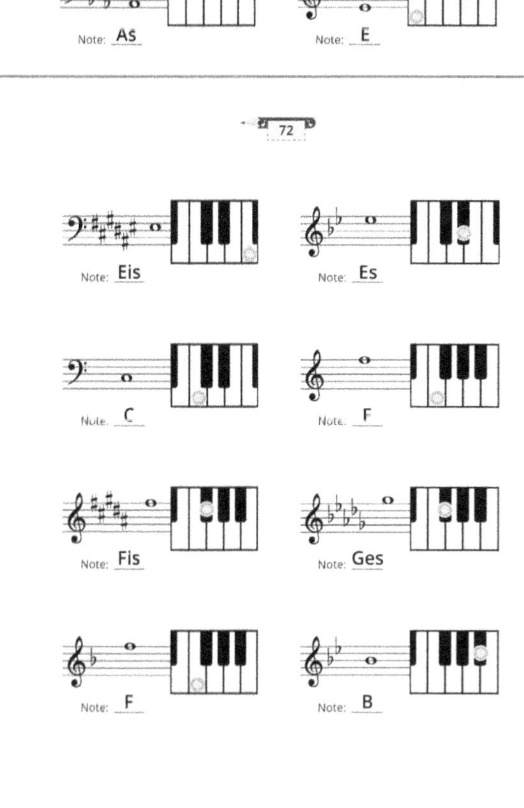

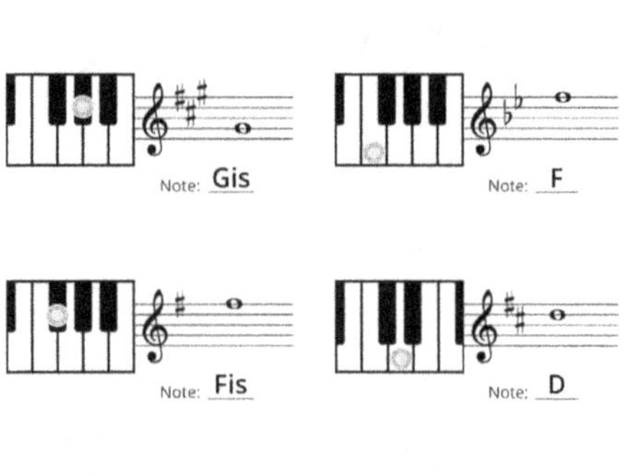

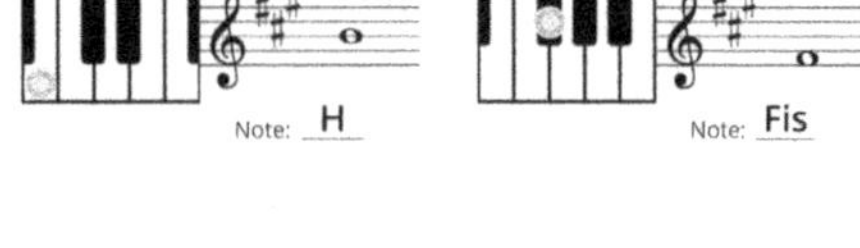

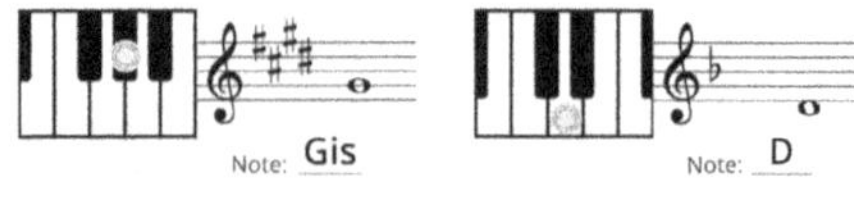

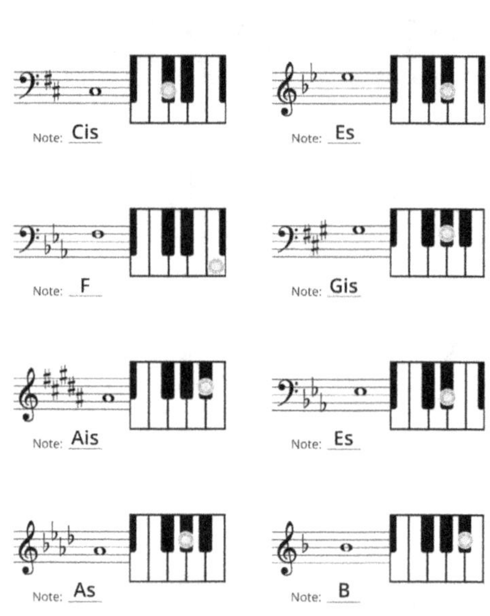

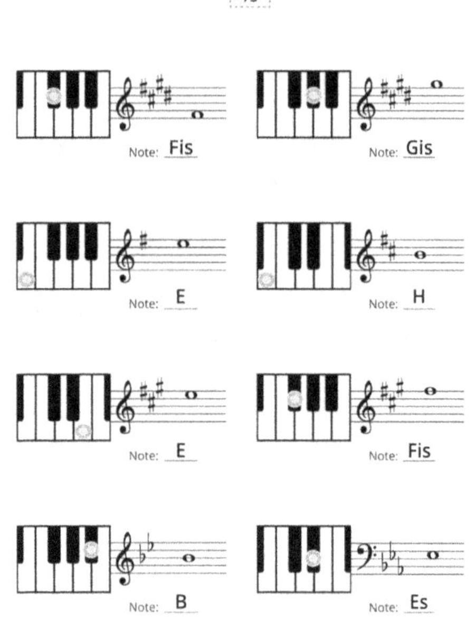

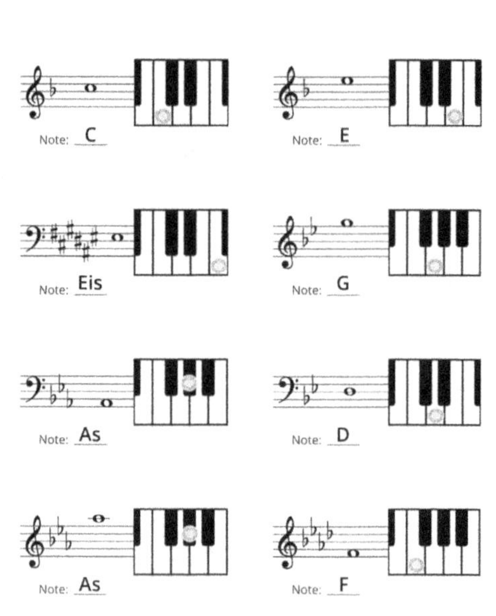

# Herzlichen Glückwunsch!

Ich hoffe dass Sie möglichst viel dazu gelernt haben und würde mich sehr freuen wenn Sie dieses Buch weiterempfehlen könnten.

Ein **Feedback auf Amazon** wäre ebenfalls sehr hilfreich. Wir nutzen dieses um die Lektüren kontinuirlich zu verbessern und Ihnen die Welt der Musik bestmöglich näherbringen zu können. Vielen Dank!

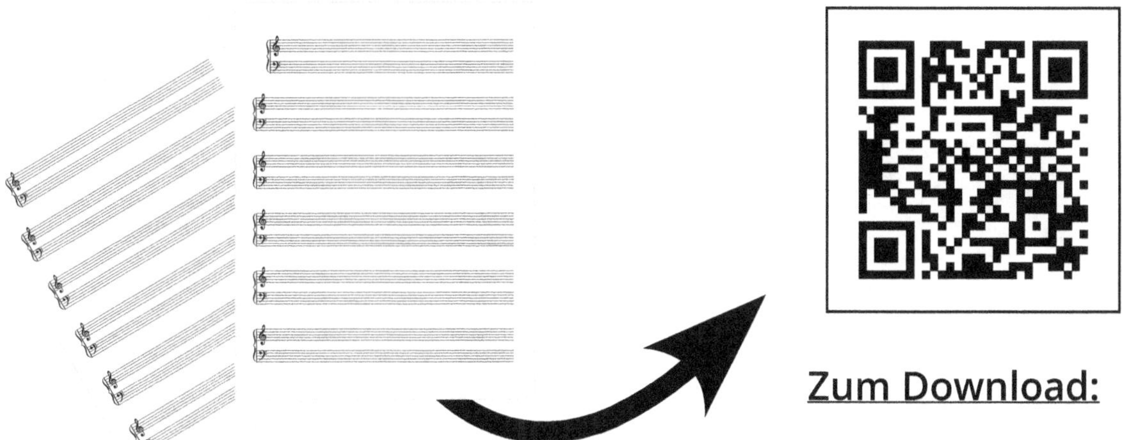

## Zum Download:

https://hermannpress.kit.com/42edb3ab0f

## Vielen Dank, dass Sie unser Lehrmaterial genutzt haben!

Bei Hermann Press setzen wir alles daran, Ihnen noch mehr Lernhilfen und Übungen **kostenlos** zur Verfügung zu stellen.

Besuchen Sie den obenstehenden Link oder scannen Sie einfach den QR-Code mit Ihrem Mobiltelefon, um Ihre kostenlosen Notensysteme herunterzuladen.

Nutzen Sie die Notensysteme für Ihre Übungen oder drucken Sie sie bequem aus. Zusätzlich erhalten Sie zukünftig weitere hilfreiche Materialien und spannende Neuigkeiten direkt in Ihr Postfach.

Bei Fragen, Verbesserungsvorschlägen oder sonstigen Anliegen können Sie sich gerne an uns wenden unter **hello@hermannpress.com**.

www.hermannpress.com

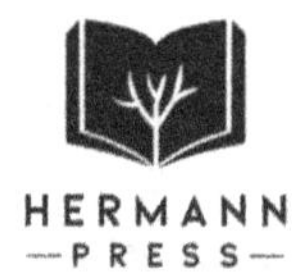

HERMANN
—PRESS—